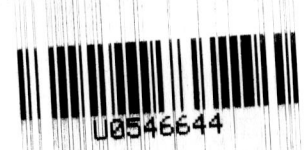

河南省高等学校哲学社会科学创新团队建设计划资助（2021-CXTD-02）

国家社会科学基金重点项目“唐宋乡村社会控制与生存秩序研究”（18AZS007）

唐宋乡村社会与国家经济关系研究

耿元骊◎著

中国社会科学出版社

图书在版编目（CIP）数据

唐宋乡村社会与国家经济关系研究／耿元骊著．—北京：中国社会科学出版社，2021.8（2021.11重印）

ISBN 978－7－5203－8507－7

Ⅰ．①唐…　Ⅱ．①耿…　Ⅲ．①社会变迁—研究—中国—唐宋时期
Ⅳ．①K240.7

中国版本图书馆CIP数据核字(2021)第100173号

出 版 人　赵剑英
责任编辑　宋燕鹏
责任校对　李　剑
责任印制　李寡寡

出　　版　中国社会科学出版社
社　　址　北京鼓楼西大街甲158号
邮　　编　100720
网　　址　http://www.csspw.cn
发 行 部　010－84083685
门 市 部　010－84029450
经　　销　新华书店及其他书店

印　　刷　北京明恒达印务有限公司
装　　订　廊坊市广阳区广增装订厂
版　　次　2021年8月第1版
印　　次　2021年11月第2次印刷

开　　本　710×1000　1/16
印　　张　18.25
插　　页　2
字　　数　268千字
定　　价　98.00元

目　　录

绪　论

一　概念与问题

“国家”是一个古老的词汇，《易·系辞下》就已经将其连用，“君子安而不忘危，存而不忘亡，治而不忘乱，是以身安而国家可保也”。[①]《孟子·离娄上》亦云“人有恒言，皆曰天下国家”，赵岐注：“天下谓天子之所主，国谓诸侯之国，家谓卿大夫家。”当然，在上述两种用法当中，家是家，国是国，注又云“天下之本在国，国之本在家，家之本在身”[②]，即所谓家国同构之“家”和“国”，家是缩小版的国，国是放大版的家。《老子》第十八章则有云“国家昏乱，有忠臣”，[③] 这里的“国家”含义，与前述则略有不同，老子所讲“国家”是一个整体，大体就是指掌握权力的一个集团在一定区域内所形成权力体系及对人群进行治理控制的组织。也就是如霍布斯所说的那种国家，“……统一在一个人格之中的一群人就称为国家，在拉丁文中称为城邦。这就是伟大的利维坦（Leviathan）的诞生，……组织大家的意志，对内谋求和平，对外互相帮助抗御外敌。国家的本质就存在于他身上。用一个定义来说，这就是一大群人相互订立信约、每人都对它的行为授权，以便使它能按其认为有利于大家的和平与共同防卫的

① 《周易正义》卷8，《十三经注疏》，北京大学出版社2000年版，第362页。

② 《孟子注疏》卷7上，《十三经注疏》，第228页。

③ 楼宇烈：《老子道德经注校释》，中华书局2016年版，第43页。

方式运用全体的力量和手段的一个人格"[①]。这种国家，当然只是一种理论上的国家标准模板，在现实中，未必能对应有一个真实的国家是按照这样步骤而产生。在世界范围内早期所谓"国家"，都未必能完全套用在"国家"的任何一个定义里面。只能说是少数一群人，统治着绝大多数的普通人，庶几略可概括之，当然同样无法涵盖全部类型的"国家"。

直到近代，以暴力为基础的新型民族"国家"方产生出来，"从根本上说，站在社会学的角度给近代国家下定义，只能根据它——就像任何其他政治团体一样——所特有的手段，即暴力的使用。……国家是这样一个人类团体，它在一定疆域之内（成功地）宣布了对正当使用暴力的垄断权"[②]。随着新世界的发现，源于欧美的新说新事，纷至沓来抵达东方，日本学者才开始用"国家"对译欧洲的"country"[③]，用于指代掌握权力，并统治人群的近代化（现代化）"民族国家"。中国吸收采用了日译之名，并沿用至今。显而易见，这所谓现代"国家"概念，是无法包容涵盖并解释传统时代的实存之"国家"。[④] 按照葛兆光引用西川长夫的界定，现代国家与传统帝国在五个方面有所区别，一是有明确的国境；二是有国家主权意识；三是有国民概念及国民意识形态；四是有国家机构和制度；五是有国际关系。[⑤] 传统时代"国家"，只是统治的机构体系，"国家意味着存在层级化的统治秩序，存在人群区分为少数可以支配他人行动、分配资源、掌握话语的统治者，与多数被统治者，存在着由统治者把持的法

---

① ［英］霍布斯（Thomas Hobbes）：《利维坦》，黎思复、黎廷弼译，商务印书馆2019年版，第132页。

② ［德］马克斯·韦伯（Max Weber）：《学术与政治》，冯克利译，商务印书馆2018年版，第44页。

③ 冯天瑜：《新语探源：中西日文化互动与近代汉字术语生成》，中华书局2004年版，第359页。

④ 方维规引用科塞雷克的论述，认为几百年历史当中的"国家"概念，已经是事物和词义各奔东西，今人再也无法领会原来的说法了。他指出，某一事物或实在用哪个概念，是社会变化导致的，而概念又会重新引发社会的变化。见氏著《什么是概念史》，生活·读书·新知三联书店2020年版，第156页。

⑤ 葛兆光：《历史中国的内与外》，香港中文大学出版社2020年版，第165页。

律与暴力机构，存在着空间上的统治区域或范围”①。在这个意义上，本书对“国家”概念加以使用，并与之相对应地使用“社会”概念。

一般情况下，在历史学研究当中，“社会”是一个不言自明的概念。特别是在中国古代史论著当中，使用“社会”概念常常并不需要给出特别的限定。关于“社会史”定义与学科范畴的多轮讨论之中，对“社会”概念本身的讨论也不多见。② 但显然，“社会”不是不言而喻的，它虽然既宽泛而通用，但在具体学者的具体研究当中，又一定需要加以限定。从历史源头观察，与“国家”对应的“社会”，最早可以追溯到古希腊哲学家亚里士多德。③ 按照植村邦彦的梳理，从亚里士多德区分了不同的共同体开始，就出现了政府和社会的不同领域区分，社会逐步成为了与政府相对而言的代称。④ 而在罗马法里面⑤，国家与个人都可以承担责任和义务，特别是契约的广泛成立，更使得每个人都可以成为独立个体，个体的权力结合在一起，也就形成了与政府权力对应的那部分权力。从那以后，到中世纪时期，随着具有较大独立性的“市民”群体形成及壮大并逐渐与国家权力可以一较长短（虽然无法最终抗衡国家，因为市民群体作为整体，如果掌握了权力，即形成了新的国家，一部分人成为新的统治者，而新的“市民”本身仍然处于被统治地位），在历史自身发展同时，还经历过布鲁尼、胡克以及霍布斯、洛克等各种对社会的解释⑥，最终在实践和

---

① 侯旭东：《什么是日常统治史》，生活·读书·新知三联书店2020年版，第136页。

② 赵世瑜：《20世纪中国社会史研究的回顾与思考》，《小历史与大历史：区域社会史的理念、方法与实践》，北京大学出版社2017年版，第15页。

③ ［日］植村邦彦：《何谓“市民社会”——基本概念的变迁史》，赵平等译，南京大学出版社2014年版。

④ 石德生、李云：《“国家与社会”理论模式的历史演进》，《求索》2009年第10期。

⑤ 江平、米健：《罗马法基础》（修订本第三版），中国政法大学出版社2004年版，第73页。

⑥ 参阅孙锦泉《论布鲁尼的人文主义史学》，《四川大学学报》（哲学社会科学版）2007年第5期；姚啸宇《王权、教会与现代国家的构建——理查德·胡克论英国国教政制的正当性》，《政治思想史》2018年第4期；姚啸宇《洛克如何打造“自然权利”——论〈政府论下篇〉中洛克对胡克的引用》，《甘肃社会科学》2017年第3期；李冬《从国家权力到公民权利的转换及其理论意义——从〈利维坦〉到〈政府论〉》，《学习论坛》2012年第2期。

理论上形成了国家与社会的分野。[①] 到近代以后，随着欧洲经济社会的飞速发展以及国家政治力量作用虽然强化，在非政治领域反而有所弱化，作为国家的对立面，社会最终能与国家相抗衡，并因为二元政治观的存在与发展，大大促进了社会及其政治组织的分化，使得社会取得了相对于国家的独立地位，同时也使“社会”和国家能非常清楚地得以分开，“国家与社会”的方法最终成为一个理论分析框架。

而用“国家与社会”作为一种概念以及分析工具来分析中国历史，是在现代中国学术建构过程中，随着现代民族国家建设步伐发展而逐步形成的。[②] 20 世纪 90 年代以来，“国家与社会”分析框架在政治学意义的“乡村社会”问题研究上，法学意义上的“习惯法”问题研究上都得到了广泛、深刻的使用。[③] 作为一种成熟的分析方法，许多学人在使用国家与社会概念工具之时，已经不再刻意去分析和把握其内涵和有限性。早在 1996 年，梁治平就提出，“社会与国家”的概念成为基本分析工具，“大多数研究者不再保有（或者从来就没有）关于这些概念的历史与文化限度的足够意识”[④]。但是“国家与社会”并不是一个不言自明且毫无歧义的理论概念框架，其中的隐含语境考量极为丰富，如果不进行细致探讨，将其直接用于解释历史上的政治、社会、经济、法律问题，则会造成更多歧误。因而，梁氏将

---

① 参阅［法］路易·阿尔都塞（Louis Althusser）《政治与历史：从马基雅维利到马克思（1955—1972 高等师范学校讲义）》，吴子枫译，西北大学出版社 2020 年版，第 319 页。

② 中国的现代“国家”意识，由梁启超发轫，他首先提出：“不知朝廷与国家之分别，以为舍朝廷外无国家”，特别是他关于“国家”“国民”“群”“社会”的认识，第一次揭橥出现代意义上的国家概念。见氏论《新史学》，汤志钧、汤仁泽编《梁启超文集》，中国人民大学出版社 2018 年版，第 2 集，第 498 页。而这又不仅仅是梁启超一个人的认识，梁漱溟、陈独秀、吕思勉等也均有此类认识。此由王汎森所揭示，参阅氏论《晚清的政治概念与“新史学”》，《中国近代思想与学术的系谱》，吉林出版集团有限责任公司 2011 年版，第 199 页。

③ 郑卫东：《“国家与社会”框架下的中国乡村研究综述》，《中国农村观察》2005 年第 2 期；侯瑞雪：《“国家—社会”框架与中国法学研究》，法律出版社 2009 年版，第 4 章。

④ 梁治平：《习惯法、社会与国家》，《读书》1996 年第 9 期，收入张静主编《国家与社会》，浙江人民出版社 1998 年版，第 78 页。参阅梁治平《清代习惯法》，广西师范大学出版社 2015 年版，导言。该书第一版，由中国政法大学出版社 1996 年出版。

“国家与社会”作为概念问题而提出，具有相当的学术敏锐性和前沿性，既是学术内在逻辑的延伸，也带动了更多学者对此进行梳理和辨析。①

张静认为，“国家与社会”作为政治社会学当中使用最为广泛的分析框架，有社会中心论、国家中心论、社会中的国家三种认识路径。而国家和社会是互相制约的，双方都互有压力，国家与社会是相互创造并互为条件的。② 这就为如何使用“国家与社会”框架提出了一个基本的方法。郑卫东接受了张静看法，并对“国家与社会”含义，做了四个方面的限定。他认为，国家首先是“state”，即疆域民族层次的国家，这是最广义的国家；其次是作为政府组织层面的国家；再次作为公务人员行为的国家，以及跨时空记忆关联观念层次的国家。与这四个“国家”相对应的其余部分，就是社会的领域。③

在中国古代历史研究中，如何准确定义国家与社会，也是一个非常困难的问题。王震中对国家的各种概念进行了梳理，④ 认为国家是：“拥有一定领土范围和独立主权、存在阶级、阶层和等级之类的社会分层，具有合法的、带有垄断特征的凌驾于全社会之上的强制性权力的政权组织与社会体系。”⑤ 他认为：“中国古代国家起源的过程也就是史前社会不断复杂化的过程。这一过程以农业的起源和农耕聚落的出现为起点，经历了由平等的农耕聚落形态，发展为中心聚落形态，再发展为都邑邦国形态。”⑥ 在此基础上，所形成的中国古代王朝体系下的朝代，能否在第一个层次上作为“state”存在？能否把它视为

---

① 应当说，这是一批学者的共识。在早期还有邓正来等引入“市民社会”概念，而开始思考“国家与社会”框架。参阅邓正来《国家与社会—中国市民社会研究》，四川人民出版社 1997 年版；以及张静主编《国家与社会》。

② 张静：《政治社会学及其主要研究方向》，《社会学研究》1998 年第 3 期，收入李培林、覃方明主编《社会学：理论与经验（第二辑）》，社会科学文献出版社 2005 年版，第 163 页。

③ 郑卫东：《“国家与社会”框架下的中国乡村研究综述》，《中国农村观察》2005 年第 2 期。

④ 王震中：《中国古代国家的起源与王权的形成》，中国社会科学出版社 2013 年版，第 3 页。

⑤ 王震中：《中国古代国家的起源与王权的形成》，第 15 页。

⑥ 同上书，第 504 页。

现代意义上的国家？它有自己的民族疆域的区分吗？如果王朝时代没有这样的国家存在，那么接下来作为管制体系的政府组织，是不是“国家”的政府组织？如果这些都存在疑问，那么“公务人员”又是什么？“吏”或者乡村首领，代表了国家还是代表了社会？或者是既代表国家又代表了社会（假如存在国家与社会的前提下）？如果这些都没有，那么在中国古代史的研究当中，应该如何使用“国家与社会”概念框架呢？所以，在中国古代史的研究中，在何种程度上，怎样使用国家与社会概念，是一个值得深入辨析的问题。

柳宗元在《封建论》中说：“势不可也”，所谓“势”即大势，这也就是国家权力的形成过程，按柳宗元看法，万物肇始，人必成群乃可生存，“近者聚而为群”，群之生，群之争，群之分，因为“有兵有德”，在此基础逐级上统，最终“天下会于一”①。暴力统治，贯穿于国家权力的全部形成过程。当然，柳宗元的想象，未必在细节上全部合乎事实。作为一篇议论口吻的文章来说，更不能用现代史学的精细标准来衡量。验之学术界现在对于古史较为公认的共识，则柳宗元的认识大体方向没有问题。许宏认为，二里岗时期是目前考古学与文献史学两大话语系统能够契合的最上限。仰韶后期与龙山时代（前3500—前2000）处于文明化或国家化进程中，是众多相对独立的部族或古国并存的阶段，可成为“多元的古国”时期，第二个阶段从二里头到西周时期，是华夏文明社会的正式形成阶段，可称为“一体的王朝文明”或者“广域王朝国家”时期。从宏观态势上观察，二里头都邑及二里头文化崛起于中原腹地，是东亚大陆上首次出现的高度发达和强力辐射为特征的核心文化。② 王震中认为，对于中国古代进入文明与国家社会以后的政治实体演进，路径大体是“邦国—王朝国家—帝制国家”三个阶段，经历了夏商西周三代王朝国家之后，经过

---

① 柳宗元：《柳宗元集校注》卷3《封建论》，尹占华、韩文奇校注，中华书局2013年版，第185页。

② 许宏：《何以中国——公元前2000的中原图景》，生活·读书·新知三联书店2014年版。参阅常怀颖《近二十年来中国学术界国家起源研究述评》，《四川文物》2016年第1期。

春秋战国过渡阶段，最终走向了专制主义中央集权，以郡县制为结构，秦汉到明清的帝制之国。[①] 以上这些阶段，均是群体（即社会）被权力体系通过暴力而统治的过程。

邓京力曾经详细分析了“国家与社会”分析框架在中国史领域的应用，所述甚详。她认为这个框架有着复杂的学术来源。在社会理论界，这是“国家与市民社会”理论演变而来；在人类学界，这是从国家与家族的关系研究传统中提炼出来；在法学界是从国家法与民间法的研究当中逐渐抽象出来。[②] 所以，在运用国家与社会框架分析历史学问题的时候，如何把史实融入而不仅仅是提供一个生硬的套用模式，是极为重要的。邓京力还认为，如果能以历史学的方法充分展示在事实复杂，认识多元的历史过程中，“国家与社会”有着什么样的结构性变迁，这样的探索才可能对加深历史认识更有助益。

在中国史学科的专门研究当中，明确注意到“国家与社会”问题，当属明史研究学界。明史学者甚至组织了全国性的学术讨论，[③] 并在报刊上开展了专题论述。例如万明指出，明代国家与社会研究要注意国家与社会的互动关系，特别是国家与社会的转型关系，要注意国家与社会具体问题和重要力量问题的关系，也要注意中国与国际社会的关系。[④] 赵轶峰所论则更具理论思考维度的提升，他认为国家与社会有一般性的定义，但历史学者所考虑的国家与社会关系问题，一般是政府与社会的关系问题，核心是公共权力体系与作为基础和目的的社会之间的责任、权力、利益配置形态及其运行状态问题。赵轶峰

---

① 王震中：《改革开放四十余年中国文明和国家起源研究》，《史学月刊》2020 年第 9 期；可参阅易建平关于苏秉琦等关于文明与国家起源三历程的理论探析，并归结提炼为“苏秉琦社会演进理论”，亦有助于关于国家与社会关系的讨论。见氏论《中国古代社会演进三历程理论析论》，《中国社会科学》2020 年第 11 期。

② 邓京力：《“国家与社会”分析框架在中国史领域的应用》，《史学月刊》2004 年第 12 期。

③ 韩扬：《“明代国家与社会”学术研讨会综述》，《中国史研究动态》2012 年第 6 期。不过由于学者具体的研究风格不同，虽然主事者试图聚焦于“国家与社会”主题，但是作者大多是从具体问题入手。此次会议论文，直接探讨国家与社会关系的文章并不多。

④ 万明：《关于明代国家与社会理论研究的思考》，《天津社会科学》2012 年第 6 期。

提出了六个基本问题：政府合法性、公权力与私权利之关系、公权力与社群自治之关系、政府的责任与权力结构、社会在国家与社会互动关系中的主动程度、精英与草根阶层的关系格局。这六个方面如果作为思考的基本线索，同时可以推动相关研究的深化。[①] 如果不把视界局限在明史本身，这六个方面概念也完全可以用于更广阔的中国历史分析，特别是政府（官府）权力与民众，精英与草根阶层关系，更是中国历史当中最为重要的部分。在中国历史上，官府权力引领着百姓生活，以自治为取向的“社会团体”几乎没有公开存在过，就算星光一掠般地存在过，也是在被压制和强制解散的过程中快速消亡。虽然社会被打散，但是不等于“社会”不会有隐秘的活动。这种隐秘活动，一方面表现为地下社会，另一方面会表现为缓慢而迂回的抵抗。分析官府权力与社会民众之间的多种关系，是了解中国历史，从多个角度解释中国社会经济发展的途径。

国家是一个实体，但是中国古代只有朝廷。社会是由各种不同的自治团体组成，但是中国历史上基本没有能独立存在的自治团体。“国家与社会的权力结构表现为国家制度的早熟和强大，社会组织在强权与暴力之下发育不良，这种刚性的权力结构缺少社群组织的制衡和缓冲。”[②] 所以，“国家与社会”作为一种分析框架，要将之用于中国古代史的研究，那就需要有概念的自觉，不能滥用，更不能无限制的使用，并且不是所有的问题都可以容纳到国家与社会解释框架里面来。在使用“国家与社会”概念框架进行梳理和分析的时候，必须注意它的局部性、有限性。当然，从社会经济史到社会文化史，从社会结构到基层组织，从社会各阶层到个人史，从城市史到乡村史，都可以从“国家与社会”这一框架下发掘出新的视角和提问方式。[③] 而中

---

① 赵铁峰：《论国家与社会的一般关系——兼析明代国家与社会之历史关系》，《天津社会科学》2012 年第 6 期。

② 王彦辉：《从秦汉“单”的性质看国家与社会权力结构的失衡》，《中国史研究》2015 年第 1 期。

③ 邓京力：《“国家与社会”分析框架在中国史领域的应用》，《史学月刊》2004 年第 12 期。

国古代社会本质是乡村社会，乡村社会研究是了解中国历史演变的重要基础，乡村社会经济体制的变化，乡村社会与国家的经济关系，是理解中国社会基本经济结构和基层社会经济变迁过程的重要途径。在中国的乡村社会研究中，“国家”（朝廷）的存在是研究者无法回避的核心问题之一。[①] 在帝制时代，国家权力无所不笼罩，几乎没有职业群体、社区自治存在的可能性。而唐宋时期是帝制时代最为重要的历史时期，在国家权力的背景之下，深入了解唐宋乡村社会经济基本结构和日常生活世界，才能更好理解中国历史的进程和特质，对于进一步认识唐宋社会变迁的延续还是断裂有着重要作用。

二　学术史的回顾

20 世纪有关中国乡村社会及其与国家的关系研究蔚为大观，形成了先秦秦汉、唐宋、晚清民国三个主要研究领域。大体上，这三个领域当中，晚清民国乡村社会研究资料最为丰富，理论水准也相对较高，特别是一批海外学者，多以理论建构知名，实际上是引领了社会与国家的关系研究模式。以费孝通、萧功权、施坚雅、弗里德曼、杜赞奇、黄宗智、秦晖等为代表的众多国内外学者新论迭出，甚至可以说是中国乡村社会史最主要的理论建构都是由晚清民国研究学者引发的。

费孝通作为一代大贤，《江村研究》开启了对乡村社会进行学术研究之路。[②] 由费孝通创建的“差序格局”“礼治秩序”解释模式，一个是乡土社会的外在结构，另一个是乡土社会的内在规则，成为理解乡村社会构造的主要模式，相当具有理论化水平又能很好结合中国现实，其著作在很长时间内都是讨论中国国家与乡村社会关系的最重要参考书之一。萧公权则以社会政治学的思路，用社会科学方法来分

① 陈春声：《乡村的故事与国家的历史——以樟林为例兼论传统乡村社会研究的方法问题》，《中国乡村研究》第 2 辑，商务印书馆 2003 年版，第 1 页。

② 费孝通：《乡土中国》，北京大学出版社 2016 年版。

析19世纪中国的乡村，[①] 特别是帝国官府对乡村的控制关系，涉及中央、地方、乡村的互动，乡村中的乡绅、保甲、宗族、地方官员中的错综复杂关系，这些思路预设对中国乡村研究有着重要的意义。施坚雅则对晚清、民国农村市场的规模、构成及发展路径进行了分析。[②] 以集市贸易为中心，基层市场体系逐级扩大，用市场体系来研究中国乡村社会和结构，他认为有一个具有独立性、自主存在的“社会”存在，并且是国家、农民、基层政府之间沟通的桥梁。[③] 弗里德曼批评了费孝通的观点，反对通过村庄来研究乡村，主张以宗族为单位进行研究。[④] 宗族就是沟通国家与民众的中间层，宗族关系就是国家与村庄的媒介，通过宗族才能把位于社会底层的村庄和上层的国家连接起来。

黄宗智试图越过村庄模式，[⑤] 也不认同施坚雅的基础市场范式，而是从农户的经济关系来考察乡村结构和社会关系。农户与市场有关，小农是国家的经济基础，士绅是国家的官员，所以在国家政权、地主士绅、普通农民三者之间形成了三角关系，国家、村庄、农民在此连接和汇合起来。杜赞奇则打造了另一个范式，[⑥] 形成了新的阐释模式——“权力的文化网络”，他认为政治权力和社会权力才是连接国家和村庄的载体，“文化”是农户和社会沟通的载体，婚姻关系、

---

① 萧公权：《中国乡村》，张皓、张升译，联经出版事业有限公司2014年版；英文版收入《萧公权文集》，中国人民大学出版社2014年版。

② ［美］施坚雅（G. William Skinner）：《中国农村的市场和社会结构》，史建云、徐秀丽译，中国社会科学出版社1998年版。

③ 刘志伟指出，不能简单把施坚雅观点看作九大“区域”，要注意他摆脱了王朝国家逻辑顺序，不是从整体出发，而是在“网状交叠层级体系”基础上，建设“人之互动的空间形构”，因而要注意到以国家为主体的历史解释与以人为主体的历史解释在认知和分析逻辑上的分歧。参阅刘志伟《在历史中寻找中国：关于区域史研究认识论的对话》，东方出版中心2016年版，第18页。

④ ［英］莫里斯·弗里德曼（Maurice Freedman）：《中国东南的宗族组织》，刘晓春译，上海人民出版社2000年版。

⑤ ［美］黄宗智：《长江三角洲小农家庭与乡村发展》，程洪等译，中华书局2000年版；《华北的小农经济与社会变迁》，叶汉明等译，中华书局2000年版。

⑥ ［美］杜赞奇（Prasenjit Duara）：《文化、权力与国家：1900—1942年的华北农村》，王福明译，江苏人民出版社2010年版。

水利关系、宗族关系、宗教关系等诸多关系通过“文化”连接起来，而各种社会组织的权力和国家权力也沟通起来，国家政权通过这些权力延伸到基层。秦晖比较了西欧、东欧、东亚、南亚、西亚等地“小共同体”与国家的关系，① 上溯秦汉唐宋，下探晚清民国，极为有力地阐明了在各前现代文明中，中国属于“大共同体本位社会”，帝国对于农村基层控制已经相当的发达和严密，都是由专制国家对编户齐民的控驭。

先秦秦汉时期的村社乡里研究资料相对缺乏，宫崎市定、严耕望、谷川道雄、林甘泉、马新、臧知非、卜宪群等均有深刻阐发。宫崎市定认为，② 中国古代是一个由都市国家向古代帝国发展的历史进程，这种“都市国家”是人类文明发展过程中的必备阶段，汉代县、乡、亭、聚这些地方都是战国时期的某个国，到汉代，这些国基本转变为村了，这些村都是由国家直接控制的。严耕望非常详细地讨论了秦汉时代的乡里机构，特别是乡吏、乡官的建制情况。③ 谷川道雄认为乡、亭、里是父老领导的自治体，④ 以里为基础的自治单位，一直到县，都是基层的自治。马新讨论了两汉乡村社会的分野，⑤ 特别是两汉农民与政府的经济义务关系，以及乡里村落与宗族之间的关系。卜宪群认为从春秋到西汉，基本不存在基层社会其他权力结构体系的存在，只有国家官僚管理网络，秦汉以后，脱离国家秩序控制的纯粹自然村落已经很难存在。⑥

---

① 秦晖：《传统十论：本土社会的制度、文化及其变革（增订版）》，山西人民出版社 2019 年版；《田园诗与狂想曲——关中模式与前近代社会的再认识》，语文出版社 2010 年版。

② ［日］宫崎市定：《关于中国聚落形体的变迁》，黄金山译，刘俊文主编：《日本学者研究中国史论著选译》第 3 卷《上古秦汉》，中华书局 1993 年版。

③ 严耕望：《中国地方行政制度史甲部・秦汉地方行政制度》，北京联合出版公司 2020 年版，第 245 页。

④ ［日］谷川道雄：《中国的中世》，邱添生译，刘俊文主编：《日本学者研究中国史论著选译》第 2 卷《专论》，中华书局 1993 年版。

⑤ 马新：《两汉乡村社会史》，齐鲁书社 1997 年版。

⑥ 卜宪群：《春秋战国乡里社会的变化与国家基层权力的建立》，《清华大学学报》2007 年第 2 期；《秦汉之际乡里吏员杂考——以里耶秦简为中心的讨论》，《南都学坛》2006 年第 1 期；《古代国家秩序与社会秩序的一般关系——以中国历史为中心的探讨》，《史学理论研究》2005 年第 4 期。

林甘泉认为秦汉乡里不仅仅是国家的基层组织，[①] 也是民间社区，具有双重功能，对社区居民的教化具有主要的责任。臧知非认为秦汉时期里是控制基层社会的基本单位，[②] 本地居民的相互监督逐步过渡到互相帮助，国家力量相对下降，对基层社会的控制在弱化，也是两汉社会结构变迁的标志。

以上述有启发性的概念阐述和思路为背景，唐宋时期乡村社会研究成果与前两个方面相比，质量水准亦不逊色。首先是关于乡村组织结构的研究。孔祥星讨论了唐代的里正，[③] 分析了里正的基本职能和选拔条件。李浩讨论了里正在唐代乡村中的地位，[④] 认为里正选拔标准明显在降低。赵吕甫[⑤]等学者讨论了唐代乡里村坊制度及相关职责；在乡村组织结构方面，周藤吉之[⑥]、王曾瑜[⑦]、朱瑞熙[⑧]、王棣[⑨]、夏维中[⑩]等探讨了宋代乡村基层组织演变过程，刘再聪[⑪]、柳田节子[⑫]、马伯良[⑬]、王曾

---

① 林甘泉：《秦汉帝国的民间社区和民间组织》，《中国古代政治文化论稿》，安徽教育出版社2004年版。

② 臧知非：《秦汉里制与基层社会结构》，《东岳论丛》2005年第6期。

③ 孔祥星：《唐代的里正——吐鲁番敦煌出土文书研究》，《中国历史博物馆馆刊》1979年第1期。

④ 李浩：《论里正在唐代乡村行政中的地位》，《山东大学学报》（哲学社会科学版）2003年第2期。

⑤ 赵吕甫：《从敦煌、吐鲁番文书看唐代“乡”的职权地位》，《中国史研究》1989年第2期。

⑥ ［日］周藤吉之：《宋代乡村制的变迁过程》，程郁译，常建华主编：《中国乡村社会史名篇精读》，上海教育出版社2020年版。

⑦ 王曾瑜：《宋朝阶级结构（增订版）》，中国人民大学出版社2010年版。

⑧ 朱瑞熙：《关于北宋乡村下户的差役和免役钱问题》，《朱瑞熙文集》，上海古籍出版社2020年版，第5册，第8页。

⑨ 王棣：《宋代乡里两级制度质疑》，《历史研究》1999年第4期；《从乡司地位看宋代乡村管理体制的转变》，《中国史研究》2000年第1期。

⑩ 夏维中：《宋代乡村基层组织衍变的基本趋势——与〈宋代乡里两级制度质疑〉一文商榷》，《历史研究》2003年第4期。

⑪ 刘再聪：《唐朝“村”制度研究》，博士学位论文，厦门大学，2003年。

⑫ ［日］柳田节子：《宋代乡村的户等制》，索介然译，刘俊文主编：《日本学者研究中国史论著选译》第5卷《五代宋元》，中华书局1993年版。

⑬ ［美］Brian E. Mcknight（马伯良），*Village and Bureaucracy in Southern Sung China*，Chicago：The University of Chicago Press，1971.

瑜[①]、朱瑞熙、郑世刚[②]、黄繁光[③]等对宋代乡村区划形成、性质、功能均有各种探讨，对基层行政组织方式、基层管理人员选拔提出了各种新见解，刁培俊[④]、谭景玉[⑤]、梁建国[⑥]等对唐宋乡村组织形式也有精深的成果发表。包伟民[⑦]、张国刚[⑧]、王旭[⑨]等均讨论了唐宋时期乡里制度变迁，对乡和里分布、地位情况进行了细致探讨，从各种角度或宏观或微观探讨了基层权力机构运行机制及在历史长河中的演变线索。而辽西夏金元乡村管理体系，大体上采用了分封制下的领主制，虽各有名目，基本上属于人身依附形式的管理体制。

在乡村经济运行方面，可谓名家辈出，妙论叠现。漆侠[⑩]建立了研究宋代经济整体框架，为深化宋代经济史研究奠定了坚实基础。漆侠、梁庚尧[⑪]、赵雅书[⑫]、杨际平[⑬]、李华瑞[⑭]、魏明孔[⑮]、葛金芳[⑯]、

---

① 王曾瑜：《宋衙前杂论》，《消埃编》，河北大学出版社 2008 年版，第 447 页。

② 郑世刚：《宋代的乡和管》，邓广铭、漆侠主编：《中日宋史研讨会中方论文选编》，河北大学出版社 1991 年版，第 246 页。

③ 黄繁光：《南宋中晚期的役法实况——以〈名公书判清明集〉为考察中心》，梁庚尧、刘淑芬主编：《台湾学者中国史研究论丛：城市与乡村》（邢义田等总主编），中国大百科全书出版社 2005 年版，第 176 页。

④ 刁培俊：《宋朝的乡役与乡村“行政区划”》，《南开学报》（哲学社会科学版）2008 年第 1 期。

⑤ 谭景玉：《宋代乡村组织研究》，山东大学出版社 2010 年版，第 1 章。

⑥ 梁建国：《北宋前期的乡村区划》，《史学集刊》2006 年第 3 期；《唐宋之际里正的变迁》，《南都学坛》2008 年第 2 期。

⑦ 包伟民：《中国近古时期“里”制的演变》，《中国社会科学》2015 年第 1 期。

⑧ 张国刚：《唐代乡村基层组织及其演变》，《北京大学学报》（哲学社会科学版）2009 年第 5 期。

⑨ 王旭：《宋代乡的建置与分布研究》，西安地图出版社 2015 年版；《论宋代基层区划：乡的边界及其划界原则》，《历史地理研究》2020 年第 2 期。

⑩ 漆侠：《宋代经济史》，中华书局 2009 年版。

⑪ 梁庚尧：《南宋的农村经济》，新星出版社 2006 年版。

⑫ 赵雅书：《宋代的田赋制度与田赋收入状况》，台湾大学文学院 1969 年版。

⑬ 杨际平：《唐前期的杂徭与色役》，《杨际平中国社会经济史论集》第 2 卷，厦门大学出版社 2016 年版，第 108 页。

⑭ 李华瑞：《宋代救荒史稿》，天津古籍出版社 2014 年版。

⑮ 魏明孔：《中国手工业经济通史·魏晋南北朝隋唐五代卷》，福建人民出版社 2004 年版。

⑯ 葛金芳：《中国近世农村经济制度史论》，商务印书馆 2013 年版。

包伟民[①]众多学者对土地流转、租佃雇工、赋役征发、手工业、救荒与农民生活等具体问题上有极为深入的阐发，李锦绣[②]、黄纯艳[③]、谷更有等[④]、薛政超[⑤]、田晓忠[⑥]等在赋役、财政等方面多有创见。

韩国磐讨论了租庸调的实物和劳役演变顺序[⑦]，贺昌群也认为徭役地租为主体，是超经济强制[⑧]。周国林则从探讨了从战国到唐田租制度，强调各地农业生产水平不同，所以田租制度不同[⑨]。对唐宋时期研究，主要集中在经济开发，特别是聚焦在土地、农业研究上，唐启宇[⑩]、张泽咸[⑪]、黄惠贤[⑫]、陈勇[⑬]等均有论述。李伯重[⑭]讨论了江南农业发展，潘雄讨论了唐代漕运问题。铃木俊[⑮]、胡如雷[⑯]、王永兴[⑰]、杨际平[⑱]、耿元骊[⑲]等均讨论了唐代均田制，观点不一。在租佃关系方

---

① 包伟民：《陆游的乡村世界》，社会科学文献出版社 2020 年版。

② 李锦绣：《唐代财政史稿》，社会科学文献出版社 2007 年版。

③ 黄纯艳：《宋代财政史》，云南大学出版社 2013 年版。

④ 谷更有等：《唐宋时期的乡村控制与基层社会》，天津古籍出版社 2013 年版。

⑤ 薛政超：《唐朝前期保证税源与均平赋役措施略论》，杜文玉主编：《唐史论丛》第 24 辑，三秦出版社 2017 年版，第 1 页。

⑥ 田晓忠：《宋代田赋制度研究》，中国社会科学出版社 2016 年版。

⑦ 韩国磐：《唐代的均田制与租庸调》，《隋唐五代史论集》，生活·读书·新知三联书店 1979 年版，第 185 页。

⑧ 贺昌群：《关于封建的土地国有制问题的一些意见》，《贺昌群文集》第 1 卷，商务印书馆 2003 年版，第 540 页。

⑨ 周国林：《战国迄唐田租制度研究》，华中师范大学出版社 1993 年版，第 165 页。

⑩ 唐启宇：《中国农史稿》，农业出版社 1985 年版，第 5 章。

⑪ 张泽咸：《汉晋唐时期农业》，中国社会科学出版社 2003 年版。

⑫ 黄惠贤：《魏晋南北朝时期农耕方式及农业生产水平试探》，《魏晋南北朝隋唐史研究与资料》，湖北人民出版社 2010 年版，第 395 页。

⑬ 陈勇：《唐代长江下游经济发展研究》，上海人民出版社 2006 年版，第 3 章。

⑭ 李伯重：《唐代江南农业的发展》，北京大学出版社 2009 年版。

⑮ ［日］铃木俊：《唐代的均田制度与敦煌户籍》，《唐代均田制研究选译》，姜镇庆等译，甘肃教育出版社 1992 年版，第 1 页。

⑯ 胡如雷：《唐代均田制研究》，《隋唐五代社会经济史论稿》，中国社会科学出版社 1996 年版，第 25 页。

⑰ 王永兴：《唐代均田制》，《“开皇之治”与“贞观之治”：王永兴说隋唐》，生活·读书·新知三联书店 2019 年版，第 153 页。

⑱ 杨际平：《唐令田令的完整复原与今后均田制的研究》，《杨际平中国社会经济史论集》第 2 卷，第 11 页。

⑲ 耿元骊：《唐宋土地制度与政策演变研究》，商务印书馆 2013 年版，第 2 章。

面，利用敦煌吐鲁番文书进行探讨，成为一大热点。关于租庸调与均田制关系，讨论很多，学术争论和分歧也多。邓广铭[①]、韩国磐、胡如雷、金宝祥[②]、郑学檬[③]、杨际平等均有精彩见解。孔泾源[④]、贾大泉[⑤]、王曾瑜[⑥]等均注意了宋代减免赋役问题，这又与社会等级等问题紧密相连。李锦绣、陈明光[⑦]等从财政角度，对唐宋间轻税、租赋等问题进行了探讨。程民生对宋代地域间赋税差异进行了探讨[⑧]，李剑农[⑨]、聂崇岐[⑩]、赵雅书[⑪]、宋晞[⑫]、王棣[⑬]、葛金芳[⑭]等均对宋代赋役各个方面有新思考，取得了高水平成果。

冻国栋[⑮]、翁俊雄[⑯]、郑学檬[⑰]、吴松弟[⑱]等则讨论了唐代人口和乡

① 邓广铭：《唐代租庸调法研究》，《邓广铭全集》第 7 卷，河北教育出版社 2005 年版，第 149 页。

② 金宝祥：《北朝隋唐均田制研究》，《陇上学人文存·金宝祥卷》，甘肃人民出版社 2012 年版，第 17 页。

③ 郑学檬：《关于“均田制”的名称、含义及其和“请田”关系之探讨》，《点涛斋史论集——以唐五代经济史为中心》，厦门大学出版社 2016 年版，第 451 页。

④ 孔泾源：《关于宋代的田赋税率和农民负担问题》，《中南民族学院学报》（哲学社会科学版）1984 年第 3 期。

⑤ 贾大泉：《宋代赋税结构初探》，《贾大泉自选文集》，四川人民出版社 2013 年版，第 94 页。

⑥ 王曾瑜：《宋朝乡村赋役摊派方式的多样化》，《锱铢编》，河北大学出版社 2006 年版，第 324 页。

⑦ 陈明光：《隋唐王朝赋税的来源与用途述论》，《寸薪集：陈明光中国古代史论集》，厦门大学出版社 2017 年版，第 159 页；同氏：《唐代财政史新编》，中国财政经济出版社 1991 年版。

⑧ 程民生：《宋代地域经济》，河南大学出版社 1992 年版。

⑨ 李剑农：《中国古代经济史稿（宋元明部分）》，武汉大学出版社 2011 年版，第 986 页。

⑩ 聂崇岐：《宋役法述》，《宋史丛考》，中华书局 1980 年版，第 1 页。

⑪ 赵雅书：《宋代的田赋制度与田赋收入状况》，台湾大学文学院 1969 年版。

⑫ 宋晞：《宋代的赋之研究》，《宋史研究论丛》第 2 辑，中国文化学院出版部 1981 年版。

⑬ 王棣：《宋代经济史稿》，长春出版社 2001 年版。

⑭ 葛金芳：《唐宋变革期研究》，湖北人民出版社 2004 年版，第 3 编。

⑮ 冻国栋：《中国人口史》第 2 卷《隋唐五代时期》，葛剑雄主编，复旦大学出版社 2002 年版。

⑯ 翁俊雄：《唐代人口与区域经济》，新文丰出版公司 1995 年版。

⑰ 郑学檬：《中国古代经济重心南移和唐宋江南经济研究》，岳麓书社 1996 年版。

⑱ 吴松弟：《中国移民史·隋唐五代时期》，葛剑雄主编，福建人民出版社 1997 年版。

村居民家口数量、移民情况，多有争论。郭声波[①]、何汝泉[②]、张剑光[③]等讨论了水利建设，对特定区域进行了分析。在粮食产量方面，蒙文通[④]等均有估算，从社会经济变迁角度讨论中国历史上赋役制度变革原因，得到学术界广泛推崇。陈顾远[⑤]、陈鹏[⑥]、谭蝉雪[⑦]、董家遵[⑧]等对唐代婚姻情况有所研究，但限于史料关注于社会上层多于基层。刘永华[⑨]、杨际平等[⑩]以敦煌材料为基础，探讨了敦煌地区婚姻情况。在土地问题上，主要讨论了土地所有制，特别是讨论了庄园制和租佃制，但是热点很快消退，亦未从土地与乡民生活角度进行探讨。鲍晓娜[⑪]、陈衍德[⑫]、妹尾达彦[⑬]、郭正忠[⑭]、李华瑞[⑮]、包伟民[⑯]、葛金芳[⑰]、梁庚尧[⑱]、林文勋[⑲]、黄纯艳[⑳]、孙洪升[㉑]、李晓[㉒]等对唐宋时期盐、酒、茶、

① 郭声波：《四川历史农业地理》，四川人民出版社 1993 年版。

② 何汝泉：《唐代岷江、沱江和嘉陵江流域的水利开发》，《唐史论集》，科学出版社 2018 年版，第 379 页。

③ 张剑光：《关于唐代水利建设重心的一些思考》，《唐代经济与社会研究》，上海交通大学出版社 2013 年版，第 75 页。

④ 蒙文通：《中国历代农产量的扩大和赋役制度及学术思想的演变》，《蒙文通全集》3《古礼甄微·古史甄微》，巴蜀书社 2015 年版，第 369 页。

⑤ 陈顾远：《中国婚姻史》，商务印书馆 2017 年版。

⑥ 陈鹏：《中国婚姻史稿》，中华书局 2005 年版。

⑦ 谭蝉雪：《敦煌婚姻文化》，甘肃人民出版社 1993 年版。

⑧ 董家遵：《中国古代婚姻史研究》，广东人民出版社 1995 年版。

⑨ 刘永华：《唐中后期敦煌的家庭变迁和社邑》，《敦煌研究》1991 年第 3 期。

⑩ 杨际平等：《五—十世纪敦煌的家庭与家族关系》，岳麓书社 1997 年版。

⑪ 鲍晓娜：《从唐代盐法的沿革论禁榷制度的发展规律》，《中国社会经济史研究》1982 年第 2 期。

⑫ 陈衍德：《民生·文化·区域·制度：多角度透视中国社会经济史》，厦门大学出版社 2013 年版。

⑬ ［日］妹尾达彦：《唐代河东池盐的生产与流通》，《史林》1982 年第 6 期。

⑭ 郭正忠：《宋代盐业经济史》，人民出版社 1990 年版。

⑮ 李华瑞：《宋代酒的生产和征榷》，河北大学出版社 2001 年版。

⑯ 包伟民：《宋代地方财政史研究》，中国人民大学出版社 2011 年版，第 7 章。

⑰ 葛金芳：《南宋手工业史》，上海古籍出版社 2008 年版。

⑱ 梁庚尧：《南宋盐榷：食盐产销与政府控制》，东方出版中心 2017 年版。

⑲ 林文勋、黄纯艳等：《中国古代专卖制度与商品经济》，云南大学出版社 2003 年版。

⑳ 黄纯艳：《宋代茶法研究》，云南大学出版社 2002 年版。

㉑ 孙洪升：《唐宋茶业经济》，社会科学文献出版社 2001 年版。

㉒ 李晓：《宋代茶业经济研究》，中国政法大学出版社 2008 年版。

铁等征榷制度及其实际运行进行了考察。方健[①]、杨果[②]、周方高[③]、钟金雁[④]、傅宗文[⑤]等均探讨了宋代农业农村基本面貌，朱瑞熙[⑥]、张邦炜[⑦]、徐吉军[⑧]、史继刚[⑨]、林正秋[⑩]、汪圣铎[⑪]等均探讨了宋代的婚姻、丧葬、风俗等问题，这些虽然与乡村经济没有直接关系，但是作为乡村社会得以存在和运转的基础，其研究对于探讨乡村社会仍然有着重要的参考价值。

在乡村社会控制方面，齐涛[⑫]、林文勋[⑬]、谷更有[⑭]、张安福[⑮]、廖寅[⑯]、高楠[⑰]、刁培俊[⑱]、曹端波[⑲]、康武刚[⑳]等不同学术路向的学者围绕唐宋乡村社会控制理念、途径、方法、手段等展开了诸多讨论，张国刚、黄宽重在《中国史新论：基层社会分册》[㉑] 中亦多有新论。

---

① 方健：《南宋农业史》，人民出版社 2010 年版。

② 杨果：《宋诗所见江汉平原农村日常生活》，《宋辽金史论稿》，商务印书馆 2010 年版。

③ 周方高：《宋代农业管理若干问题研究》，湘潭大学出版社 2012 年版。

④ 钟金雁：《宋代东南乡村经济的变迁与乡村治理研究》，云南大学出版社 2017 年版。

⑤ 傅宗文：《宋代草市镇研究》，福建人民出版社 1989 年版。

⑥ 朱瑞熙：《宋代社会研究》，《朱瑞熙文集》，第 1 册，第 105 页。

⑦ 张邦炜：《宋代婚姻家族史论》，人民出版社 2003 年版。

⑧ 徐吉军：《论宋代火葬的盛行及其原因》，《中国史研究》1992 年第 3 期。

⑨ 史继刚：《宋代禁巫述论》，《中国史研究》1993 年第 1 期。

⑩ 林正秋：《宋代生活风俗研究》，中国商业出版社 1997 年版。

⑪ 汪圣铎：《宋朝礼与佛教》，《学术月刊》1990 年第 5 期。

⑫ 齐涛：《魏晋隋唐乡村社会研究》，山东人民出版社 1995 年版。

⑬ 林文勋主编：《传统中国的社会力量与地方治理》，科学出版社 2019 年版。

⑭ 谷更有：《唐宋乡村控制若干问题研究》，武汉大学出版社 2005 年版。

⑮ 张安福：《唐代农民家庭经济研究（第 2 版）》，中国社会科学出版社 2017 年版。

⑯ 廖寅：《宋代两湖地区民间强势力量与地域秩序》，人民出版社 2011 年版。

⑰ 高楠：《宋代民间财产纠纷与诉讼问题研究》，云南大学出版社 2009 年版。

⑱ 刁培俊：《唐宋时期乡村控制理念的转变》，《厦门大学学报》（哲学社会科学版）2009 年第 1 期。

⑲ 曹端波：《小农经济的发展与乡村社会变迁：以唐代为中心来考察》，贵州大学出版社 2007 年版。

⑳ 康武刚：《宋代地方势力与基层社会秩序研究》，合肥工业大学出版社 2015 年版。

㉑ 黄宽重主编：《中国史新论（基层社会分册）》，联经出版事业有限公司 2009 年版。

在乡村民众阶层方面，以阶级分析为主的阶级阶层研究曾经最为突出，宫泽知之①、胡如雷②、张泽咸③、朱瑞熙、王曾瑜、葛金芳④、邢铁⑤等对农民阶级及内部分化有深入探讨。近年来，孟宪实⑥、余欣⑦等研究了唐代主要是敦煌乡村结社，林文勋⑧、谷更有等提出了关于宋代乡村“富民”新理论，刁培俊⑨分析了宋代乡村精英，高桥芳郎⑩关于佃客、佃仆身份研究也影响很大。在乡村社会教化方面，主要集中在儒家思想和民间信仰交织作用等方面，韩明士⑪、韩森⑫从社会精英角度讨论了官僚、乡绅对村民的影响，进而涉及了乡民信仰。皮庆生⑬讨论了乡民祠神信仰，分析了朝廷、官府、乡民之间对待民间神祇的复杂态度。王美华⑭认为儒家思想向下延伸，官方礼制推向民间，逐步实现了礼制下移。

堀敏一有《中国古代的身份制：良与贱》⑮，讨论良贱身份制

---

① ［日］宫泽知之：《宋代地主与农民的诸问题》，高明士等译，刘俊文主编：《日本学者研究中国史论著选译》第 2 卷《专论》，中华书局 1993 年版，第 424 页。

② 胡如雷：《唐末农民战争》，中华书局 1979 年版。

③ 张泽咸：《唐代阶级结构研究》，中州古籍出版社 1996 年版。

④ 葛金芳：《唐宋之际农民阶级内部构成的变动》，《中国传统社会探研》，人民出版社 2005 年版，第 224 页。

⑤ 邢铁：《家产继承史论》，云南大学出版社 2012 年版。

⑥ 孟宪实等主编：《秩序与生活：中古时期的吐鲁番社会》，中国人民大学出版社 2011 年版。

⑦ 余欣：《神道人心：唐宋之际敦煌民生宗教社会史研究》，中华书局 2006 年版。

⑧ 林文勋、张锦鹏主编：《中国古代农商富民社会研究》，人民出版社 2016 年版。

⑨ 刁培俊：《宋代乡村精英与社会控制》，《社会科学辑刊》2004 年第 2 期。

⑩ ［日］高桥芳郎：《宋至清代身分法研究》，李冰逆译，上海古籍出版社 2015 年版。

⑪ ［美］韩明士（Robert Hymes）：《道与庶道：宋代以来的道教、民间信仰和神灵模式》，皮庆生译，江苏人民出版社 2007 年版。

⑫ ［美］韩森（Valerie Hansen）：《变迁之神：南宋时期的民间信仰》，包伟民译，中西书局 2016 年版。

⑬ 皮庆生：《宋代民众祠神信仰研究》，上海古籍出版社 2020 年版。

⑭ 王美华：《礼制下移与唐宋社会变迁》，中国社会科学出版社 2015 年版。

⑮ ［日］堀敏一：《中国古代の身分制：良と賎》，汲古書院 1987 年版。

度。张泽咸《唐代阶级结构研究》认为统治阶级共有十四类，其中寄庄寄住户、客户地主、乡村上户、形势户、工商地主地位较低，也是乡村居民；而农民阶级包括乡村次户下户、佃农、乡村雇佣等。李斌城等[①]认为唐代农民也有多个层次，庶民地主和农民均如此。李季平[②]、赵云旗[③]、李天石[④]等对唐代奴婢问题进行了深入探讨。对宋代社会结构进行深入分析的，主要是王曾瑜《宋朝阶级结构》，重点讨论了乡村下户和客户。龙登高[⑤]、葛金芳[⑥]、穆朝庆[⑦]等对社会阶层演化、佃户分布与生存等情况进行了分析，王延中[⑧]、戴建国[⑨]、侯振兵[⑩]等对唐宋时期贱民等级进行了讨论。

唐代处于宗族势力衰落的时期，乡村也正处于模仿社会上层的阶段，所以研究论著特别是关于乡村宗族研究亦相对较少。仁井田陞[⑪]、瞿同祖[⑫]在通论意义上讨论了唐宋时期宗族情况，魏承思[⑬]、徐扬杰[⑭]、冻国栋[⑮]、

---

① 李斌城等:《隋唐五代社会生活史》，中国社会科学出版社 1998 年版。

② 李季平:《试析唐代奴婢和其他贱民的身份地位》，《古史探微》，齐鲁书社 2003 年版。另见氏著《唐代奴婢制度》，上海人民出版社 1986 年版。

③ 赵云旗:《论隋唐奴婢阶层在中国历史上的变化及其原因》，《晋阳学刊》1987 年第 2 期。

④ 李天石:《中国中古良贱身份制度研究》，南京师范大学出版社 2004 年版。

⑤ 龙登高:《略论宋代社会各阶层的演变趋势》，《中州学刊》1998 年第 3 期。

⑥ 葛金芳:《两宋社会经济研究》，天津古籍出版社 2010 年版。

⑦ 穆朝庆:《论宋代客户封建隶属关系研究中的若干问题》，《郑州大学学报》（哲学社会科学版）1990 年第 1 期。

⑧ 王延中:《宋代奴婢实态研究》，《史学集刊》1989 年第 4 期。

⑨ 戴建国:《“主仆名分”与宋代奴婢的法律地位——唐宋变革时期阶级结构研究之一》，《历史研究》2004 年第 4 期。另见氏著《唐宋变革时期的法律与社会》，上海古籍出版社 2010 年版，第 4 章。

⑩ 侯振兵:《唐代牧监基层劳动者身份刍议——兼论唐代的贱民问题》，《中国农史》2015 年第 4 期。

⑪ ［日］仁井田陞:《中国の農村家族》，東京大學出版會 1952 年版。

⑫ 瞿同祖:《中国法律与中国社会》，商务印书馆 2017 年版。

⑬ 魏承思:《唐代宗族制度考述》，《史林》1987 年第 3 期。

⑭ 徐扬杰:《宋明家族制度史论》，中华书局 1995 年版。

⑮ 冻国栋:《隋唐时期的人口政策与家族法》，《中国中古经济与社会史论稿》，湖北教育出版社 2005 年版，第 139 页。

柳立言[①]、冯尔康[②]、常建华[③]、梁庚尧[④]、王善军[⑤]、黄宽重[⑥]、陶晋生[⑦]等均从不同角度上对唐宋间宗族的情况进行了分析，而较少涉及乡村家庭宗族研究（当然也是因为材料无存，更因为贫苦家庭无暇顾及，当有条件考虑宗族事务并想留下文字记录之时，即使居住乡村，也不再是普通乡里百姓的一员了）。

上述介绍，实为蜻蜓点水之浮光掠影，算是尝一脔而知一镬，未得寓目或者提及之论著，亦有极高明之作，遗珠之憾在所难免。也确实是因为研究深入细致，论著数量极为庞大，涉及诸多语种，多学科方向，把握起来实在不易。当然，更多的还是因为笔者学力不逮，能力有限，只好暂付诸阙如。从总体上看，唐宋乡村社会研究成绩卓著，在土地、租佃、赋役等具体问题也有极为深入的阐发。但多数研究是按照"官强民弱"的思考方式研究官府如何控制乡村，通过静态的制度考察来确认国家政权是否延伸到乡里。立足于乡村社会与国家经济关系的研究还相对不充分，以唐宋长时段为研究区间的也不多见。如李治安教授主编《基层社会与国家权力研究丛书》[⑧]，是梳理历代基层社会与国家关系的最重要成果，涉及乡村较少，且未论及宋更乏总论唐宋。是故，对唐宋乡村社会与国家经济关系还有进一步讨

---

① 柳立言：《宋代的家庭和法律》，上海古籍出版社 2008 年版。

② 冯尔康：《秦汉以降古代中国"变异型宗法社会"述论——以两汉、两宋宗族建设为例》，南开大学历史学院编：《古代宗族与社会结构史（冯尔康文集）》，天津人民出版社 2019 年版，第 1 页。

③ 常建华：《宋以后宗族的形成及地域比较》，人民出版社 2013 年版。

④ 梁庚尧：《宋代科举社会》，台湾大学出版中心 2015 年版。

⑤ 王善军：《宋代宗族和宗族制度研究》，人民出版社 2018 年版。

⑥ 黄宽重：《宋代的家族与社会》，国家图书馆出版社 2009 年版。

⑦ 陶晋生：《北宋士族：家族·婚姻·生活》，"中央"研究院历史语言研究所 2001 年版。

⑧ 共 10 种，均由天津古籍出版社出版，下仅列出版年。苏力：《元代地方精英与基层社会》，2009 年；肖立军：《明代省镇营兵制与地方秩序》，2010 年；张玉兴：《唐代县官与地方社会研究》，2009 年；夏炎：《唐代州级官府与地域社会》，2010 年；张沛之：《元代色目人家族及其文化倾向研究》，2009 年；周鑫：《乡国之士与天下之士：宋末元初江西抚州儒士研究》，2014 年；杨印民：《帝国尚饮：元代酒业与社会》，2009 年；张思：《侯家营：一个华北村庄的现代历程》，2010 年；张国旺：《元代榷盐与社会》，2009 年。

论的必要，本书则聚焦于此，试图通过几个方面的讨论，对唐宋乡村社会与国家经济关系加以新的思考。通过多向度的历史视角观察，重视历史细节的重建，再现历史的复杂性和多面相。本书力图在更长时段，更大时空范围内把握历史发展的趋向，揭示历史表象之下更深层次的脉动，了解唐宋乡村民众和乡里、州县、国家的复杂经济互动关系，并以之为基础，思考唐宋时代间的关系，乃至中国历史的发展脉络与趋势。

三 本书的基本内容

由制度入手，从制度延伸到社会，最后回归人的生存问题，“制度—社会—人”是作者持之以恒的学术观察与思考过程。由土地制度导入，立足于基本史料的扎实解读，通过对学界成说的辨识，得出新的结论，笔者已撰有相关学术著作，对唐宋土地制度有了一些辨析和讨论。本书则以上述研究为基础，在新的高度和角度来扩展研究范围和深度，把学术视野推进到社会控制与社会生活层面，通过观察乡村社会与国家的经济互动关系试图建立分析唐宋社会变迁的基本框架。

第一，乡村不是官府统治真空地带，乡村经济生活一定是建立在官府乡村管制体系之下的经济生活。权力统治体系一定要有下沉渠道，观察乡村权力结构，了解把握它的运行机制，是理解乡村社会，研究乡村经济的关键环节之一，乡村提供了各级统治机构存在、运转所需要的财政基础。在两级多方的财政压力下，唐代带有理想规划色彩的乡里制逐渐转向了更多服务于赋役征收的乡村制，由于财政掠夺成为唯一目标，赋役征收成为乡村运转的主轴事务，这也导致乡村社会权力结构以掌握簿书的关键胥吏为中心节点。这对我们认识中国古代乡村社会的基本走向，理解传统中国社会的基本经济结构、权力结构及其内在运行机制十分重要。

第二，乡村经济活力建立在土地基础之上。土地是最基本的生产资料，通过分析土地占有、赋役征派和契约关系的各个具体环节和操作过程，可以了解乡村百姓如何卷入乡村社会与国家的经济关系大潮，在这其中，朝廷、州县、乡民各有不同的应对策略。在乡村百姓的契约关系建立中，国家权力得以运行，乡村社会秩序得以维持。

第三，赋役征派直接或间接影响经济发展和民众生活。赋役征派的关键在于征收方式与征收额度的变化，这决定了乡民和州县、朝廷在总产出中各自所占有的份额。通过征收方式和额度的调整，国家强化了对乡村社会的财力汲取，保证财政收入增长；乡民是分散存在的个体，多采用各种隐蔽的方式避税逃役，维持生存。在征派与逃避之间尽力保持平衡，基本维持了社会稳定运行。

第四，唐宋乡村社会性质是否变化，是唐宋社会性质判断的关键。唐宋时期乡村社会基层组织及其运作方式没有出现断裂，乡村社会与国家的经济关系如出一辙。因此，对中国古代社会历史延续性要有通盘的考虑。

第五，本书的思路是从作为乡村社会财富产生基础的土地关系作为思考起点，考察乡村社会财富流通与分配的过程，研究唐宋乡村社会不同群体与州县、国家的经济关系，理解乡村社会的控制与反控制，生存与和秩序之间的微妙平衡关系，判断社会性质，对“唐宋变革论”加以新的思考。

本书在撰写过程中尽力寻求更合理的问题设置、价值预设和解释体系，努力认真解读史料，充分理解，实证研究、理性判断。关注宏观，但注重细节；从微观起步，但避免支离。把会通宏观与微观作为前进的目标，从坚实的史证通向宏观的建构。同时，本书研究重点在于唐宋时期乡村权力的运行机制，土地交易和诉讼程序中州县权力的展现过程，对乡村中的契约租佃关系加以分析，判断赋役征收方式与征收额度的具体状况。尤为重要的是，通过观察乡村社会与国家的经济互动关系，建立一个综合分析唐宋时期基层社会变迁的判断框架。当然，所有的分析都要落实在具体史实的研讨上，而不能以空对空，架空中楼阁。本书虽然试图以实证为基础，理解历史发展脉络进程。但是在实际研究工作的落实中，则尽量选择那些有材料有细节可以分析的具体问题。所思当然尽量求深远，所述则尽量求平实。试图以平实的材料，分析唐宋乡村的历史变迁。这是一个非常艰难的愿景，只能说是尽力去做而已，也未必见得能做好。

总的看来，本书努力形成跨越唐、五代、宋的长时段，注重“过程”与“关系”的贯通性动态研究。把握唐宋长时段内乡村社会与州县官吏、朝廷国家发生经济关系的关键环节，梳理和辨析乡村权力关系、理解经济生活当中田土诉讼、赋役征派各环节的具体步骤、操作过程。尽量通过微观和区域的实证分析，了解乡民卷入国家经济洪流的方式与过程。在对基本史料详尽分析中，讨论乡村居民的真实生活。把从上到下的国家视角，改变为基层视角，尽力融入其中。探寻当时当地乡村民众的行为方式，从乡村居民的角度来看乡村社会、州县权力、朝廷国家等多方面的关系。通过视角调整来激发新的思维，获得新的史学认识。从土地、契约关系、赋役关系的长时段状况来观察分析乡村居民的政治、社会行为，理解他们围绕生存而展开的博弈过程。立足于基本史料的解读，提出新见解，希望能将一些传统命题的研究向前略有推进。

第一章

唐代乡村社会权力结构及其运行机制

乡村是中国社会的根本，也是大多数民众生活的所在。中国古代社会更是一个本质上的乡村社会，乡村社会与国家之间的经济关系，是理解中国社会基本经济结构、权力结构及其内在运行机制的重要环节。村民、乡里、州县发生关系的汇聚点之一就是赋役征派，特别是需要强制人身付出的劳役，更是矛盾焦点。学术界非常重视赋役与乡村社会关系的研究，举凡乡里机构、赋役种类、差科簿记等都取得了相当突出且重要的成果。① 不过，这些研究论著较多把视角建立在国家（以州县为代表）与乡村社会的矛盾上，立足于国家对乡民的汲取过程，对于百姓之间分化和对立，特别是由役事负担所反映乡村财政压力及社会权力结构状况等重要问题的研究，似有进一步深入拓展的空间。本章以役事执行为主要考察线索，试图分析唐代乡村社会权力

---

① 关于唐代赋役特别是色役和杂徭的研究，王永兴、唐长孺、杨际平、张泽咸、郑学檬等均有极高建树，与日本学者一道提高了研究水准，相关研究综述可以参阅李锦绣《敦煌吐鲁番文书与唐史研究》，福建人民出版社 2006 年版，第 198 页；胡戟等主编：《二十世纪唐研究》，中国社会科学出版社 2002 年版，第 384 页。关于唐代乡村社会的研究，主要有马新、齐涛《汉唐村落形态略论》，《中国史研究》2006 年第 2 期；张玉兴《唐代县官与地方社会研究》；张国刚《唐代乡村基层组织及其演变》，《北京大学学报》2009 年第 5 期；林文勋、谷更有《唐宋乡村社会力量与基层控制》；谷更有《唐宋国家与乡村社会》；李浩《唐代的村落与村级行政》，《中国社会历史评论》（第 6 卷），天津古籍出版社 2005 年版；刘再聪《唐朝“村”制度研究》。同时，还有其他大约二十篇博士、硕士论文以唐代乡村社会为研究主题。日本学者在这方面也有非常突出的研究成果，兹不具述。

结构及其运行机制，并考察在地方财政负担压力下，朝廷、州县、乡里、百姓之间围绕“役”而在乡村中展开的对抗与合作，为深入认识唐宋时期乡村社会变迁提供初步的鉴识基础。

一　乡村权力机构建制转换

关于唐代乡村社会基层权力机构建制，围绕着“乡”“里”建制及两者之间关系展开了充分讨论，主要讨论了“乡”是否存在及里正地位问题（谁为乡级实际管理者）。[①] 在唐代官府的正式文书运行过程中，由上至下进行传达：“尚书省下于州，州下于县，县下于乡，皆曰符。”[②] 又云：“君之命行与左右，左右颁于方镇，方镇布于州牧，州牧达于县宰，县宰下于乡吏，乡吏传于村胥，然后至于人。”[③] 公文传递，以乡为最低的一层文书接受者，在中央政府看来，“乡”就是最低一层的管理层级。张玉兴认为，唐代存在着乡级行政，里正是事实上的乡级行政人员。[④] 笔者大体同意并进一步认为，无论前期后期，确实存在“乡”这一层级。贞观十六年（641）以前，“乡”甚至“里”都是纳入官方等级序列的正式、半正式层级，乡长、里正也就具备了“官”的身份。贞观十五年以后，乡被改造为一种约定俗成的存在，由县级官府统一管理，但是“乡”自身不再是纳入体制序列的正式层级，“里”则不复存在。但“里正”地位得以提升，轮流当值或者分工合作的五个里正，逐渐成为“事实上”的乡级领导，再成为正式的乡级领导。“里正”二字，也慢慢成为乡领导名称。与“乡”的非正规地位一样，“里正”也非正式官员（甚至算不上比照官员）。大体来说，唐代县以下管理体制，是由“乡里制”转换为

---

① 参见张玉兴《唐代县官与地方社会研究》，第193页以降。

② 李林甫：《唐六典》卷1《尚书都省》，陈仲夫点校，中华书局2014年版，第10页。

③ 白居易：《白居易集》卷63《策林二·人之困穷由君之奢欲》，顾学颉点校，中华书局1999年版，第1314页。

④ 张玉兴：《唐代县官与地方社会研究》，第219页。

"乡村制"。

唐代乡村管理体系基本是："诸户以百户为里，五里为乡，四家为邻，五家为保。每里置正一人，……在田野者为村，别置村正一人。其村满百家，增置一人，掌同坊正。其村居如（不）满十家者，隶入大村，不须别置村正。"① 武德七年（624），万象更新，始定律令："百户为里，五里为乡，四家为邻，四邻为保。"② 对乡里地位，没有明确说明。《通典》中写道："百户为里，里置正一人；五里为乡，乡置耆老一人。……贞观九年（635），每乡置长一人，佐二人，至十五年省。"③《旧唐书》当中记为"十一月壬戌，废乡长"④。早在隋初，就曾规定："制人五家为保，保有长。保五为闾，闾四为族，皆有正。畿外置里正，比闾正，党长比族正"⑤，这些"正"均属纳入正规体制的"乡官"。唐初延续了汉魏以来的"乡官"之制，里正、耆老或者乡长都算是正式（比照）官府成员。

这些乡级官员如果全部纳入政府序列，数量相当庞大。据史籍当中同时存在"乡"和"户"数字的记载，天宝元年（742）有"乡一万六千八百二十九。户部进计账，今年管户八百五十二万五千七百六十三"⑥，则约 506 户为一乡；天宝十三载（754），有"乡一万六千八百二十九。户九百六十一万九千二百五十四"⑦，则约 571 户为一乡。⑧ 这说明，确实是按照大体每 500 户为一乡来安排。贞观十三年（639），有 3041871 户，⑨ 按 500 户为一乡估算，有 6000 多个乡。唐

① 《通典》卷 3《食货三》，王文锦等点校，中华书局 2017 年版，第 63 页。

② 《资治通鉴》卷 190 武德七年四月庚子条，中华书局 2012 年版，第 6094 页。

③ 杜佑：《通典》卷 33《职官十五》，第 924 页。

④ 《旧唐书》卷 3《太宗下》，中华书局 1975 年版，第 53 页。

⑤ 《隋书》卷 24《食货志》，中华书局 2019 年版，第 754 页。

⑥ 《旧唐书》卷 9《玄宗下》，第 216 页。

⑦ 《旧唐书》卷 9《玄宗下》，第 229 页。此记载有误，下有课、不课数，两者相加不得本数。下文仅为约略估计倾向，故未加以详考。可参阅冻国栋《中国人口史》第 2 卷《隋唐五代时期》，第 97 页。

⑧ 如以课、不课数合计 9187548 计算，则每乡约 546 户。

⑨ 冻国栋：《中国人口史》第 2 卷《隋唐五代时期》，第 96 页。

代中期，杜佑估算，大致有官员“一万八千八百五员”①。前述天宝元年（742）有16829乡，两相比较，假设乡长（不含佐及里正）均纳入正规渠道，官员数量立刻接近翻倍。乡长如果全纳入官员队伍当中，对于农业经济国家财政体系来说，几乎是不可承受之重。所以在尝试之后，立刻就发现无法推行下去。贞观十五年（641），就不得不废罢“乡长”及属官（佐），也就是废除了乡官之制。“乡长”及乡的正规建制虽然废除，但是县以下地域仍然需要管理，“乡”作为区块名称仍得以继续存在。

开元十八年（730），要求“诸户籍三年一造，起正月上旬，县司责手实计账，赴州依式勘造。乡别为卷”②。每“乡”为一卷，足证“乡”的概念一直在使用。“凡里有手实，岁终具民之年与地之阔狭，为乡帐。乡成于县，……”③ 开元二十六年（738年），朝廷要求“每乡一学”④。长庆四年（824），有“富平县之丰水乡、下邽县之翟公乡、澄城县之抚道乡、白水县之会宾乡”⑤ 等乡名。哀帝“以王礼葬于济阴县之定陶乡”⑥。在具体赋役统计当中，均以乡为基本操作单位，出土文书当中屡屡提及“当乡”，可见一斑。⑦“乡”作为区块长期存在，但是“乡”建制不再纳入政府体制。乡长也被取消，管理“乡”的权力转入五“里正”，“当乡何物贵，不过五里官”⑧，随时间推移，“里正”一词转变为乡领导的职务名称。

“里正”成为乡领导的职务名称，“里”本身逐渐消失，取代“里”地位的是村。“在田野者为村”⑨，“村”成为县以下地域里自

① 《通典》卷19《职官一》，第481页。

② 王溥：《唐会要》卷85《籍账》，中华书局1998年版，第1559页。

③ 《新唐书》卷51《食货志一》，中华书局1997年版，第1340页。

④ 《旧唐书》卷9《玄宗下》，第209页。

⑤ 《旧唐书》卷17上《敬宗》，第510页。

⑥ 《旧唐书》卷20下《哀帝》，第811页。

⑦ 唐长孺：《唐西州诸乡户口帐试释》，《唐长孺文集》第7卷《山居存稿三编》，中华书局2011年版，第95页。

⑧ 王梵志：《王梵志诗校注（增订本）》卷2《当乡何物贵》，项楚校注，上海古籍出版社2010年版，第109页。

⑨ 《旧唐书》卷48《食货志上》，第2089页。

然聚落的通称性概念。刘再聪统计了《入唐求法巡礼行记》中所出现的数百个“村”名，地域分布极为广泛，从今天山东沿海一直到山西五台山均有村名，而无关某“里”的记载。[①] 唐初的乡里制，在贞观十五年（641）以后就逐渐向乡村制转化。“乡”和“里”都是设计概念，试图把县以下地域居民纳入统一网络当中。但是这种由“五”“百”等整数构成充满结构感的设计规划，很难与乡村居民居住实情吻合。“百户”分散居住，则很难纳入同“里”。若数百户集中居住，狭小区域又出现了多个“里”，殊无必要。因此，人为规划设计之“里”逐渐消亡，由非正式纳入官府序列但又受官府严密掌控的“乡”直接面对自然形成聚落“村”成为相对最优方案。

“乡里”向“乡村”的转变，代表着权力架构、运行模式的改变。众所周知，“权力”虽然是一种可以强制（包括软性强制）执行的力量，但如果没有建立起一个相互沟通高效运转的网络机制，则权力难以得到落实。而权力只有上下互通，左右互联才能形成网络。在网络中居于关键地位是各处节点，通过节点，网络才得以沟通并发挥作用。由县级官员主导建成的乡村社会权力网络中，里正、村正作为基层实际管理者成为重要的网络节点。经由里正、村正的上传下达、左右协调，权力网络得以运转并最大限度地为朝廷管理县以下地域。对村民来说，里正、村正代表国家意志对乡村百姓进行管理；对朝廷来说，里正、村正生活在乡村社会当中，是村民一分子。他们处于一个微妙的境地，既不敢也不想与朝廷对抗，又不能完全服从朝廷。朝廷既厌恶他们，又不得不依赖之。玄宗时因放免乡村租庸，“委县令对乡村一一审定”，同时“太守子细案覆，本道使察访”。处理不当，则对“本里正村正先决一百，配入军团”[②]。开元（713—741）时，禁止在乡村举行戏班杂耍演出，不听禁令，则“容止主人及村正决三十”[③]。日僧圆仁经行青宁乡，当地寺院、里正疏于呈报，故县衙

① 刘再聪：《“在田野者为村”——以〈入唐求法巡礼行记〉为中心的考察》，《中国农史》2010 年第 1 期。

② 官修：《文苑英华》卷 433《安养百姓及诸改革制》，中华书局 1966 年版，第 2190 页。

③ 王溥：《唐会要》卷 34《杂录》，第 629 页。

“寻问本乡里正”，里正回报：“村正谭亶抛却帖，至今都无状报。”[①]可见里正、村正处于乡村社会、经济事务的中心，上下有事均责成彼身，是朝廷、州县和村民的交会点。

里正、村正的选拔，由官府操控。里正的工作偏于赋役征派，由“县司选勋官六品以下，白丁清平强干者充”，村正则“取白丁充”，[②]无人处亦可降低标准。十家以上设村，百家可增设村正一人。里正曾经是民众热衷担任的职务，“往者学生、佐史、里正每一员阙，拟者十人”[③]。其铨选方式，“求任里正者的自书状，自述任何职若干年，在任职期间勤于职守，无过失，申请补任里正。此状上于县户曹，由县尉判准补人某乡某里里正”[④]。村正的选拔，基本限本村，标准略有降低，其工作设定最初偏向乡村治安和社会控制，但赋役征派渐成为主要内容。被选拔的里正、村正，多有到县轮值义务，“村正上县回”[⑤]，且有餐食：“县局南衙点，食并众厨飡。”[⑥]里正到县上值，必须签到。[⑦]“里正处理管内事务，往往是亲赴县衙的，上直不到且受到追究。”[⑧]如果出现了百姓不能及时足额缴纳赋税的情况，则“租调无处出，还需里正倍（赔）”[⑨]。村正同时也有协助征缴赋税的义务，但在执行中非常困难：“今富儿非不缘子弟职掌，……村正虽见

---

① ［日］圆仁：《入唐求法巡礼行记校注》卷2，白化文等校注，中华书局2019年版，第176页。

② 《通典》卷3《食货三》，第64页。

③ 《新唐书》卷112《韩琬传》，第4166页。

④ 王永兴：《吐鲁番出土唐西州某县事目文书研究》，《国学研究》第1卷，北京大学出版社1993年版，第398页。

⑤ 段成式：《酉阳杂俎》续集卷2《支诺皋中》，方南生点校，中华书局1981年版，第215页。

⑥ 王梵志：《王梵志诗校注（增订本）》卷2《当乡何物贵》，第109页。

⑦ 参阅国家文物局古文献研究室等编《吐鲁番出土文书》第5册《唐西州高昌县诸乡里正上直暨不到人名籍》，新疆文化出版社2017年版，第75页。

⑧ 张广达：《唐灭高昌国后的西州形势》，《西域史地丛稿初编》，上海古籍出版社1995年版，第124页；亦可参阅张雨《吐鲁番文书所见唐代里正的上直》，孟宪实等主编《秩序与生活：中古时期的吐鲁番社会》，中国人民大学出版社2011年版，第189页。

⑨ 王梵志：《王梵志诗校注（增订本）》卷5《贫穷田舍汉》，第558页。

面，不敢示文书取索，非不知其家处，独知贫儿家处。”① 随着时间推移，局面越发严重。里正、村正无法承受上下的压力，多不愿任职，“今当选者，亡匿以免”②。最终，官府开始采用强迫命令方式要求民户承担基层管理职责，在乡里有一定地位受到尊崇的“里正”职务，逐渐也就成为被迫负担而人人厌恶之“职役”。不过里正、村正在权力网络中的节点地位，仍旧保持了下来。

要之，“乡”曾经是一级正式（半正式）机构，但管理烦难，容易尾大不掉，而且经费支出庞大，国家财力无法维系，故而被舍弃。可官府的“操控”并未放弃，管理方式也一如其旧，只不过朝廷对其不再有提供俸禄和职位的“义务”，但是基层头目（里正、村正）仍然有为国家服务的“责任”。由“乡里制”转为“乡村制”的关键，是役事职责。要从乡村汲取财富，就要有管道。人为设计之“里”，没有血缘和地缘关系，很难负担这样的任务，转为控制有血缘和地缘关系的自然聚落“村”，是一个合适的途径。用不脱离县控制的乡来管理村，是限定条件下相对合理的选择。而对于权力集中的恐惧以及财政上无力承担，导致把权力分散到了五个里正。

二　役事执行与纠纷处理

赋役征派是乡村社会中既难为又不得不为的工作，在征派执行的过程中，官府权力延伸到乡村内部，乡村社会中权力网络因之得以运转。当然，文化习俗、纠纷调解等也是乡村权力运作的载体，但是最基本的乡村权力运作还是通过赋役征派而得以展现。武德七年（624），始定律令：“凡丁，岁役二旬。若不役，则收其佣，每日三尺。有事而加役者，旬有五日免其调，三旬则租调俱免。通正役，并不过五十日。”③ 这是役事执行的基本依据，由于其以丁男为基础，

① 杜甫：《东西两川说》，《全唐文》卷360，中华书局2016年版，第3656页。

② 《新唐书》卷112《韩琬传》，第4166页。

③ 《旧唐书》卷48《食货志上》，第2088页。

必须及时编造户籍，准确登记年龄和田产。又因多有“诈冒隐避，以免课役”①，所以“脱口及增减年状（谓疾、老、中、小之类），以免课役者，一口徒一年，二口加一等，罪止徒三年”②。两税法以后，虽折入租庸杂徭，但政府缺乏足够财力负担雇役，限外征役不可避免。③ 百姓仍然是“不惮征赋，而惮力役”，④ 采用各种手段来逃役、避役就成为常见的社会现象，成为严重的社会问题。“诸道州府，……户口逃亡，……乡闾屡困于征徭，……经费色额，太半空系簿书。”⑤ 而官府支出刚性化，缺乏其他收入源，只有汲取乡村财富，才能维持官僚体制运转。

官府为了尽可能多和快地取得赋役收入（劳力也是收入），多倾向于直接派人下乡征收。其正常程序为“刺史……下文帖付县，……县令付案，案司出帖，分付里正”，不过里正常常谋私，“一乡遍著，赤帖怀中藏却，巡门掠敛一遍”⑥，乡村成为“忽闻扣门急，云是下乡隶，……良民惧官府，听之肝胆碎”⑦ 的惊恐世界。官府虽知晓“所由入乡村，是为政之大弊，一吏到门，百家纳货”⑧，但也无可奈何。征派中虽然“禾穗未熟皆青干”，但基层官员“长吏明知不申破”，目的是“急敛暴征求考课”，农户被迫“典桑卖地纳官租”⑨，乡村中则“孤弱贫人，里胥敦迫，及期输纳，不敢稽违”。当朝廷可能蠲免赋役，又出现“奸猾之辈，侥幸为心。时雨稍愆，已生觊望。

---

① 《通典》卷6《食货六》，第109页。

② 官修：《唐律疏义笺解》卷12《户婚》，刘俊文笺解，中华书局1996年版，第915页。

③ 参阅张泽咸《唐代的力役》，《晋唐史论集》，中华书局2008年版，第88页。

④ 杨夔：《复宫阙后上执政书》，官修：《文苑英华》卷669，第3440页。

⑤ 《旧唐书》卷19上《懿宗纪》，第680页。

⑥ 杜牧：《樊川文集》卷13《与汴州从事书》，陈允吉点校，上海古籍出版社1978年版，第198页。

⑦ 唐彦谦：《宿田家》，《全唐诗》卷671，中华书局编辑部点校，中华书局1999年版，第7741页。

⑧ 官修：《册府元龟》卷493《邦计部·山泽一》，中华书局2003年版，第5901页。

⑨ 白居易：《白居易集》卷4《杜陵叟》，第79页。

竞相诱扇，因致逋悬”的情况。[①] 租税如此，役事亦同。部分官员不分贫富轮差派役，反而相对公平。李式分派夫役，“都置一板簿，每年轮检自差，欲有使来，先行文帖，克期令至，不拣贫富，职掌一切均同，计一年之中，一县人户，不著两度夫役。如有远户不能来者，即任纳钱与于近河雇夫，对面分付价直”。杜牧则“自置板簿，若要使役，即自检自差……籍在手中，巡次差遣，不由里胥，典正无因更能用情”[②]。

里正的四项职责“按比户口，课植农桑，检察非违，催驱赋役”[③]当中，最关键重要的是“催驱赋役”，也就是唐律中所说的“里正之任，掌案比户口，收手实，造籍书”[④]。里正无官品，但是“里正之等，亲管百姓，既同里闬，多相谙委”[⑤]，所以“里正、坊正，职在驱催”[⑥]。里正要面对百姓，充当征发赋税的最基层爪牙。唐代前期，赋役征派已执行不易，里正追役来临之时，只能是“里正追庸调，村头共相催”。而乡村人户情况不同，有的农户贫穷至极，无所畏惧：“早死无差科，不愁怕里长”[⑦]，有的农户则“追车即与车，须马即与马。须钱便与钱，和市亦不避。……纵有重差科，有钱不怕你”[⑧]。唐令中所规定的依据贫富等条件制作五等簿记，然后差科、赋役均根据此簿“依次差科，……里正唯得依符催督，不得干豫差科”[⑨] 的办法难以得到真正落实。

不过，在役事执行过程中，里正看起来是官府爪牙，但其地位相当尴尬，处于矛盾和夹缝当中。既有强征豪夺的里正，同样也存

---

① 官修：《册府元龟》卷488《邦计部·赋税二》，第5835页。

② 杜牧：《樊川文集》卷13《与汴州从事书》，第198页。

③ 《文献通考》卷12《职役考一》，上海师范大学古籍研究所、华东师范大学古籍研究所点校，中华书局2011年版，第339页。

④ 官修：《唐律疏义笺解》卷12《户婚》，第920页。

⑤ 官修：《唐律疏义笺解》卷18《贼盗》，第1300页。

⑥ 官修：《唐律疏义笺解》卷11《职制》，第898页。

⑦ 王梵志：《王梵志诗校注（增订本）》卷5《不见念佛声》，第499页。

⑧ 王梵志：《王梵志诗校注（增订本）》卷5《富饶田舍儿》，第553页。

⑨ 天一阁博物馆、中国社会科学院历史研究所天圣令整理课题组：《天一阁藏明抄本天圣令校正》，中华书局2006年版，第390页。

在着大批无能为力甚至抱冤负屈的里正。里正要完成官府催税催役任务，同时也是乡里一员，与乡民有着千丝万缕关系。某些时候，也会和县府产生各种微妙“矛盾”，常见局面就是“为使司则不得不尔，处里正又不得不然”[1]。开元（713—741）年间，有这样一件文书：

> 69 岐阳郎光隐匿防丁高元牒问第卅：
> 70 高元郿县百姓，岐阳寄田，其计素奸，其身难管。昨以身
> 71 着丁防，款有告身。往取更不报来，遣追因即逃避。至如
> 72 郎光郎隐，不知何色何人。既纠合朋徒，指挥村野，横捉
> 73 里正殴打，转将高元隐藏。若此朋凶，何成州县。且见
> 74 去年孙象，今日刘诚，皆是庸愚，起此大患，实由下人易
> 75 为扇动，狂狡迭为英雄。若小不遂惩，必大而难挫。是事
> 76 利国，当亦利人，其高元请送其身；郎隐乞推其党。[2]

里正执行役事之难，于此可见，甚至还要被“横捉殴打”，郎光、郎隐其人身份，官府都难以掌握，再加上身份情况不明的孙象、刘诚等人，说明暴力抗役几乎成风，里正难为不是虚情。而隐匿防丁，已公然成风，甚至可以公然对抗官府，则小小的“里正”类之流，实难奈何：

> 77 岐山吕珣隐匿防丁王件牒问第卅一：
> 78 人之云凶，不必待乱，但依强作暴，恃力作欺，外捍州县之权，
> 79 居为逋逸之薮。此则虐不可纵，患不可容。如岐山吕

---

① 唐耕耦、陆宏基编：《敦煌社会经济文献真迹释录（二）》，全国图书馆文献缩微复制中心1990年版，第616页。

② 唐耕耦、陆宏基编：《敦煌社会经济文献真迹释录（二）》，第618页。本段及以下所引文字均参阅了杨一凡、徐立志主编《历代判例判牍》（第1册），中国社会科学出版社2005年版，第149页以降。文字和标点均有少量调整。

珣，不

80 知何者，家藏逃户无数。其人昨缘一户防丁，久匿其舍，有

81 伯叔往以追括，执文书信足有凭，而吕珣逆而捍之，诅以为

82 贼，以物（拘）以缚，不异虏掠。其人将匿将携，更以胁迁。其党

83 同奸之辈，所识者半是鄜人；傥合之朋，与彼者咸非家属。

84 今殷长官，威动旁邑，众寮寀声隐甸畿，则有此猬人，潜

85 黩（乱也）明训，不知其故，敢乞图之。其若干鹘子及王阿仵等

86 实望公缚送来，无纵吕珣跋扈。具状牒岐山县。①

这里去追括的“伯叔”之辈，一方面可能有亲属关系，另一方面更大的可能性就是最基层的“里正”之流，他们无法对抗有势力的地方豪强。而齐舜诉朱本一案，更昭示着乡村役事难行：

22 朱本被诬牒上台使第廿七：

23 初，里正朱本据户通，齐舜着幽州行。舜负恨至京，诣台讼朱

24 本隐强取弱，并或乞敛乡村。台使推研，追摄频至，再三索上。

25 为作此申牒使曰：

26 此县破县，人是疲人，一役差科，群口已议，是何里正，能作过

27 非。如前定行之时，所由简送之日，其人非长大不可，非久

① 唐耕耦、陆宏基编：《敦煌社会经济文献真迹释录（二）》，第619页。

28 行不堪。在朱本所差，与敕文相合。类皆壮健，悉是老

29 行，简中之初，上得其四。余所不送，例是尫羸，不病不贫，即伤

30 即荐役者，准敕不取；交贫者于法亦原。其中唯吕万一人，

31 稍似强壮，不入过薄，为向陇州，且非高勋，又异取限。如齐舜

32 所讼，更有何非。或云遍历乡村，乞诸百姓。昨亦令人访问，兼

33 且追众推研，总无所凭，浑是处说。至如州县发役，人间

34 难务。免者即无响无声，着者即称冤称讼。此摇动在乎

35 群小，政令何关有司。众证既虚，朱本何罪。昨缘此事，追

36 摄亦勤，廿许人数旬劳顿，农不复理，身不得宁，忝是职

37 司，敢不衔恤。具状，牒上御史台推事使。①

里正朱本所据之《户通》，大体应该是一种乡里簿记，以此为分派役事的根据。“舜”不服派役，进京“上访”，投诉到御史台。指控里正“隐强取弱，乞敛乡村”，御史台高度重视，公文往复数次。看牒文语气，基层官员相当不耐烦与不高兴。其中所透露出乡村役事实态，亦是难得一见之史料。差科一出，百姓就开始怀疑、警惕、推搪、分辨，里正几乎不敢有所非分之想。牒文当中对于舜的上访理由在几个方面都做了反驳：一是选中执役之人，均为“壮健”且相对富裕；二是未选之人，均有正当理由；三是所谓“乞敛乡村”只是传言，查无实据。县尉云：“州县发役，人间难务。免者即无响无声，着者即称冤称讼”，大体反映了当时人的认识，役事难为，又不得不为。就算里正毫无私心，派何人执役，都会争执不断。由于史料残缺，只能据牒文所述，而不知道是否真的公正。但是役事复杂，争执

① 唐耕耦、陆宏基编：《敦煌社会经济文献真迹释录（二）》，第617页。

颇多，可为实情，这种争执甚至在决定了承役之人以后还未结束。按照地方习惯，邻里未承役者要对承役者有所资助，看似与官府无关，但也成为一种不可不从的乡村内部运行规则：

38 许资助防丁第廿八：
39 初防丁竞诉，衣资不充，合得亲邻借助。当为准法无例，长
40 官不令。又更下状云，虽无所凭，旧俗如此。况某等往日并
41 资前人，今及身行，即无后继。非唯取恨而去，亦恐不办
42 更逃。以故遂其所言，取济官役。判署曰：
43 频遭凶年，人不堪命；今幸小稔，俗犹困穷；更属征差，何
44 以供办。既闻顷年防者，必扰亲邻。或一室使办单衣，或数
45 人共出袷服。此乃无中相恤，岂谓有而济赖。昨者长官见
46 说，资助及彼资丁，皆叹人穷，不堪其事。几欲判停此助，
47 申减资钱。不奈旧例先成，众口难抑。以为防丁一役，不请
48 官赐，祇是转相资助，众以相怜。若或判停，交破旧法。
49 已差者即须逃走，未差者不免祇承。以是至再至三，
50 惟忧惟虑，事不获已，借救于人。既非新规，实是旧例。
51 亦望百姓等体察至公之意，自开救恤之门。一则仁义
52 大行，二固风俗淳古，天时亦因此而泰，水旱则何田（由）以兴。
53 是事行之于人，益之以政，百姓何患乎辛苦，一境何忧乎
54 不宁。勋忝守下司，敢忘百姓；实由事不得已，理不合违，
55 亦望众人无以为憾。其应办衣资等户，衣服者最

56 精，故者其次，唯不得破烂，及乎垢恶。仍限续得续纳，无

57 后无先，皆就此衙，押付官典，至今月廿日大限令毕。辄

58 违此约，或有严科。恐未遍知，因以告谕。仍榜示。①

地方官员认为，防丁资助一事，“准法无例，长官不令”，但“旧例先成，众口难抑”，只好继续执行这种民众共同认可的规则，要求亲邻必须提供衣服资助，而且对衣服品质还提出了限定条件和最后办结时间。不过仍然有人不乐资助，投状诉苦：

59 判问宋智咆悖第廿九：

60 初资助防丁，议而后举。不是专擅，不涉私求。因人之辞，遂其

61 遗俗。务济公役，或慰远心。有宋智，众口之凶，惟下之蠹，

62 资其亲近，独越他人，且妄指麾，是以留问。判曰：

63 百姓凋残，强人侵食，今发丁防，其弊公私。昨以借便衣

64 资，长官不许，中得众人引诉，再三方可。如宋智阖门尽为

65 老吏，吞削田地，其数甚多。昨乃兼一户人共一毡装，助其贫

66 防，不着百钱，乃投此状来，且欲沮议。此状既善言不率，亦法语

67 不恭，怒气高于县官，指挥似于长吏。忝为职守，谁复许

68 然。宋智帖狱留问，毡装别求人助。②

宋智反对资助防丁，无从了解是否合理。官员为平息事端，尽

① 唐耕耦、陆宏基编：《敦煌社会经济文献真迹释录（二）》，第617页。

② 唐耕耦、陆宏基编：《敦煌社会经济文献真迹释录（二）》，第618页。

快完成，没有批驳内容的当与不当，反而寻了个言语不恭的罪名，将宋智下狱，但也没有继续强迫宋智必须提供资助。由于史料有限，很难解读出诸色人等所做选择的决定因素，但是在这里仍然可以看到县以下乡村社会的矛盾，主要是以役事执行为中心。役事执行过程，官府权力得以进入乡村。而乡民与乡民、乡民与里正、乡民与官府、里正与官府之间的多重纠纷，昭示了官、民对立主线之外的各种矛盾实情，亦为理解乡村权力结构和它的运行机制提供了一个窗口。

三　地方财政压力与乡村运行

唐代财政基本格局，以两税法改革为界，大体分为前后两个时期。[①] 前期由于中央对地方有着严格政策限制，控制力相对强，又因地方相对较少承担事权，州县官在财政方面只是中央管道，关于财政收入的矛盾虽有但尚不激烈；后期则由于中央财源范围缩小，地方离心力增强，加之所管辖承担的事务又急剧增多（贪腐的增多亦为重要因素之一），在社会财富总量很难获得突破性增长的前提下，中央和地方关于财政收入分成的分歧，由于双方都想得到更多份额而将矛盾呈现明显化。但不管怎样，农业经济条件下的乡村社会都是财富掠夺最重要基层承担者之一。也正因如此，财政压力特别是地方财政压力对乡村社会运行模式和机制产生极大影响，导致乡村社会的运行主线只有赋役征派之一事，而余事（导扬风化、抚字黎氓、养孤恤穷、察冤审狱等诸多社会、经济、文化事务）均不及考虑或只能放在次要位置，随着财富、人力逐层向上抽取，乡村社会残破而凋零。与此种状况伴生，乡村精英或成为官府爪牙，在财源攫取当中分一杯羹；不能或不忍在乡邻间下手者，则主动或半主动退出了乡村秩序维护者的行列，里正等职务逐渐职役化、贱役化。

唐代前期，赋税的主要种类有租庸调、户税、地税、资课以及附

① 李锦绣：《唐代财政史稿》，社会科学文献出版社2007年版，第1册，第6页。

加税等六大类。[①] 据李锦绣统计，安史之乱以前，中央政府的财政收入粗估约 3409.75 万贯，前述五种主要收入类型占比大约在 83.51%，而租庸调一项就占比在 47.84%，[②] 虽然具体数字不一定精确，但是比例大体可以据信。整体社会财富创造以农业经济为主，主要财政来源于乡村社会。由于中央政府控制地方的能力较强，地方官员在“正赋”（特别是租庸调）的征派上，只是中央的传递和转运工具，刺史和县令有责任足额并及时完成征派任务。刺史职责相对较虚，其财政僚属有仓曹、司仓、户曹、司户，分掌：“仓库、租赋、征收……户籍、计账”等财政事务。[③] 县令职责就更直接一些：“所管之户，量其资产，类其强弱，定为九等。其户皆三年一定，以入籍帐。……差科簿，皆亲自注定，务均齐焉。若应收之田，皆起十月，里正勘造簿历；十一月，县令亲自给授，十二月内毕。……若籍账、传驿、仓库、盗贼、河堤、道路，虽有专当官，皆县令兼综焉。”县令之下，则有县尉，负责“亲理庶务，分判众曹，割断追催，收率课调”[④]。乡村中主要由里正等基层“管事人”以乡为单位征集，运送到县，由县向上转送。传送皆有时限，基层单位“诸庸调物，每年八月上旬起输，三十日内毕”。然后“本州收获讫发遣，十一月起输，正月三十日内纳毕”。如果是输送本州，则“十二月三十日内纳毕”[⑤]。同时，又要求“刺史县令，宣导之首，课税违期，责在长官，‘佐职以下节级连坐’”[⑥]，在这个程序当中，地方官员很难上下其手，更难截留。李锦绣亦指出，由于租庸调法以丁身为本，皆知应纳之数，所以经办官员擅加租庸调数很难。地方官无赋税增减权，一切均依赖于中央调度。[⑦] 这也就决定了地方政府在租庸调上很难获得分成，

---

① 李锦绣：《唐代财政史稿》，第 2 册，第 2 编第 1 章。

② 李锦绣：《唐代财政史稿》，第 2 册，第 343 页。

③ 《旧唐书》卷 44《职官志三》，第 1919 页。

④ 李林甫：《唐六典》卷 30《三府都护州县官吏》，第 753 页。

⑤ 《通典》卷 6《食货志六》，第 109 页。

⑥ 官修：《唐律疏义笺解》卷 13《户婚律》，第 1006 页。

⑦ 李锦绣：《唐代财政史稿》，第 1 册，第 92 页。

除了等级内官员的章服、俸禄、厨粮来自中央所收财源分拨，州县运转经费，包括公廨、庖厨、房舍、道路、学校、乡饮酒等诸多开销，完全需要自行筹措，且不含完全无法统计在内的各级官员可能贪渎自肥之数。

州县官员既要完成向上输送租庸调的职责，同时又要完成中央所布置各种任务，所需经费自然需要来源。而关津、专卖等易得又丰厚之财源，非寻常州县可常有，其目光必然还要放到乡村社会中，这是农业经济条件下仅有可供稳定掠夺之财源。特别是诸般无由劳役，官员有很大操控余地。新安县，“……当洛阳西偏之境，接长安东狩之区，日候万乘，岁供百役”①。百役非为实数，但是当地役事频仍则确为事实。再如京畿地区，役事亦多：“畿内数州，京师之本，土狭人庶，储畜少而科役多。”② 山东役丁，岁有数万人，出现了“议取庸以偿雇，纷然烦扰”的情况。③ 太宗于同州校猎，当地则需“供猎事，缮桥治道，役虽简省，犹不损数万”④。贞观二年（628），高昌王欲朝贡，魏征说：“中国始平，疮痍未复，若微有劳役，则不自安。往年文泰入朝，所经州县，犹不能供，况加于此辈。”⑤ 可见沿途州县接待之人力物力，均需州县自筹。以上尚可说是公事，而私役丁夫，则属于官员变相牟利。龙朔二年（662），李义府改葬祖父，“三原令李孝节私课丁夫车牛，为其载土筑坟，昼夜不息。于是高陵、栎阳、富平、云阳、华原、同官、泾阳七县以孝节之故，惧不得已，悉课丁车赴役”⑥。而律中关于“入官”亦需担责的规定，更是从反面说明了州县财政开辟财源的若干渠道。“官司，非法擅赋敛于一家，……入官，坐赃论，……入私，以枉法论。”⑦ 州县官司，“脱漏

① 王筠：《新安令元瓘颂德碑记》，《全唐文》卷952，第9892页。
② 《新唐书》卷104《高季辅传》，第4011页。
③ 《新唐书》卷105《来济传》，第4032页。
④ 《新唐书》卷108《刘仁轨传》，第4081页。
⑤ 《旧唐书》卷71《魏徵传》，第2548页。
⑥ 《旧唐书》卷82《李义府传》，第2768页。
⑦ 官修：《唐律疏义笺解》卷6《名例律》，第443页。

增减以出入课役，入己者以枉法论，……入官者坐赃论”[①]。谎报旱涝霜雹虫蝗灾情，其“所枉征免”，同样执行“入官者，坐赃论；入私者，以枉法论”[②]。充夫及杂使，“应免不免，应役不役”，处理方法还是“入已者，以枉法论，……入官者，坐赃论”[③]。差科赋役不均平且“擅加益”，“入官者，计所擅坐赃论；入私者，以枉法论”[④]。朝廷严格禁止州县擅自加派加征，即使非个人贪污，亦以“赃”论处。这似乎暗示，“入官”需要明令禁止，是否可能因为地方政府有财政需求？关于唐前期州县经费，日野开三郎有一个很好的总结：“州县为完成国家事务而支出的经费，自国初起持续向上增长。治安、土木、农桑等内部事业费为州县负担自不待言，此外还有州县厅舍等管理机关的营缮维修费、办公用设施和办公损耗费、官吏给食费等，这些州县必需费用加在一起，颇为不少，而且也都在逐年增长。”[⑤]随着地方财政压力增大，所需经费只能落实到乡村百姓身上。为了完成征税任务，不可避免地要增加税吏人手，执行手段也变得更加凶残。

安史之乱，中央地方关系有了新的变化。由于应对军事战争的需要，“应需兵马、甲仗、器械、粮赐等，并于本路自供”[⑥]。地方掌握财政处置之权，随着时间推移，权限越来越大。尾大不掉之后，中央政府则不得不再与之争夺，通过肃宗、代宗一系列政治、经济手段，到德宗建中时期，“委黜陟使与诸道观察使、刺史做年支两税征纳”[⑦]，终于正式出台了两税法。两税法之后，在中央地方财政之间确立了新分税机制，“天下之财限为三品，一曰上供，二曰留使，三

① 官修：《唐律疏义笺解》卷12《户婚律》，第929页。

② 官修：《唐律疏义笺解》卷13《户婚律》，第985页。

③ 官修：《唐律疏义笺解》卷13《户婚律》，第999页。

④ 官修：《唐律疏义笺解》卷13《户婚律》，第1002页。

⑤ ［日］日野开三郎：《论唐代赋役令中的岭南户税米》，辛德勇译，《唐史论丛》第三辑，陕西人民出版社1987年版，第59页。

⑥ 宋敏求：《唐大诏令集》卷36《命三王制》，中华书局2008年版，第155页。

⑦ 官修：《册府元龟》卷488《邦计部·赋税二》，第5833页。

曰留州”[①]，财政三分法得以确立。以州为中心，地方和中央财源争夺方式有变化。[②] 特别是由于事务增加，财源不辟，中央、地方财政压力都很大。而农业社会中，只有乡村财富积累，来源最为稳定。但屡屡超额掠夺又导致乡村运行困难，农户大批逃亡，恶性循环的结果是乡村运行当中更以财源攫取为中心。

两税法建立以后，以元额为准且不得再征其他税种，但是税额很快就大幅增加。建中三年（782），淮南节度使“请于本道两税钱每千增二百，因诏他州悉如之”[③]。全国两税额度，一下子就提高20%。当年五月，又“增两税、盐榷钱、两税每贯增二百，盐每斗增一百”[④]。可说是征求无度。隔年再开征房屋税：“初税屋间架、除陌钱”，用以供魏县、易定、怀汝间等处之神策军：“凡诸道之军出境，仰给于度支，谓之食出界粮，月费钱一百三十万贯，判度支赵赞巧法聚敛，终不能给。至是又税屋，所由吏秉笔持算，入人庐舍而抄计。”[⑤] 贞元（785—805）时期，东都留守杜亚，奏请“开苑内地为营田，以资军粮，减度支每年所给”，又“不躬亲部署，但委判官”，且“苑内地堪耕食者，先为留司中官及军人等开垦已尽”。只好“取军中杂钱举息与畿内百姓，每至田收之际，多令军人车牛散入村乡，收敛百姓所得菽粟将还军”。结果“民家略尽，无可输税，人多艰食，由是大致流散”[⑥]。贞元八年（792）四月，剑南西川节度使韦皋又“请十二而税，以给官吏，从之”[⑦]。在全国普遍增加税额基础上，当地再增加了20%。同年，剑南东川节度使严砺，“于管内诸州，元和二年（807）两税钱外，加配百姓草共四十一万四千八百六十七束”，

① 元稹：《元稹集（典藏本）》卷34《钱货议状》，冀勤点校，中华书局2015年版，第455页。

② 陈志坚：《唐代州郡制度研究》，上海古籍出版社2005年版，第178页。关于中央地方的财政争夺，亦可参考李锦绣《唐代财政史稿》，第5册，第622页。

③ 《旧唐书》卷48《食货志上》，第2093页。

④ 《旧唐书》卷12《德宗上》，第333页。

⑤ 《旧唐书》卷12《德宗上》，第336页。

⑥ 《旧唐书》卷146《杜亚传》，第3963页。

⑦ 《旧唐书》卷13《德宗下》，第374页。

于梓、遂两州，又在“元和二年两税外，加征钱共七千贯文，米共五千石”①。

贞元二十年（804），关中大旱，歉收严重，京兆尹李实“为政猛暴”，“方务聚敛进奉，以固恩顾，百姓所诉，一不介意”。德宗探问，则云：“今年虽旱，谷田甚好”，所以“租税皆不免，人穷无告，乃彻屋瓦木，卖麦苗以供赋敛”。转年，“有诏蠲畿内逋租”，但是李实仍然“违诏征之，百姓大困，官吏多遭笞罚，剥割掊敛，聚钱三十万贯”②。李德裕任浙西观察使时，“润州承王国清兵乱之后，前使窦易直倾府藏赏给，军旅寖骄，财用殚竭”。德裕“留州所得，尽以赡军”。宝历元年（825），德裕回顾了浙西历年财政状况：“贞元中，……百姓除随贯出榷酒钱外，更置官酤，两重纳榷，获利至厚……至薛苹任观察使时，又奏置榷酒，……却停榷酤。……诸州羡余，不令送使，唯有留使钱五十万贯。每年支用，犹欠十三万贯不足。常须事事节俭，百计补填，经费之中，未免悬欠。”③ 足证地方财政缺乏来源为常见之态。而民户赋役沉重，不堪其扰。元和十二年（817）五月，“东畿民户供军尤苦，车数千乘相错于路，牛皆馈军，民户多以驴耕”④。元和十三年（818），李渤经行陕西，发现“渭南县长源乡本有四百户，今才一百余户，阌乡县本有三千户，今才有一千户，其他州县大约相似”。原因则是“访寻积弊，始自均摊逃户”⑤。官吏虽暴敛，但是中央、地方财政之窘境亦可见一斑。

财政征派，无论其合理与否，均由中央、地方两级官员批准。但是官员既不可能也没有办法亲自到户征收，必然依赖于征收队伍，特别是高度依赖于直面人户的乡村胥吏。没有这些乡村财政胥吏，则赋税无法征收到手。据李锦绣统计，唐代后期的诸色地方财政胥吏，名

① 元稹：《元稹集（典藏本）》卷37《弹奏剑南东川节度使状》，第484页。
② 《旧唐书》卷135《李实传》，第3732页。
③ 《旧唐书》卷174《李德裕传》，第4511页。
④ 《旧唐书》卷15下《宪宗纪下》，第459页。
⑤ 《旧唐书》卷171《李渤传》，第4438页。

目有数十种之多。[①] 人员数量亦极为庞大，如黄州，当州“乡正村长，强为之名，豪者尸之，得纵强取，三万户中多五百人”。而其所经手必有贪污截留，“里胥因缘，侵窃十倍，简科民费，半于公租”[②]，则50%成了征收成本。再如虔州，李渤到任后，“奏还邻境信州所移两税钱二百万，免税米二万斛，减所由一千六百人”[③]。如果以此数字估算，则每人所能征取到的两税钱才约1250文，虽然不详确数，但是税收成本之高可以想见。由于史料有限，很难确认到底有多高的成本。但是从现代数据来看，税收成本超过30%，就开始得不偿失。[④] 在已经具备了现代化征收条件前提下，30%仍然是边际成本。以农业经济条件下的征收技术之落后，征收成本或要更高，赋役征派已经在某种程度上得不偿失。但由于无其他财政来源，再高的边际成本，也无法停止官府的征派动力，只要所征之物略高出成本，对官员来说就是值得的。所以“悍吏之来吾乡，叫嚣乎东西，隳突乎南北，哗然而骇者，虽鸡狗不得宁焉”[⑤]，“门外惟有吏，日来征租更索钱”[⑥] 等情形，就成为乡村常态。地方财政压力增大，导致管制人员增多。管制人员越多，则越要向乡村征收。结果是乡村生活完全以赋役征派为中心，其机制就是以赋役征发为驱动并围绕其运行，在此过程中，乡村胥吏特别是里正逐渐成为贱役。

总之，唐代乡村提供了各级统治机构运转所需要的财政基础。在两级多方的财政压力下，带有理想规划色彩的乡里制逐渐转向了更多服务于赋役征收的乡村制。由于财政掠夺成为唯一目标，赋役征收成

---

① 李锦绣：《唐代财政史稿》，第4册，第518页。

② 杜牧：《樊川文集》卷14《祭城隍神祈雨文二首》，第202页。

③ 《旧唐书》卷171《李渤传》，第4440页。

④ 吴木銮：《税务利维坦》，《南风窗》2011年第10期。“比如北京自行车车船使用税，征收成本达到此项税收收入的三成多，因此北京市最终取消这项税收。”另一篇文章中说：“国税总局原副局长许善达说的，废除农业税之前，北京收8000万的税，成本就要6000万，‘早就没有什么征收的价值了’。”见王宏宇《免税进行时》，《南都周刊》2013年第29期。

⑤ 柳宗元：《柳宗元集校注》卷16《捕蛇者说》，第1116页。

⑥ 韩愈：《韩昌黎诗系年集释》卷1《嗟哉董生行》，钱仲联集释，上海古籍出版社1984年版，第80页。

为乡村运转的主轴事务，这也导致乡村社会权力结构以财政胥吏为中心节点。这对我们认识中国古代乡村社会的基本走向，理解传统中国社会的基本经济结构、权力结构及其内在运行机制有着启发性的意义。

第二章

《清明集》所见宋代田土诉讼

乡村是中国古代的最重要组成部分，治理乡村与维持乡村社会秩序平稳运行，是朝廷首要大事。朝廷、官府管控、治理乡村，首要目标是攫取财富，这一定要形成稳定社会秩序，依赖于各级正式机构、非正式机构进行有效管制。包伟民曾指出，乡村基层管理组织是帝制国家组织与动员基层社会，确保统治秩序，攫取人力与财赋的制度保障，是国家制度建构的核心之一，历代莫不用心于此。① 但无论正式或者非正式基层组织进行管制，都需要一套运行起来行之有效且具备可操作性规则系统与之配合。这些规则系统虽然一般较为粗略且同时屡被破坏，但是不可或缺。没有相应可以较为长期稳定运行的规则系统，则基本社会运行秩序就无法得以保证。从秦汉到明清，朝廷、官府管控能力越来越强，范围越来越大，越来越向下深入，同步伴随的也就是成文规则系统（法律、乡规民约）与不成文规则系统（道德自律），在乡村社会秩序调控中作用逐步扩大的过程。而成文规则系统与不成文规则系统彼此之间，也存在着不同时期不同程度的消长关系。在帝制时代对乡村进行管控逐步深入的过程中，宋代朝廷官府治理乡村的原则与办法，保证社会秩序稳定的运行机制在历史上有着自身独特的承上启下作用。在朝廷、官府、乡村基层组织、乡民等通过社会经济活动与法律运作多样而复杂化的互动过程中，最终形成了宋朝治理乡村的法律机制运作模式，开启了明清时代法律运用与法律文

① 包伟民：《宋代乡村“管”制再释》，《中国史研究》2016 年第 3 期。

化的先河。因其重要性，学术界较为关注。关于宋代乡村法律运行与实态的研究，以及对法律文化的影响，成果丰硕。特别是展现了宋代县乡社会运行实态的《名公书判清明集》（以下简称《清明集》）点校出版以来，[①] 关于《清明集》与乡村社会关系的优秀研究成果层出不穷。[②] 当然，在宋代法律与乡村治理以及社会秩序关系方面的研究，仍然还有很大学术空间有必要继续深入拓展。在前贤所获成绩基础上，本章试图通过分析《清明集》所展现乡村社会诉讼实况，讨论宋代朝廷、官府的乡村治理思路与原则。地方官员处理乡村诉讼事务的基本原理是依据于"法意人情"，以"乡原体例"作为采纳使用的成文不成文基本规则（地方习惯法），特别注重于使用"干照分明"作为诉讼规则来保证法律在乡村中的运行。通过分析在诉讼过程中所展现出来法律运行状况对乡村社会的重大影响，进而探讨宋代乡村社会秩序得以长期维持较为平稳运行态势的基本机制。

田土为乡村社会重要的财产，围绕乡村田土所有权，乡民们有着多种多样的争夺方式。品格高尚者，诚实致富，公平买卖而积累财产；等而下之者，则免不了明争暗夺，各施诡计。以势强夺者虽在皆是，但是更多的民众是采用挖墙脚、找漏洞的方式转移财产所有权。

---

① 佚名：《名公书判清明集》，中国社会科学院历史研究所宋辽金元史研究室点校，中华书局2002年版。

② 赵晶：《中国传统司法文化定性的宋代维度——反思日本的〈名公书判清明集〉研究》，《学术月刊》2018年第9期；柳立言：《〈名公书判清明集〉的无名书判——研究方法的探讨》，《中国古代法律文献研究》第5辑，社会科学文献出版社2011年版；郭东旭等著：《宋代民间法律生活研究》，人民出版社2012年版。高楠：《宋代民间财产纠纷与诉讼问题研究》，云南大学出版社2009年版；［法］马伯良：《宋代的法律与秩序》，杨昂、胡雯姬译，中国政法大学出版社2010年版；张本顺：《宋代家产争讼及解纷》，商务印书馆2013年版；宋代官箴研读会编：《宋代社会与法律——〈名公书判清明集〉讨论》，东大图书股份有限公司2001年版；田晓忠：《论宋代乡村组织演变与国家乡村社会控制的关系》，《思想战线》2012年第3期；谭景玉：《宋代乡村组织研究》，山东大学出版社2010年版；刘馨珺：《明镜高悬：南宋县衙的狱讼》，北京大学出版社2007年版；黄宽重：《唐宋基层武力与基层社会的转变——以弓手为中心的观察》，《历史研究》2004年第1期；黄宽重：《近民作县——基层社会的权力结构与运作》，《政策·决策：宋代政治史探索》，联经出版公司2017年版。关于《清明集》所涉及的司法实践、诉讼观念、官员政治理念、州县治理等等问题均有专文加以研究，以《清明集》为研究对象的博硕论文数量也很庞大，限于篇幅，不再一一列举。

被掠夺或者被侵犯的一方，则免不了诉之于官府。地方官员的一个重要职责也是听取乡民的诉讼，为其公平断案，裁决纠纷。这时候，官员又变身为法官。但是官员又不仅仅拥有法官一个身份，而且是多种身份的集合象征，所以他在判案的过程中就要努力弥合多种身份的要求，尽量争取做出一个相对“公平”的判决。田土诉讼是宋代法律诉讼当中相当庞大的一部分，在田土诉讼中，非常鲜明地展示了宋代法律的运作方式，可以展现官员触角是如何深入乡村，如何通过诉讼在乡村与朝廷之间建立起直接的联系。从《名公书判清明集》当中所展现的田土诉讼来看，官员在进行诉讼判断时的基本原理是依据于“法意人情”，一般采用“乡原体例”作为基本原则（地方习惯法），特别注重于使用“干照分明”作为证据方法。地方官员认为，只有通过这三种不同的方式方法的共同使用，才能做出一个公正的判断。

一　法意人情：官员判断的基本原理

宋代立法和执法中有一对非常明确的概念，即“法意”和“人情”。对于《清明集》当中的法意与人情，佐立治人、大泽正昭有专文探讨。[①] 对于何为“法意”，刘笃才有一个很好的梳理，[②] 其将宋代的“法意”总结为立法宗旨的说明、法的一般性原理、法律条文的微言大义三个方面的内容。这说明，法意是地方官员进行判断的基础性原则，称为基本原理毫不为过。地方官员在处理包括田土诉讼在内的“民事”诉讼中，首要的判断出发点就是“法意”。而在“法意”之外，官员要注重的判断基本原理还有“人情”。“人情”与“法意”

---

① ［日］佐立治人：《〈清明集〉的“法意”与“人情”——由诉讼当事人进行法律解释的痕迹》，杨一凡总主编、［日］川村康主编：《中国法制史考证·丙编·第三卷·日本学者考证中国法制史重要成果选译宋辽西夏元卷》，姚荣涛译，中国社会科学出版社2003年版，第438页。［日］大泽正昭：《胡石壁的“人情”——〈名公书判清明集〉定性分析的尝试》，戴建国主编：《唐宋法律史论集》，上海辞书出版社2007年版，第210页。

② 刘笃才：《宋代法意之殇》，《政法论丛》2012年第5期。

共同结合在一起，才是决定判断的基础。两者之间不存在谁更为重要的限定，而是针对具体问题才会出现法意重要还是人情重要的情况，有的案件里面，法意可能是决定性的，但是有时候，地方官员也可以突破法意，来寻求人情的平衡。当然，最好的情况是：“法意、人情，实同一体，徇人情而违法意，不可也，守法意而拂人情，亦不可也。权衡于二者之间，使上不违于法意，下不拂于人情，则通行而无弊矣。”① 只不过，这只能是一种原则，当具体操作和执行中，就高度依赖于官员的个人素质和能力，决定于他如何理解和执行法律，而他的上级或者下级也应是这样来理解法律的。显然地，每一个官员都必须是贤德的化身，又具有高超的能力，才能做好法官的工作，但是这样的官员实在是凤毛麟角。

“法意”与“人情”关系，约略可看作“礼”与“法”关系变形，是宋代皇帝、宰执、地方官员在国家治理模式选择当中高度关切的内容。宋代非常著名的一件乡间谋杀案，即“阿云案”，起因细碎，但是当围绕两者之间关系展开争论之后，几乎所有朝廷重要官员乃至皇帝均参与进去，各执已见，酿成了政坛上一场迁延数年的著名大型风波。除政治斗争隐情以及具体法条运用规范的争执之外，非常关键一个因素就是这里面涉及用什么“基本原理”来治理国家的重大问题。② 司马光为代表一派主张：“天下之事有难决者，以先王之道揆之，若权衡之于轻重，规矩之于方圆，……近者登州妇人阿云，……原情制义者，君相之事也。分争辨讼，非礼不决，礼之所去，刑之所取也。阿云之事，陛下试以礼观之，岂难决之狱哉？”③ 王安石、韩维代表的一派官员认为：“臣等窃寻圣人制法之意，其大略有三……

① 佚名：《名公书判清明集》卷9《典买田业合照当来交易或见钱或钱会中半收赎》，第311页。

② 陈立军：《论北宋阿云案的流变及影响》，《历史教学》2017年第18期；苏基朗：《唐宋法制史研究》，香港中文大学出版社1996年版，第149页；郭东旭：《论阿云狱之争》，《河北学刊》1989年第6期。戴建国、李勤通、郭成伟、徐道邻、巨焕武等均有关于“阿云案”专文，成就斐然，但主要是讨论法条本身，未及详引。

③ 司马光：《体要疏》，《司马光集》卷40，李文泽、霞绍辉校点整理，四川大学出版社2010年版，第905页。

三者虽制法各殊，其于使人远罪而迁善，其义一也。议者……未尽圣人制法之意，而于律文有所不达也。”① 到底什么是“法意”，双方虽然各执一端，但是共同可接受的基本原理是“法意”。

朝廷上关于“法意”的尊崇和重视，自然会在各级官员中得以普及。即使官员本人内心反对或者不以为意，他也不会在言辞之中表露出来。相反地，他还会大力进行宣讲，以维持自己的“政治正确”。所以在治理乡村、处理乡村诉讼的过程中，官员自然首先强调法意人情，这是理解宋代乡村诉讼的基本原理。“法意”的采用，是官员下判的重要根据之一。如方秋崖的一个判决：

> 读刑台台判，洞烛物情，亦既以郑氏为不直矣。郑氏非，则汤氏是，二者毖居一，于此面两不然之，举而归之学官，此汤执中之所以不已于讼也。披阅两契，则字迹不同，四至不同，诸人押字又不同，真有如刑台之疑者，谓之契约不明可也。在法：契要不明，过二十年，钱主或业主亡者，不得受理。此盖两条也。谓如过二十年不得受理，以其久而无词也，此一条也。而世人引法，并二者以为一，失法意矣！今此之讼，虽未及二十年，而李孟传者久已死，则契之真伪，谁实证之，是不应受理也。合照不应受理之条，抹契附案，给据送学管业。申照会。②

在此且不去分辨到底是一条还是两条，作为地方官员的思路出发点，是“法意”，这是判断的重要逻辑起点。先列举了契约中不同之处，得出了所谓“契约不明”判断。然后给出了法条依据：“在法：契要不明，过二十年，钱主或业主亡者，不得受理”，当案件发生之时，法条就有了歧义，“二十年”和“亡者”是什么关系？并列关系还是同时具备关系，就需要执法者进行判断。而判断依据，则为“法

① 韩维：《南阳集·议谋杀法状》，景印文渊阁四库全书，台湾商务印书馆 1986 年版，第 1101 册，第 731 页。

② 佚名：《名公书判清明集》卷 4《契约不明钱主或业主亡者不应受理》，第 132 页。

意”。但是到底什么是“法意”呢，方秋崖并没有很清楚地讲出来，他只是说大家都讲错了，“世人引法，并二者以为一，失法意矣！”资料有限，我们很难分辨到底是一条还是两条，作为地方官员思路出发点，是“法意”，这是判断的重要逻辑起点。

吴恕斋（吴革）曾经做过一个判决，诉讼双方争执起因为乡村典卖房屋田地，是不是可以赎回的问题。他这样写道：

> 理诉交易，自有条限。毛汝良典卖屋宇田地与陈自牧、陈潜，皆不止十年，毛永成执众存白约，乃欲吝赎于十年之后。本县援引条限，坐永成以虚妄之罪，在永成亦可以退听。今复经府，理赎不已，若果生事健讼之徒，所合科断。详阅案卷，考究其事，则于法意人情，尚有当参酌者。……今官司从公区处，欲牒唤上毛汝良、陈自牧、陈潜，将屋二间及大堰有祖坟桑地一亩，照原价仍兑还毛永成为业，其余黄土坑山、童公沟田、梅家园桑地，并听陈潜等照契管业，庶几法意人情，两不相碍。陈自牧、陈潜既为士人，亦须谙晓道理，者能舍此些小屋地，非特义举，亦免争诉追呼之扰，所失少而所得多矣。①

双方反复上诉，争执不断。在“详阅案卷，考究其事”之后，吴革认为，这个诉讼中间还有可以考量的地方。哪里可以考量？就是最关键的“法意人情”，即“于法意人情，尚有当参酌者”。为什么这样说呢，因为吴革是从自身人生经验得到认识的。在“法意”方面，他认为白约“固不可凭”，不可当作证据。在人情方面，他同情诉讼中原告一方，有这样两个因素。首先，“所卖……屋一间，系与其所居一间连桁共柱，若被……毁诉，则所居之屋不能自立，无以庇风雨，此人情也”。其次，“祖坟之地，其不肖者卖之，稍有人心者赎而归之，此意亦美，其可使之不赎乎？此人情也”。所以吴革最终的决定是：“从公区处……屋二间及大堰有祖坟桑地一亩，照原价仍兑

① 佚名：《名公书判清明集》卷6《执同分赎屋地》，第165页。

还……为业，……庶几法意人情，两不相碍。”官员从生活实际去判断，应该如何如何，然后就可以按照这种应该如何出具判断，而不必给出关于这方面的证据（当然，在干照问题上，官员又高度依赖于证据）。而在谈起“所居之屋不能自立，无以庇风雨”“祖坟之地，……赎而归之”时，又强调了人情的基本原则。所以官员的最终决定，就是按照一般所理解的人情和一般社会公认原则进行处理，而其他部分则按“照契”，尊重契约约定。官员还特意强调了涉讼一方的“士人”身份，希望他们能主动舍弃一些经济利益，而换取“义举”的声名。在另一个寡妇卖房及地的纠纷中，吴革也是同样先按照“法意”的原则，详细叙述了各种情况都是在法律所允许情况之内，但是当最终落笔判定之时，还是要“参酌人情”，不能让孤儿寡母“无所归”。①

再如前面征引过的胡石壁判文，更是试图综合人情法意，但是更多强调的也是人情：

> 李边赎田之讼，凡九载。县家所定与漕司所断，皆以李边为不直。当职今将案牍逐一披阅，见得李边果是无状之甚，供吐之间，说条道贯，不但欲昏赖典主，直欲把持官司。执减落会价为词，一则曰有违圣旨，二则曰有违圣旨，使官司明知其非，瑟缩而不敢加之罪，典主明遭其诬，窒碍而不敢与之争。自非老奸巨猾，习于珥笔，安得设谋造计，以至于此？殊不知法意、人情，实同一体，徇人情而违法意，不可也，守法意而拂人情，亦不可也。权衡于二者之间，使上不违于法意，下不拂于人情，则通行而无弊矣。称提楮币，朝廷之法，固曰断断乎其不可违。州县之赋租，商贾之贸易，已既并同见钱流转行使，独有民户典买田宅，解库收执物色，所在官司则与之参酌人情，使其初交易元是见钱者，以见钱赎，元是官会者，以官会赎，元是钱、会中半者，以中半赎。自畿甸以至于远方，莫不守之，以为成说。如近

① 佚名：《名公书判清明集》卷6《已卖而不离业》，第145页。

日提举司所判颜时升赎李升田之类是也。今李边乃欲以见钱五十贯，官会六十五贯，而赎唐仲照见钱一百二十贯典到之业，何不近人情之甚邪？强之不从，而遂讼以减落会价，经县经台，咸不得逞，复不知止，又来经州。蓦尔编氓，县令折之既不从，监司折之又不伏，则其狡狯亦可知矣！且观唐仲照不肯退业之因，只是持见钱典见钱赎之说，初未尝欲以时价折估官会，安得横以减落百陌之罪诬之？向使当来果是钱、会中半，其时旧会系作七百七十行使，今既减作二百文省，则李边亦当以五偿一，除五十贯见钱之外，尚合还旧会四百五十余贯。纵曰取赎之时，在朝廷新会未出之前，旧会未减之日，则亦不应以六十五贯官会，而准七十贯钱，此虽三尺童子，亦知其必不可行矣。李边自反有愧，无以借口，乃以赎后进典一契，谓其瞒昧卑幼，谓兄弟不知。官凭文书，岂可以虚辞胜，作伪而愈拙，欲盖而愈彰，但怀求胜之心，罔念终凶之戒。若不痛治，何以戢奸，本府昨准漕司行下监李边备钱陪还唐仲照，如不伏，收勘从条行。今据佥厅所拟，李边合勘杖一百，但其状首自称前学生，意其或是士类，遂欲免断。就观李边前后状词，皆是齐东野人之语，无一毫诗书意味，安得附于儒生之列？况采之舆论，皆谓其健讼有素，积罪已盈，傥于此时又获幸免，则凡丑类恶物，好行凶德之人，稍识丁字者，皆得以士自名，而恣为悖理伤道之事，官司终不得而谁何矣！此长恶之道也，岂为政之方哉！照条勘杖一百，引监元钱还唐仲照，日下退契，秋成交业。①

此案涉及赎田，起诉人又是久经官府诉讼的行家里手，所以对官府造成的影响更大，官员称此人是“老奸巨猾，习于珥笔”。在全部判文里面，对李边都是以道德谴责为主，而非以证据说明，特别是强调李边“不近人情之甚”，主要的思路出发点，还是人情高于法律。

---

① 佚名：《名公书判清明集》卷9《典买田业合照当来交易或见钱或钱会中半收赎》，第311页。

胡石壁（胡颖）试图综合人情法意来进行判断。由于原告方反复引用“圣旨”作为护身符，为了解释自己判断并不违反圣旨，胡石壁不得不反复强调他进行判断的基本原理，就是前所引述“法意、人情，实同一体，徇人情而违法意，不可也，守法意而拂人情，亦不可也。权衡于二者之间，使上不违于法意，下不拂于人情，则通行而无弊矣”。在这个基础上，才确认“朝廷之法，固曰断断乎其不可违”，不过同时，在一些具体政策操作办法上，他同样是强调这些做法也属于其来有自，“自畿甸以至于远方，莫不守之，以为成说”，并举例为证。然后，再强调了原告属于“何不近人情之甚邪”，在多番举证批判之后，胡颖最终支持了被告一方，对原告进行了处理。在全部判文里面，对原告都是以道德谴责为主，而非以证据说明。

当然，强调法意和人情平衡，不见得就是每个法官都会完全做得好法意和人情的平衡。特别是这种所谓“平衡”，更不见得当事人双方都会同意。所以事实以及最终判决，最后还是要依赖于官员判断，依赖于官员在法意和人情之间做出有倾向性的决策（暂不考虑其中可能存在腐败和观念偏执的问题）。在前述这个关于赎田案件中，胡石壁对原告就使用了大量道德性谴责语言，而这些语言更多是在给原告定性而非分析事实。在胡石壁的另一篇判决当中，也还是执法意和人情两端，先用法意，再衡之以人情：

> 李子钦甫数岁，即随其母嫁于谭念华之家，受其长育之恩，凡三十年矣，其与的亲父子何异。而李子钦背德忘义，与其母造计设谋，以离间谭念华之亲子，图占谭念华之家业。谭念华愚蠢无知，昵于后妻之爱，随于李子钦之奸，遂屏逐其前妻所生之子，勒令虚写契字，尽以田产归之于李子钦。今将李子钦所赍到朱契一十道，逐一点对，内五契是嘉定十年以后所立，五契是绍定、端平年间所立，皆谭未死时事也。谭念华未死，则其兄产业皆谭念华主之，其子谭友吉安可擅自典卖？纵出于谭念华之意，则所立之契，谭念华并合着押，何为嘉定年间五契、绍定年一契，皆无谭念华押字，其所有者，独绍定三年（1230）、五年

(1232)与端平元年(1234)、嘉熙元年(1237)四契而已。又将投印年月考之，某嘉定间立契，内有三契，系淳祐二年(1242)二月之所投印，相去凡二十四、五年，绍定已后五契，亦有一契是同时印者，相去亦有十三、四年。以此两项大节目论之，已于条法大段违碍矣。又据邻保所供究实状，李子钦系戊辰年随母嫁谭念华，随身并无财本，前父亦无田业，李子钦长成之后，亦不曾作是何生事，并系谭念华与之衣食，与之嫁娶。其母阿魏憎恶谭友吉兄弟，谗于谭念华而逐之，止存李子钦在旁。凡谭念华之财物，则搬传与李子钦，田业则假卖与李子钦，至于屋宇之类，皆一并为李子钦所有，而谭友吉兄弟并不染指焉，此岂近于人情也哉！且谭念华之抚鞠李子钦，过于亲子，则李子钦之视谭念华如亲父，则谭友吉兄弟皆亲兄弟也。父母在堂，兄弟之间，其可自为交易乎？论至此，则所立之契，非恃无谭念华押字者不可用，虽绍定以后四契，内有谭念华押字，亦不可用矣。揆之法意，揆之人情，无一可者，而李子钦乃欲以口舌争之，其可得乎？李子钦虽一村夫，而其奸狡为特甚，三十年包藏祸心，以毒害谭友吉兄弟，苟可以遂其兼并之图者，无所不用其至。使谭友吉兄弟不少知礼，则以不肖之心应之久矣，安肯逐之出外，则安心于出外，勒之书契，则俛首以书契，隐忍以至今日，而后兴争哉！其意盖恐重伤父之心耳。及其父已死，然后有词于官，盖其势有不容已者矣。官司若不与之从公定夺，惑于李子钦之奸谋，以成谭念华之私志，则谭友吉之兄弟必将饥饿而死，谭氏之鬼不其馁乎？昔欧阳公作五代义儿传，有曰：世道衰，人伦坏，亲疏之理反其常，干戈起于骨肉，异类合为父子。今谭友吉兄弟为谭念华之亲子，遭谗被逐，而不得以有其家，而李子钦乃有之，岂非反亲疏之常理欤？蕞尔小人，虽不足以关世道人伦之兴衰隆替，然履霜坚冰，所由者渐，不可不早正而预定之也。所合将李子钦赍到契书十道，并当厅毁抹，送县行下本保，唤集谭氏族长，将谭念华所管田业及将李子钦姓名买置者，并照条作诸子均分。李子钦罪状如此，本不预均分之数，且以同居日久，又谭念华之所钟爱，特给一分。所有离间人父子，图占人家产之罪，却难尽恕，从轻杖一百。①

这个案件，是家庭内部争产矛盾，李子钦随母（阿魏）改嫁谭念华进入谭家，谭念华过世后，阿魏、李子钦与谭念华之亲子谭友吉对簿公堂，争夺田产。胡石壁列举了各种证据细节，证明阿魏和李子钦假造证据，贪图谭家财产。特意提出的原则就是“揆之法意，揆之人情，无一可者”，胡石壁认为，谭友吉“为谭念华之亲子，遭谗被逐，而不得以有其家”，但是“而李子钦乃有之，岂非反亲疏之常理欤?”这里所谓的“常理”就是他自己判断的“人情”，如果单纯看证据，李子钦和阿魏准备了大量的证据，那谭友吉就可能是诉讼失败的一方。不过胡石壁已自行认定李子钦是“一村夫，而其奸狡为特甚，三十年包藏祸心”，是“蕞尔小人”，而且“不足以关世道人伦之兴衰隆替”，但是仍然要给予矫正，“不可不早正而预定之也”。但是，在最终处理过程中，还是再次尊重了人情因素，把“谭念华所管田业及将李子钦姓名买置者，并照条作诸子均分”，同时，虽然“李子钦罪状如此，本不预均分之数”，也承认了李子钦作为谭念华养子的地位，“同居日久，又谭念华之所钟爱，特给一分”，又等同于亲子，但是又并处李子钦100杖。胡石壁作为地方官员，深深地干涉了人家家庭内部之事，而且处处为从己意出发的断语，但是其所秉持的基本原则还是所谓的“法意”“人情”，最终决定时，还是网开一面，仍给予了所谓罪恶深重的李子钦一份，这是“人情”，而杖一百，算是执行“法意”。

吴恕斋的另外一个判决，同样强调人情：

乡民以田地立契，权行典当于有力之家，约日克期，还钱取契，所在间有之。为富不仁者因立契抵当，径作正行交易投税，便欲认为己物者亦有之。但果是抵当，则得钱人必未肯当时离

① 佚名：《名公书判清明集》卷4《随母嫁之子图谋亲子之业》，第124页。

业，用钱人亦未敢当时过税，其有钱、业两相交付，而当时过税离业者，其为正行交易明，决非抵当也。陈嗣佑于绍定二年（1229）八月，缴连先置三绍罗家坞山地赤契，作价钱七贯，立契卖与何太应。当时嗣佑既离业矣，太应亦过税矣。越五年，太应将契投税为业。又十余年矣，淳祐二年（1242），嗣佑始有词于县，谓当来止是抵当，初非正行断卖，意欲取赎。知县以唐昌风俗多有抵当之事，兼此地段，嗣佑于宝庆二年（1226）以十三千得之，不应于绍定止以七贯折价出卖，疑是抵当，勒令太应退赎。知县若能酌人情者。今太应坚不伏退赎，乃有词于府。初亦疑其健讼，反复看详，盖有说焉。官司理断交易，且当以赤契为主，所谓抵当，必须明辨其是非。嗣佑立契卖地之后，既即离业，太应用钱得地之后，又即过税，此其为正行交易较然。已越十年二旦以抵当为词，十余年已印之赤契，乃意其为抵当，此太应之所以不伏也。若日嗣佑买贵卖贱，则宝庆至绍定亦既数年，安知其直之贵贱不与时而高下乎？且在法，诸典卖田地满三年，而诉以准折债负，并不得受理。况正立卖契，经隔十余年而拆抵当者乎？富者多怀贪图之私，所当诛心，贫者每有屈抑之事，尤当加念。然官司亦惟其理而已。此必罗坞之山昔荒而今辟，昔童而今茂，嗣佑雅欲复还青毡。然正行立契，既已年深，过税离业，又已分晓，倘意其为抵当，而徇其取赎之请，将恐执契者皆不可凭，驾浮词者类萌侥幸。乡井有一等教唆之徒，哗然生事，而官司亦不胜其扰矣。欲帖县，只今何太应照绍定二年（1229）买到赤契管业，取陈嗣佑知委申，违坐以虚妄之罪。①

在陈述了基本事实之后，他认为“官司理断交易，且当以赤契为主”，同时，“在法，诸典卖田地满三年，而诉以准折债负，并不得受理”，他又认为，虽然“富者多怀贪图之私，所当诛心，贫者每有屈抑之事，尤当加念”。不过处理案件纠纷，应该“官司亦惟其理而

① 佚名：《名公书判清明集》卷6《以卖为抵当而取赎》，第168页。

已”，这是遵从“法意”。但通篇上下文，更多是基于一种自我设定的“理应如此”，如“初亦疑”“意其为”“此必”“将恐”“官司亦不胜其扰”等诸语，均为吴恕斋心证判断和推理，说的是“法意”，但是执行的仍然是“人情”。

有的时候，官员又会置法意于一旁，而断之以人情。有个养子、亲子之间矛盾，争产的案件：

> 陈文卿妻吴氏昨来抱养陈厚为子，继而亲生二子，陈谦、陈寅是也。吴氏夫妇若贤，则于有子之后，政当调护均一，使三子雍睦无间言可也。无故自以产业析而三之，文卿既死之后，吴氏又以未分之业析之。陈厚自惊己产，固为不是，然使吴氏初无偏私之意，未即分开产业，至今同衅而食，母为之主，则陈厚虽欲出卖而无从。陈谦、陈寅挟母以治其兄，至谓陈厚殴母，于状内称于十月二十九日陈状判执者，此特谦、寅买填印白纸，栽添讼本而已。不然，二十九日之状簿，何以独无吴氏之名。准法，父母在，不许别籍异财者，正欲均其贫富，养其孝弟而已。今观吴氏子母违法析产，以与陈厚者，是欲蹙之使贫也。昔姜氏恶庄公，爱叔段，东莱吕氏云：爱恶二字，乃是事因。今吴氏爱恶何以异此。幸今吴氏母子因陈厚论收诡户，稍肯就和，此当职之所深愿也。唤上陈厚，当厅先拜谢其母，陈谦、陈寅次拜谢其兄，唤乡司克除陈厚、陈谦、陈寅三户之外，其余范从政、陈梦龙、陈氏儿陈堪下黄庚、三姐、陈文卿等五户物业，并归陈文卿一户，而使吴氏掌之，同居共爨，遂为子母兄弟如初。他时吴氏考终之后，从条只将陈文卿一户分与三子，陈厚不得再分陈谦、陈寅两户物业，以其已经分析立户，自行卖尽故也。若以法意言之，谦、寅两户亦合归并，但陈厚既已自责其所受之产，不欲归并，以遂陈厚重迭分业之科，此又屈公法而徇人情耳。仍给据与谦、寅为照。陈厚者，归与妻子改节以事其亲，笃友以谐其弟，

自此以后，无乖争凌犯之习，以厚里闾，尤令之所望也。仍申。[1]

此案由于缺了一些上下文及前后因果关系的叙述，有些环节难以弄清，但是大体意思是可以知道的。陈厚为养子，陈谦、陈寅是亲子，养子亲子之间发生了矛盾，官员处理调停家庭矛盾，就没有严格的执行法条，更未坚决地贯彻法意，而是从便，“若以法意言之，谦、寅两户亦合归并，但陈厚既已自责其所受之产，不欲归并，以遂陈厚重迭分业之科，此又屈公法而徇人情耳”。所以，官员可以把法条作为考虑当中的一种情况，而不是严格地依照法律，这就给了当事官员极大的自我裁量空间。

再如一件兄弟争产案：

熊赈元生三子，长曰邦，次曰贤，幼曰资。熊资身死，其妻阿甘已行改嫁，惟存室女一人，户有田三百五十把。当元以其价钱不满三百贯，从条尽给付女承分。未及毕姻，女复身故。今二兄争以其子立嗣，而阿甘又谓内田百把系自置买，亦欲求分。立嗣之说，名虽为弟，志在得田。后来续买，亦非阿甘可以自随。律之以法，尽合没官，纵是立嗣，不出生前，亦于绝家财产只应给四分之一。今官司不欲例行籍没，仰除见钱十贯足埋葬女外，余田均作三分，各给其一。此非法意，但官司从厚，听自抛拈。如有互争，却当照条施行。[2]

此案是兄弟二人与小弟媳争产，官员把财产全部给予了女孩，但是女孩身故，兄弟二人争以己子为三弟立嗣，三弟媳亦要求拿回原自买部分。官员虽没有满足几兄弟的各自诉求，但是也没有完全照法条执行，只是把田产分作三份，平均分给了争产者。“此非法意，但官司从厚”，这意味着官员有着高度的自由裁量权力。

---

① 佚名：《名公书判清明集》卷8《母在不应以亲生子与抱养子析产》，第278页。
② 佚名：《名公书判清明集》卷4《熊邦兄弟与阿甘互争财产》，第110页。

对于法意人情的理解，官员通常会有自己的判断，特别是对于户婚类诉讼，就更多地要考虑人情以及“立法之本意”，还要综合考虑不同层级官员的不同司法处理原则和判词：

> 尝谓乡民持讼，或至更历年深，屡断不从，固多顽嚣，意图终讼，亦有失在官府，适以起争。如事涉户昏，不照田令，不合人情，遍经诸司，乃情不获已，未可以一概论。宝庆元年（1225），余焱有状经县，讼黄子真盗买叔余德庆户土名东陂、小陂田产，合用亲邻收赎。黄子真执状出头，谓余德庆元买黄文万土名东陂、小陂田产，今复卖与本家，自是祖产，不应更问亲邻。由县及州，下佥厅，入州院，送法官，并作违法交易，不经批退，监勒受钱退业，其说一同。见今行下属邑桩管，田禾未曾交业，而责领价钱，毁抹元契已讫，若芜词讼，合系余焱主之。窃详黄文万虽是子真之祖，立契出卖，已在乾道九年（1173），中间得产，又有张福间之，厘革已久，不应照应。余焱与余德庆系缌麻以上亲，三年之内，自曾陈诉、且据画图，亦有邻至，所合退赎，又复何说。然律之以法，诸典卖田宅，具帐开析四邻所至，有本宗缌麻以上亲，及墓田相去百步内者，以丈取问。立法之初，盖自有意，父祖田业，子孙分析，人受其一，势不能全，若有典卖，他姓得之，或水利之相关，或界至之互见，不无扞格。曰亲曰邻，止有其一者，俱不在批退之数，此盖可见。墓田所在，凡有锄凿，必至兴犯，得产之人傥非其所自出，无所顾及，故有同宗，亦当先问。两姓有墓，防其互争，则以东西南北为次，尤为周密。二者各有所主，非泛然也。今置黄文万之田者余俊明，俊明之子曰日德庆，复卖与元业之孙黄子真。今赎德庆之田者余德广，德广之父曰俊民，典俊明之后略不相干。别位田产，典卖人户，本非一家之业，既无交互，抑以亲邻收赎，殊失立法之本意。且黄氏自有祖坟在侧，据所画图，高、曾以下凡十一所，纵未必皆实，只照余德庆元所立契，明言东至黄子真墓为界，即合墓田相去百步之法。德庆所卖，昔非黄之祖业，亦合先

行取问，况是元来祖户坟山，子孙得之，反以年限隔远，不许为主，乌有此理？墓田之于亲邻两项，俱为当问，然以亲邻者，其意在产业，以墓田者，其意在祖宗。今舍墓田，而主亲邻，是重其所轻，而轻其所重，殊乖法意。余焱平白争占，固为强横，而使累年交讼，紊烦上司，失在州县，民户所不足责。且如田讼，自有专条，引条定断，一言可决，辄送狱司，勒取供状，讫威讫富，夫岂可凭？黄子真赍出赤契，计价钱二千贯，续据狱司鞫勘，乃谓实只一千六百贯，内二百贯系是增添，二百贯系是准折，一皆违法，不当行使。卒以增添之数给还余焱，以准折之数拘没官府。夫增添之真伪，固未可知，法云不许准折，只为有利债负，今以谷典绵帛准还价钱，岂得谓之违法？准绍兴十一年(1141)正月敕：人户典买田宅，每百收勘合钱十文，如愿以金银绢帛准折者，听从便，依在市实直定价。勘合钱且许以实直准折，田价可知。今遂以没官，果为何意？黄子真者，既不得田业，又亏折价钱，乌得无词？拖照案卷，如杨权县之说则曰：堂兄余德广以亲邻收赎，委有接连，合应退业。却不知余德广虽曰有亲有邻，而此田系是余俊民续买入，与堂侄德广素无干涉，不在亲邻收赎之限。厉史君之说则曰：断卖产业，经涉五十余年，乃欲认为己物，是朝廷之法可废。却不知黄文万卖产虽经历年深，而其地系有黄氏祖坟在上，只以墓田相抵，自当取问，此非邻赎之比，岂得更以典卖经年为辞？狱官赵知录之说则曰：准折价钱，虚抬价贯，件件违法。却不知余焱元人钱二千贯寄库，初无异词，狱吏曲法承勘契内价贯，招认虚抬，未必是实。谷绢行用，谓是准折，与有利债负不同，即非违法。送本州追上两争人，照元契各交钱业，先申。①

范西堂认为，“重其所轻，而轻其所重”，则是“殊乖法意”，“法意”是他讨论问题的基本出发点。由于案情复杂，内情甚多，杨

① 佚名：《名公书判清明集》卷4《漕司送下互争田产》，第120页。

权县、厉史君、狱官赵知录都发表过各种不同的意见，而范西堂折中诸说，提出了新的见解。姑且不管具体案情的是非，但对于法的“本意”的探讨，以及如何施行法律条文，成为官员诉讼裁断的基本原理。

有时上下级之间，也会针对如何理解“法意”有不同的看法，如胡石壁就曾对知县的判断表示怀疑：

详阅案卷，知县所断，推官所断，于法意皆似是而非。推官所引之法曰：诸典卖田宅，四邻所至有本宗缌麻以上亲，其墓田相去百步内者，以丈取问。李细五于黎友宁所买李二姑陆地，系是墓邻，合听李细五执赎，其说固是矣。然在法：典卖田宅满三年，而诉以应问邻而不问者，不得受理。黎友宁买，系在嘉熙二年（1238）之春，李细五入词，系在淳祐二年（1242）之秋，相去凡隔五年，虽曰有邻，已不在受理之限。而知县所引之法则又曰：典卖众分田宅私辙费用者，准分法追还，令元典卖人还价；即典卖满十年者免追，止偿其价；过十年，典卖人死，或已二十年，各不在论理之限。若墓田，虽在限外，听有分人理认，钱、业各还主，典卖人已死，价钱不追。遂判令李细五于限外执赎，其说尤为卤莽。盖其法中明言典卖众分田宅辄费用者，则是指未分之产业，已分则不可言众分矣。又言听有分人理认，则是指众分之中有分者，已分则各有所主，众人不复得为有分矣。今此地李氏祖业，然李二姑之父李彦椹于宝庆二年（1226）已拨予女作随嫁资，如此则是分析日久，即非众分之业，李细五安得为有分之人？执法而不详其意，宜乎黎友宁之不伏退业也。但在法理年限者，以印契日为始。又绍兴十二年（1142）二月二日都省指挥：庶人墓田，依法置方一十八步，若有已置坟墓步数元不及数，其禁步内有他人盖屋舍，开成田园，种植桑果之类，如不愿卖，自从其便，止是不得于禁地内再安坟墓。敕令所看详，四方各相去一十八步，即系东西南北共七十二步。又绍兴十四年（1187）十月五日尚书省批下敕令所申：婺州申，墓禁内起造屋

> 宇，合与不合毁拆？及日后听与不听起造斫伐？如是田园，听与不听地主垦种？本所看详，虽在禁步内，既非己业，惟日后不许安葬外，如不愿卖，自从其便，仍不许于步内取掘填垒。又乾道九年（1173）七月十五日指挥，亦只令地主不得于墓禁取掘填垒。今合索黎友宁买契，审验投印年月，如李细五入词在印契三年之内，合勒黎友宁交钱退业；如入词在三年印契之外，合听黎友宁仍旧管业，起造垦种，并从其便，即不得于禁步内再安坟墓及取掘填迭。佥厅监照施行。①

在此案中，双方争执的是墓地，胡石壁认为，“执法而不详其意”，是不能让诉讼双方都满意的。所以他用了很大的篇幅去解说法条的本意是什么，对法意的解释如果“似是而非”则不能平息诉讼。他通过详细审阅案卷，认为“知县所断，推官所断，于法意皆似是而非”，“法意”是所有判断的出发点。但是到底什么是“法意”呢，只能通过法官论证，而没有成文标准。

在一份园地诉讼中，拟笔官员则表示，法意和人情是共同要考虑的，两者同等重要。法意要无碍，人情要“安”：

> 照得梁淮元有兄弟三人，兄与弟俱殁，独梁淮在焉。其侄回老、锡老则其兄弟之子，俱承父分。梁氏物业已析，独留灵耀寺边园地一所，即今与龚承直所争之地是也。其支书该载明言：此系众业，权克退候却分。则上件园系共帐之业，固不容分析也。分析尚不可，而况于典卖乎？今梁回老盗将两分园地卖与龚承直，独留梁淮一分，仅能葬其母范氏在内。龚宅又于所买两分园地内架造掘凿，非惟法意之所碍，亦于人情为不安，梁淮其能无词？本府通判谓：龚宅买园在范氏未葬之前，何谓墓园？不知上件园地，始者克留而不分，固有意存焉。今梁回

① 佚名：《名公书判清明集》卷9《禁步内如非己业只不得再安坟墓起造垦种听从其便》，第323页。

老等不恤其叔，不问共帐，辄与龚宅交关，所谓瞒昧尊长，衷私交易，不知于法意无碍否？龚承直有园与梁推园地切邻，岂不知其园系三分未分之业，乃买诱梁回老等立契。在梁回老等系盗卖，龚承直系盗买，俱不为无罪。自合照条，钱没官，业还主，以既经赦宥，不欲准法施行。昨通判行下建阳县，今梁淮备钱取赎，亦已允当。续据本县承差申，梁淮无钱可赎。今据梁淮陈词，称已赍钱、会到官，县吏执覆，不与交钱取契。恐县吏受龚承直之嘱，故尔脱延。欲帖丞厅，监梁淮同龚宅干人当官以钱两相分付，限三日具了当申。如有不伏人，解赴本司施行。奉都运台判：照所拟，帖丞厅监钱、业两相交付，限三日了绝，如违，解来。①

拟判官员也对通判的判处表示了异议，另外对诉讼的一方的分析，表示其“岂不知”，这也是用自己的“人情”来判断当事者是否应当有所了解。所以，如何理解“法意”也是官员经常发生争执的地方。法意和人情，基本是成对出现，一方面要考虑法意，另一方面要考虑人情。“非惟法意之所碍，亦于人情为不安”，拟判官员而且也对通判的判处表示了异议，另外对诉讼一方内心分析，表示其“岂不知”，这也是用自己的“人情”来判断当事者是否应当有所了解。所以，如何理解“法意”也是官员经常发生争执的地方。这从另外一个侧面又说明，知县和推官作为基层的处理者，如果没有精干的能力，又不具备广博的法律知识储备，在具体判断的时候，很容易执己意而误判。

有一件子弟私自盗卖田产的案件，官员的讨论出发点也是法意和人情的综合平衡：

方文亮生三男，长彦德，次彦诚，前妻黄氏生，幼云老，妾李氏生。彦诚已死，有男仲乙，云老年方二岁，家业尽系长

① 佚名：《名公书判清明集》卷9《共帐园业不应典卖》，第300页。

男彦德主掌。昨据彦德入状，论男仲乙非理赌博，盗卖田产。及追到仲乙，详所供状，并考族长所画宗枝，乃知仲乙非彦德之男也，实其侄也。据彦德称，曾抱养仲乙为子。以侄为子，于理虽顺，但彦德已自立一男，名仲二，仲乙亲父彦诚又无他子，岂应无故变乱宗枝，绝灭彦诚继嗣。此皆是彦德起意并包，利取企业，指侄为儿，名不正，言不顺，此仲乙所以不伏，此非理破荡之由也。胡元十、祝万五之徒乘间贪谋，啜诱仲乙赌博，输钱至七百余贯，私立田契及生钱文约，今已索到白契三纸在官，验系仲乙等押字分明，仲乙固不容无罪，亦乃伯彦德有以激之。契勘方文亮服尚未满，云老所生李氏尚存，合照淳祐七年（1247）敕令所看详到平江府陈师仁分法，拨田与李氏膳养，自余田产物业，作三分均分，各自立户，庶几下合人情，上合法意，可以永远无所争竞。所有仲乙违法典过三契，使仲乙果是彦德亲子，未有承分，则当用钱不追，业还主。今仲乙乃是彦诚之子，自应有分，若违法典卖，致自尊长觉发，而又不追钱得业，则卑幼之不肖者何所不可为，似反为不义之劝。方仲乙照条勘杖一百，追钱没官，未到人并方仲乙生钱文约，牒巡、尉司限三日追索。①

此案关系复杂，有多重因素的考量，翁浩堂（翁甫）的判决里面，一方面是考虑亲属关系，另一方面考虑的是如何让诉讼各方均能息诉。方文亮已死，可以分家析产，所以给妾一份赡养之田产，然后三子均分，仲乙可继承彦诚一份。盖此案是彦德不想分产予已死之弟，亦不想分予父妾之子。所以官员没有支持彦德的诉讼，而是将财产均分，最终的目标是“庶几下合人情，上合法意，可以永远无所争竞”。这也是贯穿在《清明集》判词当中的重要原则，杜绝争执是判罚的首要出发点，而不是求得法律意义上的程序公正。

① 佚名：《名公书判清明集》卷9《业未分而私立契盗卖》，第303页。

二 乡原体例：官员采纳的地方习惯法

在官员的判罚当中，法意人情是处理的基本原理，而在所采纳的执行规则上，又处处尊重了地方习惯法，也是所谓“乡原体例”。一般来说，乡例不限于规范，是自然生成的构成乡民生活（尤其是经济活动）秩序的行为规范。① 关于乡原体例，已经有数位学者做出了很好的研究。② 尊重地方上惯例，这对于希望尽快平息争端而非讲清楚道理的地方官员来说，是格外重要的原则。所以，官员在判断案件的时候，经常是对诉讼双方发出道德指责，然后再依据人情法意的根本原则，具体操作上，就要根据地方上惯例形成“公平”的判断。这不仅仅是地方官员的选择，在中央层面上，也是如此考虑，一般要尊重地方原有规则。在《宋刑统》中，随处可见各种循例而为之的情况，几乎卷卷皆有之。③《庆元条法事类》当中规定：“诸人户开耕碱地种成苗稼者，令佐亲诣验实，标立顷亩四至，取乡例立定税租”④，另外鼓励旱田改为水田，如果经数年施工，改水田成功，则可以“依乡例增立水田税额”⑤。至道元年（995），讨论公田垦辟操作办法时，有官员表示：

> 唐季以来，农政多废，民率弃本，不务力田，是以家鲜馀粮，地有遗利。臣等每于农亩之业，精求利害之理，必在乎修垦

---

① 梁治平：《清代习惯法》，第 38 页。

② ［日］柳田节子：《宋代郷原体例考》，宋代史研究會编：《宋代の規範と習俗宋代史研究会研究報告》第 5 集，汲古書院 1995 年版；［日］高橋芳郎：《宋代浙西デルタ地帯における水利慣行》，《北海道大學文學部紀要》1981 年第 1 期；包伟民、傅俊：《宋代“乡原体例”与地方官府运作》，《浙江大学学报》（人文社会科学版）2008 年第 3 期；蒋楠楠：《法律史视野下的宋代“乡原体例”述略》，《江苏警官学院学报》2013 年第 1 期；朱仕金：《宋代“乡原体例”之法律属性考察》，《牡丹江大学学报》2014 年第 8 期。

③ 官修：《宋刑统校证》，岳纯之校证，北京大学出版社 2015 年版。

④ 谢深甫：《庆元条法事类》卷 49《农桑门·劝农桑·赋役令》，戴建国点校，杨一凡等主编：《中国珍稀法律典籍续编》，黑龙江人民出版社 2002 年版，第 682 页。

⑤ 谢深甫：《庆元条法事类》卷 49《农桑门·劝农桑·田令》，第 684 页。

田之制，建用水之法，讨论典籍，备穷本末。……其民田之未辟者，官为种植，公田之未垦者，募民垦之。岁登所取，其数如民间主客之例，此又敦本劝农之要道也。①

如咸平二年（999），要给外官职田：

宰相张齐贤请给外任官职田，诏三馆、秘阁检讨故事，申定其制，以官庄及远年逃田充，悉免其税。佃户以浮客充，所得课租均分，如乡原例。州县长吏给十之五，自余差给。②

而且这是“检讨故事”所得结论，说明在一般情况下，尊重当地的具体标准已经成为一种惯例。咸平二年（999），官府给定职田租额，“课租均分，以乡原之例”③。再如熙宁九年（1076），边境也是如此标准：

新知岷州种谔言：“并边招置弓箭手外，有荒闲地，欲不拘蕃汉兵民，权招耕种，依乡原例平分，无牛具者，令于回易息钱内支借，候收熟拨还。”从之。④

所以本地具体操作性标准，是朝廷决策时的基本原则。元丰六年（1083），唐州土地起税，也是遵照乡原例：

唐州旧以土地瘠薄，人不耕佃。往年高赋知州，招集流民，自便请射，依乡原例起税，凡百亩之田，以四亩出赋，自是稍稍垦治，殆无旷土。闻转运司近以土辟民庶，百亩之赋增至二十

① 《文献通考》卷7《赋役考七》，第165页。

② 《续资治通鉴长编》卷45咸平二年七月壬午条，上海师大古籍所、华东师大古籍所点校，中华书局2004年版，第955页。

③ 章如愚：《山堂考索》卷212，景印文渊阁四库全书，第937册，第228页。

④ 《续资治通鉴长编》卷273熙宁九年三月庚辰条，第6696页。

亩，民情骚然。且流民披榛开荒，乐于安土者，特幸税轻，有足自养。今土虽稍辟而利薄，民虽差庶而未富。官既多取，则私养不足，其势恐至于转徙。如是，则不惟所增之赋为虚额，亦恐失当入之数。伏望申敕使者，如合增税，即量加分数，庶使新集之民得以安业。[①]

作为基层执政参考的《州县提纲》提出，“差役素有则例”[②]，也提出要“循例”而为之。这些“乡原体例”，大部分都是具体的执行标准。如果说“法意人情”是基本原理，“乡原体例”就是按照“法意人情”原则而采取的具体标准额度。熙宁五年（1072），官府修筑水利征地给价，“其所占地土始系祖业，即依乡原例支给价钱收买”[③]，也是规定要按照乡例付款。建炎三年（1129），江南西路贾公晔表示，由于“天下坊郭乡村系省田宅见立租课有名无实，荒芜隳毁，至于无人佃赁”，所以想打折出卖或者寻人租佃。他提出具体操作规程是“租依乡原体例纽折”，户部评估之后认为，买扑坊场、河渡、折欠官物、没纳田产等，均“欲依本官所乞，依乡原体例纽折出卖”[④]。绍兴四年（1134），讨论江南东西路有主荒田未得耕作情况，韩世忠建议“有主而无力开垦者”，可以“将地段权与官中合种，所用人户、牛具、种粮并从官给”，官府、种田人、地主各得一部分，但是又有担心，“窃虑地主妄称乡原旧例，过数邀求”，所以事先规定，“以十分为率，内二分给地主”。如果地主不种，又不允许别人种，则“田虽荒闲，须管依条限催理二税，无令少欠”。朝廷上下讨论结果，虽然为了土地不被荒废，有所出产，但还是尽量保证原所有人权益，在具体处理利益时，尊重乡原旧例。

---

① 《续资治通鉴长编》卷337元丰六年七月辛未条，第8133页。

② 佚名撰：《州县提纲》卷2《差役循例》，张亦冰点校，《宋代官箴书五种》，中华书局2019年版，第128页。

③ 官修、徐松辑：《宋会要辑稿》食货7之25，刘琳等校点，上海古籍出版社2014年版，第6128页。

④ 官修、徐松辑：《宋会要辑稿》食货5之21，第6068页。

绍兴六年（1136），垦江淮荒田，招人开垦，“依民间自来体例，召庄客承佃”①，尊重民间自来惯例。绍兴三十年（1160），荆湖南路何份请求把未卖出荒田，不再估价，让农户自行“自行开坐”，其中一个重要技术性原则就是“所买田段四至，随乡原例量度，任便着价”，而且户部也认同这个办法。② 乾道元年（1165），在讨论沙田、芦场如何“起理租税”，因为“所立租数，不照乡原体例一等施行”，会导致“词讼不已，致有冲改”后果。③ 不遵守乡例，施政也不易成功。庆元元年（1195），讨论没官田产如何处置，臣僚建议仿照江东情况，“截自绍熙四年（1193）住卖，以后将续拘收到者，依乡原定价，召人承买”。同时，各州县应该仿此安排，“每季根刷州县籍没到应干田产、屋宇置籍，依乡原体例估价，召人实封投状，增价承买”④。再如租牛，可以允许诸路州县将官府寄养牛允许无牛人家租赁，可以按照“本处乡原例合纳牛租”。⑤

范西堂在处理一件所谓盗卖田产之案时，对双方当事人均有批评：

> 吴锡继吴革之绝，未及壹年，典卖田业，所存无几，道逢其人，两手分付，得之傥来、殊无难色。吴肃乘其机会，未及数日，连立五契，并吞其家，括囊无遗，不自厲餍，尽而后已。吴盟遨游二者之间，即与评议，又同佥押，志在规图，岂复忠告，少未满意，入状于官，以势劫持。吴锡之破荡，吴肃之贪谋，吴盟之骗胁，三子之情，其罪惟均。所立交易，固非法意，然复还元主，不过适以资其游饮之费，终成一空，又且何益。要知吴革家业，其得之也不义，其去之也亦不义，此理之常，初无足怪。吴肃今又从而劫之，将见后之视今，犹今之视昔。吴盟、吴锡各

① 官修、徐松辑：《宋会要辑稿》食货 2 之 16，第 5998 页。
② 官修、徐松辑：《宋会要辑稿》食货 5 之 33，第 6081 页。
③ 官修、徐松辑：《宋会要辑稿》食货 1 之 43，第 5974 页。
④ 官修、徐松辑：《宋会要辑稿》食货 61 之 43，第 7456 页。
⑤ 官修、徐松辑：《宋会要辑稿》食货 63 之 106，第 7667 页。

勘杖壹百，且以吴肃正身未曾到官，并与听赎。五契田产纽计五十二亩半，以乡原体例计之，每亩少钱参贯足，今亦不复根究。但北源一项四百五十把，元系标拨与吴革之女，吴锡不应盗卖，吴肃不应盗买，当厅毁抹，计其价直，与所少钱数亦略相当。其余四契，却听照契为业。仍押吴锡出外，对定元拨女分田产，申。①

范西堂在这里很有针对性地提出了具体关于“乡原体例”的标准，大体来说，吴锡是吴革继子，继承了田产之后，一年多就抛卖干净。作为地方官员，范西堂都觉得他“得之傥来、殊无难色”，“典卖田业，所存无几”。吴肃“连立五契，井吞其家，括囊无遗”，而吴盟又在其中上下其手，参与交易，试图分一杯羹。范西堂对于吴革、吴锡、吴盟、吴肃四人都没有什么好评，但是在最终处理田产时，“五契田产纽计”，要给出一个大致“数据”，提出了“以乡原体例计之”的办法。此案前因难明，不详究竟。但是吴锡卖田合法，范西堂虽然认为他是破荡之人，但也承认了契约有效。值得注意的是地方官员在处理乡村纠纷时态度，在计算田产价格时，一般都尊重当地通行价格，所谓“以乡原体例计之”。再如另一案，也是在涉及价格计算时，尊重了当时当地的习惯：

曾沂元典胡元珪田，年限已满，遂将转典与陈增。既典之后，胡元珪却就陈增名下倒祖，曾沂难以收赎。虽是比元钱差减，然乡原体例，各有时价，前后不同。曾沂父存日典田，与今价往往相远，况曾沂元立契自是情愿，难于反悔。若令陈增还足元价，则不愿收买，再今曾沂收赎，无祖可凭，且目今人务已久，不应施行。仍乞使府照会。②

---

① 佚名：《名公书判清明集》卷4《吴盟诉吴锡卖田》，第100页。
② 佚名：《名公书判清明集》卷4《曾沂诉陈增取典田未尽价钱》，第104页。

曾沂典买胡元珪田，胡元珪到期无法赎回，所以再次典卖给了陈增。后陈增直接和胡元珪交易，等于在典买卖链条上抛开了曾沂。所以曾沂认为吃亏，要求陈增补足差价。双方孰是孰非，难以遽断。作为地方官员的范西堂认为，“乡原体例，各有时价，前后不同”，所以无法满足曾沂诉求。此案典卖土地，几经换手，但在收赎价格上，官员认为应该尊重当时当地“时价”，这又是在执行过程中尊重惯例，是土地典卖交易当中的“乡原体例”。

另外的乡原体例，还是在契约内书写地号步亩数，如高七一诉陈庆的一个诉状判决中，官员就写道：

> 据乡司供首，陈文昌起立高七一诡名，寻出引告示归并，已系陈文昌承认，入本户讫。今高七一辄来陈状，谓自己所置田产，不应归并陈文昌户。及索干照呈验，税钱一百二十，有今契立价钱五十贯，已是不登。又于内即无号数亩步，别具单账于前，且并缝印。乡原体例，凡立契交易，必书号数亩步于契内，以凭投印。今只作空头契书，却以白纸写单账于前，非惟税苗出入可以隐寄，产业多寡皆可更易，显是诈欺。勘杖六十，照陈文昌责状归并。寻具案引断，系高七一当厅责状归并，再与照行免断。①

陈文昌用“高七一”名字立了诡户，后又合并归户。而真的高七一本人来起诉陈文昌户（陈庆），认为田产应该属于自己。但是契约内“无号数亩步，别具单账于前，且并缝印”，所以范西堂提出，“乡原体例，凡立契交易，必书号数亩步于契内，以凭投印”，这又是一种技术性的“例”，一般是为公正起见，而尊重当时当地具体情况。再如一件山地争执案件当中，官员在技术性的价格、契约等方面，都尊重于当地的习惯：

① 佚名：《名公书判清明集》卷4《高七一状诉防庆占田》，第103页。

照得曾子晦与范僧争论山地，自有两项。一项鸡笼山，已经使、府结绝，不当复问，今来所争，却是宋家源头山。此山元是杨三六业，卖与范崇，契内具出四至分晓，载钱陆贯，乃绍熙九年（?）十二月立契，至绍熙三年（1192）四月到官，此范僧之所据也。后来阿黄同男范僧将黄栀园并山卖与曾大机宜，载钱六贯二百文，却不曾具山之四至，以嘉定二年（1210）九月日请纸，于绍定二年（1229）八月投税，此曾子晦之所执也。在法：交易只凭契照。既是范僧同母亲将此山立契，卖与曾子晦，则既卖之后，寸土株木，自当还曾子晦掌业，纵有元契，岂可复用，在范僧夫复何说？诘其所争者，不无由焉，盖曾子晦所执之契内明言，男将风疾，无钱医治，自是范僧小时阿黄立契，范八依书，范僧亦置于其间。但曾子晦以为范僧亲签，而范僧以为不曾签契领钱；曾子晦以为范僧亲领，而范僧以为不曾领。为曾子晦之说，以为当初果不曾立契，范僧何不争于三十年前，而却争于子晦既论之后；为范僧方说，则以为当初果曾卖与曾子晦，何为半年不肯把契出官，却先以假伪文书执出冒占。在法：典卖过二十年，钱主俱存，而两词枘凿如此，况书契之人并无一存，可以为证。本厅既难根究，何缘可得实情，故未免今两家在外和对，其意无他，亦以曾子晦乃得业之家，范僧乃失业之主，虽愚者已知其有郑、息之势，所以官司再三勉以虞、芮之成，盖欲彼此永绝讼根，免至频频紊烦官府耳。今两家既坚执所长，当职只得从公区处。盖宋家源之山，厥直甚微，而山上所植松杉之木，为利则甚伙。范僧未兴伐木之斧，此山固不知其孰主，范僧既卖木之后，曾子晦印经官有词，是两争之意不在山，而在木也。反复两家之词，断之以平心之论，盖曾子晦以阿黄嘉定二年（1209）所卖立契而主此山则可，以曾子晦父知府所载宝庆元年（1225）文书而主此山则不可。缘支书所载之山，系土名宋家源，与宋家源头想是两处，况又是宋五山四至之中，又有一至范家山，不知曾子晦之与宋五交易，在阿黄之先耶，亦在后耶？唯是曾子晦当初不便将此契出官呈覆，却先把支书以为凭，宜乎范僧之哓哓不已，故官司以其支书者，并以此契疑之。外此又有一说，可以参证，据范僧之兄范八曾将黄栀园典曾子晦交易，建阳乡例，交易往往多批凿元分支书。曾子晦以为黄栀园及宋家源头山并不曾批凿，而范僧执以为只是黄栀园曾批，而此不系卖过，即不曾批。今范僧所分支书见留在使府司户厅，若是两项山园俱不曾批，则曾子晦之说为是，此山合还曾宅管业；如是黄栀园曾批，则范僧之说为正，而曾子晦之契尤有可议。此本文字既难得参详，使、府严限，不敢有违，案具所拟事理申，取自使、府别委官点对结绝，庶得公当。契书合给还取领。①

曾子晦与范僧争论山地，山地价值甚微，双方主要争执在于山间林木，双方各执一契，各说各话，但均认同“建阳乡例，交易往往多批凿元分支书”，只不过“曾子晦以为黄栀园及宋家源头山并不曾批凿，而范僧执以为只是黄栀园曾批，而此不系卖过，即不曾批”。在此案中，双方看来都是地方上的头面人物，导致官员很难处理。而翁浩堂的最终判决里面，还是要依赖于“建阳乡例”以形成众所公认的共同认可，这说明在当地均有着民众共同认可的本乡本土的共同规约。这种规约可以通行，也获得了官府认可，但是这种认可仍然只是技术层面上的。大体可以说，官员在原则上采取人情法意，在具体操作上，要依靠于地方习惯法，也就是所谓的乡原体例。

绍兴三年（1133），讨论陕西境内的官田时，韩世忠认为有人会妄称“乡原旧例”，这说明乡原旧例是有效力的，导致军事主政官员都觉得难以处理：

契勘陕西因创建州军城寨之后，应四至境内田土尽得系官，即无民户税业交杂其间。其田荒隙，遂招致土人充弓箭长行，每名给地二顷，有马者别给额外地五十亩，率空地八百顷即招集四

---

① 佚名：《名公书判清明集》卷5《争山各执是非当参旁证》，第160页。文中绍熙年月疑误，无从详考。

百人，立为一指挥。一境之中，均是弓箭手，自相服从。今内地州县田土皆系民户税业，虽有户绝、逃弃，往往畸零散漫，若便依仿陕西法摽给，须合零就整，辏数分拨。其田远近不同，即不接连，难相照管，又如去城百余里外给地，付之军兵，使混杂庄农养种，切虑生事。今相度，欲先将建康府管下根括到近城荒田除户绝、逃田一面措置耕种外，其有主而无力开垦者，散出文榜，限六十日许人户自陈顷亩，着实四止。……候至地主有力耕时，赴官自陈，实时给还元业。若限满不自陈，即依逃田例直行标拨。庶几不致荒闲田亩，军、民两有所济。并契勘人户愿与官中合种地段，若伺候将来收成除豁二税、种粮外，据现在临时理给，窃虑地主妄称乡原旧例，过数邀求。今欲于人户自陈日，即便议定，据将来实收到斛豆，除上件出豁外，以十分为率，内二分给地主。若称所给数少，不愿官种者，即具村保姓名开排地段，送本县置籍收系。田虽荒闲，须管依条限催理二税，无令少欠，庶几地主不敢侥幸，妄有希求。①

可见朝廷上下讨论的结果，还是尊重原有产权，尽量保证原有人的权益。在具体处理利益时，还是尊重乡原旧例的原则。绍兴六年（1136），垦江淮荒田，招人承佃，同样是要尊重民间自来惯例：

都督行府言："江淮州县自兵火之后，田多荒废，朝廷昨降指挥，令县官兼管营田事务，盖欲劝诱广行耕垦。缘诸处措置不一，至今未见就绪，今改为屯田，依民间自来体例，召庄客承佃，其合行事件，务在简便。今条具下项：一、将州县系官空闲田土并无主逃田，并行拘籍见数，每县以十庄为则，每五顷为一庄，召客户五家相保为一甲共种。甲内推一人充甲头，仍以甲头姓名为庄名。每庄官给耕牛五头，并合用种子农器，【如未有谷，即计价支钱。】每户别给菜田十亩，先次借支钱七十贯。仍令所

① 官修、徐松辑：《宋会要辑稿》食货63之94，第7661页。

委官分两次支给，【春耕月支五十贯，田月支二十贯。】分作二年两料还纳，更不出息。若收成日，愿以斛豆斗折还者听。仍比街市增二分。【课如街市一贯，即官中折一贯二百。】其客户仍免诸般差役、科配。"①

绍兴三十年（1160），在讨论新垦田时，也是遵照乡例处理：

三月四日，权发遣淮南路计度转运副使魏安行言："被旨招诱人户开耕淮东系官闲田。缘今来劝耕之初，荒田数目浩瀚，欲依乡原体例创开水陆田，每县支拨一万贯文，本路七州军二十县，欲望将本路合起发上供、经总制等钱内应副。"诏于淮东茶盐司椿桩管钱内支拨一十万应副。②

乾道元年（1165），在讨论沙田处理的时候，还提到如果不遵乡例，则导致词讼连连：

九月三十日，措置浙西江东淮东路官田所条具诸州县沙田、芦场有见行法起理租税，止缘官户侵耕冒佃见占顷亩，致失常赋，及租佃人户计嘱州县从轻立租，昨虽绍兴二十八年（1158）委官措置，缘督责严速，开具不实，所立租数，不照乡原体例一等施行，词讼不已，致有冲改。今来除已立式行下州县，开具四至，取赤契砧基照验。如已经经界，立定二税，即依旧拘催。③

不同的地域，也采取了相同的遵照乡原体例的办法，就是在技术上普遍遵照具体地方不同情况。建炎三年（1129），官田处置上，同样也遵照了乡原体例：

① 官修、徐松辑：《宋会要辑稿》食货 2 之 16，第 5998 页。
② 官修、徐松辑：《宋会要辑稿》食货 1 之 42，第 5973 页。
③ 官修、徐松辑：《宋会要辑稿》食货 1 之 43，第 5974 页。

> 江南西路安抚都总管司干办公事贾公晔言："应天下坊郭乡村系省田宅见立租课有名无实，荒芜隳毁，至于无人佃赁。昨因赦出卖，州县口称寻求公案不见，无凭给卖。欲乞详酌行下，见赁钱数，依楼店务自来体例纽折旧产以佃，租依乡原体例纽折，并依建炎元年（1127）五月一日赦文收赎出卖。如输纳价钱违限，复没入官，别召人承买。见今西北流寓人众，乘时给卖，则官私两济。准条：官户许买不许佃赁，仍乞分明行下"。户部看详："建炎元年（1127）五月一日赦文：止合出卖崇宁以来因买扑坊场、河渡及折欠官物、没纳田产，如委实元估公案不见，欲依本官所乞，依乡原体例纽折出卖。其应冒占系省官田宅之家，指挥到日，限半月许人户自行陈首，依自来租课输纳佃赁；如无旧额，即比近邻立定租课为准。如违限不首，并依见行条法。"从之。①

绍兴三十年（1160），湖南路在处理荒田事务时，在测量时所遵循的规则，同样是乡原例：

> 湖南路提举常平司何份言："乞将本路州县未卖荒田，更不依元估定价钱，并许人户自行开坐。所买田段四至，随乡原例量度，任便着价，实封投状，给与最高之人。"于是户部言："荒田无人开垦去处，若与已经开垦熟田一例估定价钱，召人承买，切虑轻重不均，难以出卖尽绝。欲下本司依所乞施行，仍取见诣实，多方措置出卖，拘收价钱起发。"从之。②

熙宁五年（1072），官府修筑水利征地给价，也是试图按照乡例付款：

---

① 官修、徐松辑：《宋会要辑稿》食货5之21，第6068页。
② 官修、徐松辑：《宋会要辑稿》食货5之33，第6081页。

应人户见耕占古迹陂塘地土，如可兴修浇灌，委实利便，其所占地土始系祖业，即依乡原例支给价钱收买，除破省税如地内见有坟墓舍屋，仍量给还葬拆修功钱；系请射者，即与破税。如施功开垦，量给功直。以上合支钱并合修斗门、木石，如食利人户物力出办不及，即许于常平仓官钱内支破。仍令提转仓司候相度得利便，即先具浇灌顷亩及合用人功物料诸般支费钱物实数保明闻奏。①

庆元元年（1195），在没收的田产处理上，也要依照“乡原”定价：

臣僚言：“窃见江东转运、提举司相度没官田产，欲截自绍熙四年（1193）住卖，以后将续拘收到者，依乡原定价，召人承买。窃详没官田产，为因犯罪估籍，或违法交易，及户绝无人承者，悉合入官，召人承买，往往悉归豪强有力之家。若照常平令，尽以没官田产估卖，则敛不及民，而利归公上，莫此为便。乞下诸路转运、常平司，照江东两司所申事理，每季根刷州县籍没到应干田产、屋宇置籍，依乡原体例估价，召人实封投状，增价承买。”诏依，其卖到钱，令逐路提举司认数，令项桩管，专充常平籴本，不得妄行支借移用。如违，并依擅支常平封桩钱米法。②

诸人户开耕硷地种成苗稼者，令佐亲诣验实，标立顷亩四至，取乡例立定税租，以伍分为额，仍免肆料催科。③

诸陆田兴修为水田者，税依旧额输纳，即经伍料，提点刑狱司报转运司，依乡例增立水田税额。④

---

① 官修、徐松辑：《宋会要辑稿》食货 7 之 25，第 6128 页。

② 官修、徐松辑：《宋会要辑稿》食货 61 之 43，第 7456 页。

③ 谢深甫：《庆元条法事类》卷 49《农桑门 · 劝农桑 · 赋役令》，第 682 页。

④ 谢深甫：《庆元条法事类》卷 49《农桑门 · 劝农桑 · 田令》，第 684 页。

在遗产继承田产时，也同样是遵照先例，就是地方上普遍认同的公平公正原则。如一个女分遗产案：

郑应辰无嗣，亲生二女，曰孝纯、孝德，过房一子曰孝先，家有田三千亩，库一十座，非不厚也。应辰存日，二女各遗嘱田一百三十亩，库一座与之，殊不为过。应辰死后，养子乃欲掩有，观其所供，无非刻薄之论。假使父母无遗嘱，亦自当得，若以他郡均分之例处之，二女与养子各合受其半。今只人与田百三十亩，犹且固执，可谓不义之甚，九原有知，宁无撼乎？县丞所断，不计其家业之厚薄，分受之多寡，乃徒较其遗嘱之是非，义利之去就，却不思身为养子，承受田亩三千，而所拨不过二百六十，遗嘱之是非何必辩也。二女乃其父之所自出，祖业悉不得以沾其润，而专以付之过房之人，义利之去就，何所择也。舍非而从是，此为可以予，可以无予者？设舍利而从义，此为可以取，可以无取者？设今孝先之予，未至伤惠，二女之取，未至伤廉，断然行之，一见可决。郑孝先勘杖一百，钉锢，照元遗嘱各拨田一百三十亩，日下管业。①

郑应辰没有儿子，但是有两个女儿。然后又过继了一个儿子，留下遗嘱给两个女儿少部分田产。但是养子试图全部吞并，不给女儿，导致诉讼。范西堂判决中表示，如果按照“他郡均分之例”，则应该是两个女儿占一半，儿子占一半。因为郑应辰自己有遗嘱，所以还是按照了遗嘱执行。所谓“均分之例”，就是一个地方的习惯法则，是所共同遵循的公平公正原则。此案中提到，他郡的所谓“均分之例”，就是一个地方的习惯法则，是所共同遵循的公平公正原则，类似规则在各种事务当中都得到普遍遵循：

伏睹本州准转运衙及准提刑提举衙牒，备准省札，臣僚札

① 佚名：《名公书判清明集》卷8《女合承分》，第290页。

子，奏闻经界之政，公私俱利。闽广接壤广中，已行经界，而闽中未行，顷者朝廷俾闽路漕臣，措置汀州经界，续恐有扰，而权行住罢，夫经界虽难遽行，然因其乡俗而行之，以渐则无劳扰之患，盖闽郡多山，田素无亩角可计，乡例率计种子或斗或升，每一斗种大率系产钱十余文，若使民户自以本户产钱均配其田，自为二簿，一输之官，一为户簿，如江浙之例，每段画图而旁写四至，配以产钱若干，其簿之首，总计本户产钱，以合官簿之数，其隐瞒不载者，甘没于官，许人告首请佃，间有郡例元产一钱约抵它郡数文者，使每一钱以十分为率而折之，则山田小段，并可均配行之，二三年，亩产渐实，然后使保正长自画图为甲乙壬癸等字号，而总计之，则民心自安，不差官吏，不置司局，而民亦无扰矣。①

再如讨论限田时，

限田官品，当从一高，盖从其优也。……十四贯之产钱，决不止于百亩之产，明矣！此项最为的实，而本县未曾着实根究，遂使顽者得以为词。两争人并知在，帖县，限十日监乡司从实根究，要见陈某目今管佃田亩若干，或用产钱比算，亦合照乡例从实指定，无容乡司巧行卖弄。②

在这里，“乡例”就是一个很重要的判断标准，是众所公认的基本原则。在宋代田土诉讼当中，乡村“习惯法”所起到的特殊作用，不可低估。而习惯法之所以能起到作用，一方面是乡村社会文化的支持，另一方面也依赖于官府的赞赏和支持。在共同因素的作用下，乡村习惯法成为基本的惯例，能被乡民共同接受，这种习惯法的行用，

① 朱熹：《晦庵先生朱文公文集》卷21《经界申诸司状》，朱杰人等主编：《朱子全书（修订版）》第21册，上海古籍出版社、安徽教育出版社2010年版，第955页。

② 佚名：《名公书判清明集》卷3《父官虽卑于祖祖子孙众而父只一子即合从父限田法》，第78页。

与官府“法”的行用，共同构成了管制基础，是官府治理民众的基本原则，但是这种约束只是官府同意采纳才行，如果官府坚决不采纳，则难以推行。

三　干照分明：官员操作中的证据方法

作为地方官员，既要催税完粮，又要地方上不出现大的波动，管控乡村社会秩序就是非常重要的工作。保持乡村社会秩序稳定运行是其司法行政的首要目标，这其实对官员施政能力要求很高。特别是当诉讼发生时，必须直面矛盾，如何处理，对于官员是非常大的考验。按照法意人情作为基本原则，以乡原体例作为执行依据，可以保证官员在大方向上不出现问题。但同时，官员还要掌握可操作性的证据，只有这些证据才能说服当事双方以及上级官府。通过确凿文书，才能最终形成乡村诉讼规则，并建立一个可以较为良好运行的社会秩序。在文书运行过程中，官员也要遵循证据。在没有证据情况下，官员一般会用“人情”来填补证据，补充论述逻辑，或者不予受理。

不过通常情况下，官员要求百姓要保存好证据，特别是所谓契书，常用一个词就是“干照分明”。这成为一种要求，如果没有保存好干照，官员只能表示同情，而对于干照，既要看官印，又要看是否伪造。干照，是官员最常用的证据方法。很多不同学科的学者，认识到了干照在宋代经济、社会生活当中的重要作用，也发表了很多有价值的见解。如陈景良把“干照”问题置于唐宋变革的社会背景之下，认为这反映了宋代司法结构变化和司法传统转型。[①] 还有莫家齐、王云海、郭东旭等学者注意到宋代诉讼当中的证据制度问题。[②] 另外，

① 陈景良：《释“干照”——从“唐宋变革”视野下的宋代田宅诉讼说起》，《河南财经政法大学学报》2012 年第 6 期。

② 莫家齐：《南宋民事诉讼制度管见——兼论中国古代不采法定证据制度》，《现代法学》1985 年第 2 期；王云海：《宋代司法制度》，河南大学出版社 1992 年版；郭东旭、左霞：《宋代诉讼证据辨析》，《河北师范大学学报》2008 年第 6 期。

相当一批博士、硕士学位论文也注意到了这方面的问题。①

在一般看法当中，买卖田产，首先要重视的就是契约，所谓干照，是契约、砧基簿等各类文书的一个统称，是交易当中不可或缺的因素，刘后村判词当中，就提出一般观念里，买卖田土必有干照：

置买产业，皆须凭上手干照。潜彝所买桂仔贵荒田，契内明言文被兄藏伉，来仔贵备钱赎回，则是以赎回干照为据矣。及以赎回之契考之，则地名青石桥也，荒地也，卖与潜彝者，地名铁炉塘也，田也，亩步、坐落、东西南北四至，并无一同。盖青石桥地契乃别项废干照，铁炉塘田契乃凿空架虚，不可行用之物。桂节夫所执砧基两叶，以节夫景频家书傍照，可见桂氏族人自以同祖荒山推逊，人情法意之所可行，且于潜彝何预。今乃撰造淳祐三年买仔贵田契，以梗节夫，使不得葬兄，此何理哉？缘潜彝父子恃其铜臭，假儒衣冠，平时宛转求乞贤士大夫诗文，以文其武断豪霸之迹，前后骗人田产，巧取强夺，不可胜计。前提刑赵中书任内，拒追年岁，卒致漏网。赵中书形之书判，案椟具存。如取周氏阿刘孤儿寡妇之业，已经官司定夺，尚执契书，不肯还人，及送有司鞫实，仅还两契，犹有还不尽者。当职所至，未尝罪一士人，然潜彝倚赦拒追，三两月而后出，其收执违法契字，不伏赍，出皆在赦后。士行如此，若使向来所赠诗文之贤士大夫为监司，为太守，亦当痛治，况已纳粟为小使臣，辄作潜监酒户，辄用干人越经内台，可谓小人之无忌惮者矣！本合勘断枷项，押下本县号令，姑与引赦免断，所买无上手，不可行用，契二纸拘毁入案。桂节夫照砧基管业，放，仍榜贵溪县市。②

---

① 栾时春：《宋代证据制度研究》，博士学位论文，华东政法大学，2013年；李华：《宋代证据制度研究》，硕士学位论文，河北大学，2003年；黄蓉：《宋代物证之研究》，硕士学位论文，安徽师范大学，2007年；王硕：《宋代证据种类与运用研究》，硕士学位论文，中央民族大学，2010年；张宗娟：《宋代民事证据研究》，硕士学位论文，南京师范大学，2011年；杨卉青：《宋代契约法律制度研究》，博士学位论文，河北大学，2008年。

② 佚名：《名公书判清明集》卷4《干照不明合行拘毁》，第128页。

在一件争山的案子当中，刘后村也是要求必须有上手干照，方可为据：

> 俞行父、傅三七争山之讼，昨已定夺，而行父使弟定国妄以摽拨界至为词，套合保司，意欲妄乱是非。……俞行父祖父将仕用钱三百贯，买刘德成田三坵，山十二段，委属可疑。大凡置田，必凭上手干照，刘德成形状有如乞丐，所卖田三坵、山十二段，乃是凭大保长凭由作上手干照，不足凭据，今亦未暇论此。但傅三七所买刘八四山，与俞行父山全无干涉，先给还傅三七管业安葬。行父、定国恃豪富压小民，挟寄居抗官府，各勘杖一百，拘契入案，追刘德成对上手来历，干人责戒厉状。①

此案中，卖田必有上手干照，而刘德成类似乞丐，岂能有上手干照？所谓的上手干照，分明是假冒，所以未与采信。最终处理是给予俞行父“勘杖一百，拘契入案”，同时还要“追刘德成对上手来历，干人责戒厉状”。且不论事实如何，但是可以知晓的是只要是双方诉讼，官员一定要追“干照”。只有干照才能说明是非曲直，这是官员判断的首要基础性文件。

一般情况下，官员相当重视契约，“切惟官司理断典卖田地之讼，法当以契书为主，而所执契书又当明辨其真伪，则无遁情”。这是对判罚的基本要求，首先有契，其次要搞清楚真伪：

> 俞梁有田九亩三步，开禧二年（1206）典与戴士壬，计钱八十七贯。俞梁死于绍定二年（1229），并无子孙，仅有女俞百六娘，赘陈应龙为夫，当是之时，阿俞夫妇亦未知此田为或典或卖。至嘉熙二年（1238）二月，始经县陈诉取赎。而戴士壬者称于绍定元年（1228）内，俞梁续将上件田作价钱四十五贯，已行

① 佚名：《名公书判清明集》卷4《争山妄指界至》，第158页。

断卖，坚不伏退赎。展转五年，互诉于县，两经县判，谓士壬执出俞梁典卖契字分明，应龙夫妇不应取赎。今应龙复经府番诉不已，准台判，佥厅点对，寻引两词盘问，及索俞梁先典卖契字辨验看详。切惟官司理断典卖田地之讼，法当以契书为主，而所执契书又当明辨其真伪，则无遁情。惟本县但以契书为可凭，而不知契之真伪尤当辨，此所以固士壬执留之心，而激应龙纷纭之争也。今索到戴士壬原典卖俞梁田契，唤上书铺，当厅辨验，典于开禧，卖于绍定，俞梁书押，复出两手，笔迹显然，典契是真，卖契是伪，三尺童子不可欺也。作伪心劳，手足俱露。又有可证者，俞百六娘诉取赎于嘉熙二年（1238）二月，而士壬乃旋印卖契于嘉熙三年（1239）十二月，又尝于嘉熙三年三月内，将钱说诱应龙立契断卖四亩，以俞百六娘不从，而牙保人骆元圭者，尝献其钱于官。使其委曾断买，契字真实，何必再令应龙立断卖契，又何为旋投印卖契于俞百六娘有词一年之后耶？此其因阿俞有词取赎，旋造伪契，以为欺罔昏赖之计，益不容掩。切原士壬之心，自得此田，历年已深，盖已认为己物，一旦退赎与业主之婿，有所不甘，故出此计。照得诸妇人随嫁资及承户绝财产，并同夫为主。准令：户绝财产尽给在室诸女，而归宗女减半。今俞梁身后既别无男女，仅有俞百六娘一人在家，坐当招应龙为夫，此外又别无财产，此田合听俞百六娘夫妇照典契取赎，庶合理法。所有假伪卖契，当官毁抹。但应龙既欲取赎此田，当念士壬培壅之功，盖已年深，亦有当参酌人情者。开禧田价，律今倍有所增；开禧会价，较今不无所损。观应龙为人，破薄浇浮，亦岂真有钱赎田，必有一等欲炙之徒资给之，所以兴连年之讼。欲监陈应龙当官备十八界官会八十七贯，还戴士壬，却与给还一宗契字照业。俞梁既别无子孙，仰以读祭祀者惟俞百六娘而已，赎回此田，所当永远存留，充岁时祭祀之用，责状在官，不许卖与外人。如应龙辄敢出卖，许士壬陈首，即与拘籍入官，庶可存继绝之美意，又可杜应龙贱赎贵卖之私谋，士壬愤嫉之心，亦少平矣。①

地方官员，首要的是判断有无契约，其次就要判断契约真伪，如果为伪，则要给出相应的处理办法，在综合考虑各方面因素时，还要“参酌人情”，以便平衡处理，让诉讼双方能息讼止纷。范西堂的一个判文当中就十分强调双方虽然各有道理，但是官府处置，一定是依赖于“干照”：

吴肃嘉定十二年（1219）一契，典到吴镕帝字号田六亩二角，官字号田二亩三十步，约限九年，亦已投印，其间声载批破祖关去失，上手不在行用，无不分明。吴肃掏收花利，过割税苗，凡经五年。近有吴桧遽来争占，吴肃入词，追到在官，就索干照。据桧赍出绍兴二十年（1150）其租吴武成卖与吴镕之曾租吴四乙赤契一纸，又于空纸后批作淳熙八年（1181）赎回，就行租赁与元佃人耕作。旦当元立契虽可照证，厥后批望何所依凭，况元契既作永卖立文，其后岂容批回收赎 纵所赎果无伪冒，自淳熙八年至今，已历四十二年，胡为不曾交业。若日就行佃赁，固或有之，然自吴四乙至吴镕凡更四世，末有赁田可如是之久者。准法：诸典卖田宅，已印契而诉亩步不同者，止以契内四至为定其理年限者，以印契之日为始，或交业在印契日后者，以交业日为始。又准佳语理诉田宅，而契要不明，过二十年，钱主或业主死者，官司不得受理。吴桧所赍干照已经五十余年，其间破碎漫灭，不明已甚，夫岂在受理之数。所批收赎已经四十余年，其田并末交业，仍在元户，岂应不以吴肃交业为正。原其争端，实以吴镕不曾缴纳上手，寻将与元出产人吴桧通同昏赖。吴桧乃吴镕之叔，同恶相济，为谋已深。彼吴肃故为聚敛之家，前后交易未必无违法之契，近因本县根究一二，已行惩断，故嗜利之人从而

① 佚名：《名公书判清明集》卷9《孤女赎父田》，第315页。

萌昏赖之心。夫岂知民讼各据道理，交易各凭干照。在彼则曲，在此则直，曲者当惩，直者当予，其可执一，以堕奸谋。吴镕初焉附合，志在得田，不思奸计果行，亦不免盗卖之罪。及送狱根勘，供招自明。吴镕、吴桧各勘杖六十，废契毁抹入案、田照吴肃交易为业。①

此案是吴桧与吴肃争产，吴肃典到吴镕两块土地，同时办理过官府手续，“亦已投印，其间声载批破祖关去失，上手不在行用”，并“拘收花利，过割税苗”。吴桧发起诉讼争田的时候，拿出了其先祖卖地“赤契一纸”，后面有批注“批作淳熙八年赎回，就行租赁与元佃人耕作”，范西堂认为“元契既作永卖立文，其后岂容批回收赎”，同时他指出相关法律依据，“诸典卖田宅，已印契而诉亩步不同者，止以契内四至为定”，同时根据“理诉田宅，而契要不明，过二十年，钱主或业主死者，官司不得受理”规则，不再受理。范西堂还认为，“民讼各据道理，交易各凭干照”。最终的处理结果是吴镕、吴桧各自被杖六十，废契毁抹入案，田交吴肃为业。干照是一种必备手续，但是如何处理围绕干照出现的问题，则需要由官员加以判断。特别是在诉讼当中，必须以干照为基本判断证据，在田土诉讼尤为重要。在一件争田业的案件中，双方争执不下，官员就指出，必以干照为基础：

蒙备坐仓台行下孙、闾争田之说，委某究实。既亲诣地头供责，并参考两家干照公据等，照得闾丘辅之曾祖名绍，娶阿张为妻。绍存日生二女，名四二娘、四四娘，遗腹生一男，名继祖。是时阿张奉姑阿叶命，纳胡哲为拉接脚夫，抚养孤幼。不四年，胡哲又死。胡哲生二女，名胡四十娘、五十娘，亦早死。自后闾四二娘招蔡佾为赘，闾四四娘招曹叔训为赘，皆阿叶命也。……孙绍祖所执，乃数十年可考之契据。且以闾丘璇所卖之田言之，

① 佚名：《名公书判清明集》卷4《吴肃吴镕吴桧互争田产》，第111页。

据孙绍祖赍到庆元元年（1195）赤契，间丘璇亲书出卖石家渡等处水田五十亩，及桑园、陆地、常平等田，实有县印，监官印及招税凭由并朱钞可考。辅之则曰，非乃祖亲书，且出废契，以比笔迹。据孙绍祖称，曾于嘉定年间，将上件契内割出石家山田，卖与李文通，系是间丘璇保契，又割大湾田，仍卖与间丘璇为业，已行推税二丑有间丘璇既卖复买，旦为保契，乃非其亲书。辅之则称，大湾之田因族錡再诉于官，孙绍祖归其侵疆之半，和劝者只令作卖契书写。乃索李文通契，果有间丘璇保契书押，辅之赍出赤契，亦果孙绍祖端行出卖，又已招回八亩税色讫。及询问其所谓和劝人，则曰已为鬼籍、无从追问。夫如是，则官司只当以契据为证。且间丘璇主契之时年二十有三，又三十二年而后死，中间或保着，或自卖，未闻有非亲书之说。璇死又二十四年，昔子若孙乃以为非，可乎？方且出真伪莫辨之私约以为证，然嘉熙间丘錡所诉之状，特一白纸耳，此外别无行移。孙大椿任状贴说之约，并李大亨退田等约，并皆片纸，何所考信？且据佃户等人供，皆称佃孙氏之田，纳孙氏之课。又以请射田地吉言之，将孙绍祖家淳熙十二年（1175）公据所具四至，参之辅之家淳熙八年（1181）官司给还物业地名公据，无一在者。辅之虽称别有公文在曹至大家，然又累索不到，不过展转。且自淳熙十二年至今，已经七十年，并皆孙大椿管业。间丘璇自十八岁晓事，至死之日，凡三十七年，其时何不取索，必待璇巧又二十四年，辅之父子方欲争夺，可不可也？虽山间有一改葬废穴，辅之指为其曾祖绍不用之坟，然今已百年，无证可考。惟孙大椿清射据内，有间丘家坟禁五字，然凡间丘姓者皆是，未尝专指为间绍之废穴，亦距容执此，遂以为自己之地乎！大凡田婚之讼，惟以干照为主。孙大椿请射买契，转之为倚恃淳熙八年计知县公据一宗为张本，然参之胡氏请射之据，并无地名可考。至于其他片文只字，又皆真伪莫辨也，其可哉？吁！忘祖母再世保抱之恩，而诋其恶，讳其父亲契约，以昧其真，是自诉其父祖，可谓于所厚者薄矣！论理，婚田自有年限，金科玉条，凛不可越。今其事几百年，又皆陈迹，亦且夺于非所论诉之时，是无国法矣！然事之曲直，彰彰若此，而前所究实，例皆含糊，盖畏其嚣讼，恶其执持，先为全身之计，故有不敢。愚谓天下未有尽职而获谴者，以是敢极言之，上之人亦岂不能以烛其奸耶？若夫斫木件数，估计价直，已有罗主簿究实公案在，更不再恕。①

官员的判断，先是从百姓手中收取干照，以做对比，特意提出“大凡田婚之讼，惟以干照为主”，“ 官司只当以契据为证”，契约成为最基本的证据。吴恕斋也指出：

理诉田产，公私惟凭干照。沈邦政诉其祖沈文道有田八亩，坐落仁和县西塘，典在孙宅，本县不与理赎，经府陈诉。佥厅索案点对，照得其田系刘防御于淳熙五年（1178）卖与陈保义，陈于庆元六年（1195）卖与徐四，徐卖与钱登仕，钱又于嘉定六年（1213）滚同田产百余亩，卖与孙宅。缴到钱登仕卖契及原买徐四上手赤契，一一分明，更易四、五主，经涉五、六年，前后契内即不曾声说先系沈文道之田。不知沈邦政何为一旦认为已田邪？若曰祖产，必有砧基簿或分书可照，若曰果是其祖出典，必有合同典契可者，今咸无之。又自供初不知价贯多少，亦不知牙保、业主姓名，但执先赎回刘氏子家典契一道，称与此田系是同段，因必是共祖文道典与外人，未曾取赎，所以陈诉。殊不知此田虽与而典于刘娘子之田同段，乃是干道年间之契，安知干道以后，乃祖乃父不将此田卖与外人。借曰果是其祖曾典与人，何不于刘防御等出卖之时，即行理赎。今经隔五十年，自刘以后，转相授受，孙宅已系第五主买矣。若欲拔本寻源，须根问刘防御得田卖田之因可也，官司何可根究五十、八十年前干照之事。大凡为富不仁之徒，典人田产，不伏退赎，世固有之，官司当从公主张。但沈邦政既无片纸干照，其说略无根据，此必有生事者教唆

① 佚名：《名公书判清明集》卷6《争田业》，第179页。

> 之，徒事搅扰。在法：诸典田宅者，皆为合同契，钱、业主各收其一。又诸理诉田宅，而契要不明，过二十年，钱、业主死者，不得受理。今沈邦政既无合同典契，又隔涉五六十年，本县所断已为允当。欲令孙宅照契管业，如邦政尚敢妄词，解府从条施行。①

沈邦政想赎回祖先典出仁和县西塘八亩土地，但是经核对官府文书，“上手赤契，一一分明，更易四、五主，经涉五六年，前后契内即不曾声说”，也就是与沈家先人毫无关系。吴恕斋还指出，“若曰祖产，必有砧基簿或分书可照，若曰果是其祖出典，必有合同典契可者，今咸无之”，所以沈邦政“既无片纸干照，其说略无根据”，属于“徒事搅扰”。此案要求当事方要提供前后契，各种文书证明，以明此产为私产。当官员给出判断时，必须通过说明干照来写出可让人信服的判词。而百姓之间也依赖于干照来证明自己财产，范西堂有一个判词，其当事人，就是以干照为词，要求恢复自己的财产：

> 赵宏植产于宜黄，卜居于安庆，相去隔远，不可照应，托弟掌管，甚合人情，若无官物少欠，不可谓之逃亡。赵焕以兄之田，视为己物，初以献于县学，继复献于郡庠，前后反复，已自可恶，且俱不出田主本意，不可谓之合法。今田在官司，庄名贡士，其事已久，似未易动。赵宏之男赵永持安庆公文，就本州陈乞，执出干照，具述前事，欲还元业。揔照佥厅所拟，谓既是祖业分明，官司难以拘执，使府照行，给付管业，可谓用意之厚，施行之当。张椿乃佃田之人，辄敢固执，欲归于官，以贪耕作之利，观其状词，以赵永为别派，非是赵宏之子。彼执安庆公文，非无所据，而张椿敢于虚言，且谓委送本州，各被买嘱。夫在城官府，阖郡僚属，岂无特立独行，而张椿肆无忌惮，以至于此。逃田之法，自许归业，况非逃亡，岂容没官。今官司已系给还，

① 佚名：《名公书判清明集》卷9《过二十年业主死者不得受理》，第313页。

佃人乃敢缴驳，殊为可怪。欲乞照佥厅元拟施行，再敢有词，重行照断。①

赵宏在外地有田，委托赵焕管理，这本属于“甚合人情”，而赵焕私下将田“初以献于县学，继复献于郡庠”，而且“俱不出田主本意”。赵宏后人赵永，“执出干照，具述前事，欲还元业”。赵永在打官司之初，就准备了自家干照，而官府通过辨识干照，认为赵永具有该处田产所有权，所以将此田产判决给了赵永。范西堂认为，“佥厅所拟，谓既是祖业分明，官司难以拘执，使府照行，给付管业”。再如另一个案子，当事人也是自行注意到了干照的重要性：

许奉居安庆府之怀宁，绍兴三十二年（1162）买入金立田业一段。其后许知实为主，知实死，其子许国继之，为许奉后，真伪实未可知，或是相传，或是买入，无所凭据。但许奉元来入户赤契，却系许国收掌。至嘉定六年（1213），尝典与张志通、杨之才。七年后，卖与朱昌。朱昌得业，系在张志通、杨之才名下赎回，皆有连押司证。交收花利，输纳官物，据本乡勘会，并系相传得产人主之。许奉初契既已投印，张、杨之典，朱昌之买，亦出干照分明。去年之春，忽有许德裕者，来自光之固始，诉于州，自执宗图，称为许奉之孙，而许国系是别派，不应盗占己业。考其所供，淳熙九牛，其父名多才，自怀宁徙居于光，收得许奉亲弟许嵩扑约一纸，谓元买金立产业，系属众分，唯嵩一位，独留怀宁，自管耕种。依分还租，此理固有之，但方当立约，德裕未生，及至持讼，许嵩已绝，纵有私约，非官文书，更历年深，何所照据？又嘉定二年（1210）人状怀宁，壹日诉诈厨盗耕田业，时只凭和劝，陪还租课片，得钱五十贯文，不欲尽情根究。果有此项，犹可供对，今既无元案，又无对定文字，且典贾之后，又经十四年，不曾有词，平白人状，只据口说，又何所

① 佚名：《名公书判清明集》卷4《使州送宜黄县张椿与赵永互争田产》，第101页。

凭？窃详德裕所供，虽曰有扑佃文字，然自淳熙九年（1182）至嘉定二年，相去二十七年，胡为全不交租。虽曰续曾陪还价钱，然自嘉定二年至宝庆三年（1227），相去又十九年，胡为不再管业，直至去春，方来入词。许德裕之父多才元与扑佃者既死，许国之父知实元自为业者又死，许奉之弟许嵩元立约还租者又死，却欲妄凭宗派白约，意在昏赖，实难行使。以意度之，许国未必是许奉之后，许嵩却元为同分之人，若谓许国冒占许嵩之田，决无此理，必是许国之父知实就是许嵩名下买入，其他诸位亦已厘革，年深莫知首尾，无可参照。准法诸祖父母、父母已亡，而典卖众分田宅私辄费用者，准法追还，令元典卖人还价。即典卖满十年者免追，止偿其价，过十年典卖人死，或已二十年，各不在论理之限。傥许嵩尚存，讼在交易十年之前者，只是还价。十年之后，复与免追，且无可得田之理。自淳熙九年（1182）至今，首尾通五十七年，许嵩户绝，悉无其人，岂得更在论理之限？合照见佃为业。①

在这里“张、杨之典，朱昌之买，亦出干照分明”，在这几处交易当中，大家都注意到了契照的重要性，双方有详细的买卖文书可以凭据，所以当所谓子孙以白约来起诉之时，官府支持了有干照的一方。

当然，干照是最重要的证据，但是其他周边证据也不可或缺。干照和其他证据要配合起来使用：

照对准县衙委请标钉聂忠敏与车言可所争之田。当职拖照使、府台判，如本人赎回祖产分明，车言可有揩改图簿实述，合与追究，从公结绝。寻契勘车言可所收干照，得见图簿之中，有无揩改，虽事涉暧昧，然其供基元买车迪功田步亩四至，与见年田段四至不相照应。及追索聂忠敏赎回韩鲸典契，虽止据赍出本

① 佚名：《名公书判清明集》卷4《漕司送许德裕等争田事》，第117页。

人批退文字一纸，然唤上乡司陈坦，当厅点对税簿，其聂忠敏已的于嘉定捌年就韩鲸户收回产钱柒拾贰文，参之祖上砧基簿内具载产数，即无同异。至正月二十二日，躬亲前去定验，得见其地头田段，疆画翼翼，殊不淆杂，仍与多方询访，得之众论，皆曰聂忠敏祖聂仕才元有田叁段，计叁号，……后来张家兄弟相继倾亡，其家将所侵占田并已田同立契出卖，凡经数年，而后归诸蒙彦隆、韩国威之家。目今与阿黄田相抵者，乃蒙彦隆、韩国威之田也。当遂唤上田宅牙人陈达，同邻保等人，将车言可、聂仕才、蒙彦陆、韩国威四家毗连之田，对众从头打量。……众证递年是车言可耕布。当聂忠敏指系车迪功所卖田段，车言可坚执不许打量，已自使人未能无疑，及再相视，其田内洪水推损去处，崎岖曲折，难于牵绳者，尚有遗地，以此等地步配其亏折奇零之数，亦既有余矣。至于聂仕才之田，仅计柴亩贰角贰拾壹步参尺，今打量止有伍亩参角贰拾参步，卸近自亏折贰亩，推寻其数，必是落在蒙彦陆、韩国威两家出剩数内，无可疑者。然聂仕才身故之后，其子孙岂不愿陈理，或者亦自知其经来年深，姑且据见。在亩角承佃而已。今来车言可又欲以所买车迪功田契内捌百捌拾号，而争占其捌百捌拾壹号之田，官司若不与之主盟公论，深恐聂忠敏田段亩角，自此愈见侵削，将来何以供输二税。窃意聂忠敏昨经使、府论诉，亦不过欲正其疆界，不至再有亏折，庶几向后供输，免有逋负。此其情诚可怜也。况聂忠敏所供东西南北四至，与其租来砧基簿具载四至，节节明白，并无差舛，而车言可所供四至，与见争田段至，只有一至相合，自余三至并不相照应。谓如捌百捌拾壹号东至普门院山，西至黄推官田，南至聂仕才自已田，北至车言可所买车迪功田，其车言可所买车迪功捌百拾号田契具载，乃是东西北皆至自已田，南至黄推官田，其不相照应如此，官司何以凭？及又据车言可口覆，田邻皆是聂忠敏之党，独有汪彦祥备知田段的实，今据汪彦祥责立罪赏状，亦明言见争田段系聂忠敏之田是的，在车言可又复何说？仰聂忠敏、车言可各据元收干照，依未争前疆界管佃，不得妄有争占，如再支蔓，以为公私之扰，合行科坐。今画到地图，连粘在前，更取自台旨。①

这里既要看文书，又要看税簿，还要看砧基簿，更得亲自到地头勘验，才能判断分明，如果没有这些参照，则又不能仅凭干照下断。所谓“考之干照，参之地势，证之邻里”：

傅良绍鲍家产业，沈百二承赁乔宅屋宇，交争地界互诉，委官审究。今详主簿所申，则沈百二之无道理者三。以干照考之，卢永执出乔宅契书，该书四至，其一至止鲍家行路。既曰至路，则非至鲍家明矣。今沈百二旋夹新篱，乃欲曲转钉于鲍家柱上，一也。以地势参之，非但高低不同，鲍家屋侧，古有水沟，直透官街，则一沟直出，皆是鲍家基地明矣。今沈百二转曲新篱，乃欲夹截外沟一半入篱内，二也。以邻里证之，沈九二等供，当来篱道系夹截于沈百二屋柱上，渠口在沈百篱外，则沟属鲍家，篱附沈屋，众所共知，信非一日。今一旦改篱跨沟，曲拆包占，纵傅良可诬，而邻里不可诬，三也。考之干照，参之地势，证之邻里，其无道理如此，何为尚欲占据。原其所以，傅良父在日，尝以此地借与沈百二，其时两家情分绸缪，彼疆此界，初不计较。久假不归，认为己物，且欲筑室其上，傅良乃以好意欲归侵疆，而沈百二反以秽语肆行抗对，是以力争。事既官，惟以道理处断，引监沈百二除拆新篱，只依干照界至，归还地段，庶可息争。然所争之地不过数尺，邻里之间贵乎和睦，若沈百二仍欲借赁，在傅良亦当以睦邻为念。却仰明立文约，小心情告，取无词状申。再不循理，照条施行。②

另外一个“盗葬”案件当中，也是要画地图参考：

① 佚名：《名公书判清明集》卷5《田邻侵界》，第155页。
② 佚名：《名公书判清明集》卷6《争地界》，第199页。

照对吴太师孙新妇段氏夫存日，论诉佃客谢五乙兄弟盗葬本家买来徐大夫男洋及游才卿等地内风水，颠末已经六年，官司虽与定断，至今尚未了绝。亦尝推原其盗葬之由，与夫不肯迁移之故，皆缘段氏夫吴思敬寄居本府城内，其所争地乃在本县三十二都，相去四百余里，平时照管不到，是致谢五乙兄弟得以遂其盗葬之私。及招本宅论诉，亦不复顾主佃名分，辄敢计谋百出，必欲争占，以为己物。比年吴思敬已下世矣，妻寡子幼，谢五乙兄弟愈得以肆行无忌。今再索上两处干照及画到地图参考，得见上件山地，吴太师宅系于淳熙八年（1181）就徐洋买到，庆元二年（1196）就游才卿买到，契内具载亩角四至，节节分晓。其谢五乙兄弟所买姜监镇一亩一角七十三步之地，却介于吴太师前件山地之间，实在其盗葬阴穴之下，又系开禧二年（1206）立契，实在吴太师买来田地年分之后，而契内更不声说其地四至与何人相抵，则是谢五乙兄弟于当年盗葬之余，旋撰此等模糊契字，以为强争影占之具分明。既又据段氏干人周庆供称：本主自嘉定五年（1212）以来，累经州县论诉，其谢五乙兄弟却结托健讼人古六十，擅自假写本宅退状，付保正荣安申缴，已蒙前政陈知县究见着实，将保正荣安勘杖六十讫。则是谢五乙兄弟意在强葬其地，遂至有此奸谋诡计，抑又分明。切缘谢五乙兄弟见耕段氏之田，一主一佃，名分晓然，昨既盗葬其地，今又欺其主母孤寡，一向不肯迁移，致招再状论诉。官司若不与之主盟、非惟段氏有妨安葬乃夫，切恐向后凡有田地去家之远者，人皆得以强占，夫亦奚取乎张官置吏也哉 合将谢五乙勘杖一百，仍牒定江寨巡检严限监移，如更妄有推托，并追谢五乙弟谢五二同科，以为恃强霸占山地者之戒。其古六十不合假写退状，昨来陈知县失于收罪，亦合勘杖六十，并申使台，取自台旨。谢五乙、古六十等着家知管，听候旨挥行下外，谨具申转运使台，伏乞台旨施行。①

地图之外，砧基、支书、契照等均可成互相参照对象，是官员判断的证据基础：

> 前武冈军黄主簿妻江氏，论江文辉等妄赎同姓亡殁江通宝典过田业事，准台判，有申明指挥：典产契头亡殁经三十年者，不许受理。今既无合同典契，不候官司予夺，不候黄宅交钱，便强收田禾，显见欺孤凌寡。帖县追两名，索砧基簿及元典契解来，词人召保听候。续建阳县解到江文辉、刘太乙赴府，唤上词人，干人陈吉，各赍干照、砧基、支书、契照，当厅诘问供对。照得江氏儿父江朝宗，于淳熙十五年（1188）用见钱一百贯足，典得江通宝田共三段，又于绍兴四年（1134）内用见钱一百贯再典田一片，共二段，续于嘉定五年（1212）拨与女江氏儿，随嫁黄主簿。自典至今已经四十八年，江朝宗并出业人江通宝并已亡殁，在官司不当受理，此其一也。江文辉供称系江通宝直下子孙，欲取赎江通宝之田，必当有合同典契，今既无合同之契，本司难以凭据还赎，此其二也。据江文辉赍到绍兴二十三年（1154）本县印押江浩砧基簿一扇，计纸一十张。今点对见得所写典与江朝宗田段，乃在第十二张纸内，况纸样印色不同，字迹浓淡各别，乃是添纸填写，不在收赎，此其三也。又江文辉赍出庆元三年（1197）官司印押江宗闵支书内云：江浩生两男，长二十八生彦，次三十生宗闵，而无江通宝之名，却于写三十之侧，添“名通宝”三字，既非江通宝正名支书，难辨亲的子孙，况江文辉指出该载所典田段，与契内土名不同，又有添段，亦难证用，此其四也。虽据江文辉赍出别项久年契字及纳税凭由，要作旁证，并经涉年深，难以引用，此其五也。江文辉所供事情，多涉虚诞，碍理难以取赎。然江氏所论江文辉收过两冬苗米，今文辉只认还今

① 佚名：《名公书判清明集》卷9《盗葬》，第329页。

年苗米一十二石，欲帖押下本县监还。其江氏儿所论刘太乙资给江文辉谋赎田段，今引上供对，既无实迹，似难收坐，欲责状疏放。①

官员综合各类证照，形成自己的综合判断，“干照分明”成为官员的常用词语。如果没有干照，那么官员就很可能不接受诉案，或者无法做出公正的判决。

乡村诉讼是宋代民事法律诉讼当中相当庞大的一部分，非常鲜明展示了宋代法律运作方式，展现官员触角是如何深入乡村，并通过诉讼在乡村与朝廷之间建立起了直接的联系。从《清明集》中所见，官府治理乡村，首先就体现在诉讼当中。地方官员一个重要职责是听取乡民诉讼，为其公平断案，裁决纠纷。息讼，成为他的首要诉求。官员判案时所依赖的基本原理，是“法意人情”，这就是官员给出判断结论的理论基础；当具体判罚之时，一些技术性指标，官员又依靠于“乡原体例”，这是官员、民众共同接受的地方习惯法；而分辨是非，形成判决，官员又依赖于文书档案“干照分明”，以文书证据来形成最终决断。

总之，乡村诉讼情况，可以看到宋代乡村社会秩序基本面貌。在诉讼过程中，官府触角就深入了乡村，乡村社会形成了一个稳定运行的机制。达成了这个机制，在某种程度上促动了乡村社会的面貌改变，对乡村社会秩序、乡村社会生活状态，特别是对普通乡民与基层政权的关系有着重大影响。

---

① 佚名：《名公书判清明集》卷9《妄赎同姓亡殁田业》，第320页。

第三章

唐五代乡村百姓契约关系

秦汉以来，官府不仅自己建立了一个“文书行政”的权力世界,① 也为百姓生活提供了一个运用“文书”的模仿范本。“契约”也因此在中国古代百姓生活中有着重要的地位，举凡银钱往来、租佃雇工、遗产处分等均必须采用文书为证。特别是在经济生活当中，契约关系更是平民百姓之间最重要的经济关系之一。甚至在识字不多、财产甚少、“苟延残喘”的乡村贫民当中，当建立对自身意义重大的经济往来关系时，也一定要书为契约，各执一份。从秦汉到明清，无不如此。但由于书写载体特别是其中最大宗的纸张不耐长存、所在分散，更由于契约失效之后，普通民众不会刻意保留，居庙堂者更视此为民间细物，无足轻重，导致古代契约难得一见，亦无人汇聚整理。直到近代史学观念变化以后，契约才被视为重要的史料，方有刻意地收集分析，但限于遗存，尤以明清契约为大宗。而中古契约，则只有敦煌吐鲁番契约文书，因极大意外而留存至今。片纸弥珍，这些契约对于探讨中古百姓生活与经济发展有着重要的学术价值。学术界对此高度重视，一方面细大不捐整理了所有的契约乃至残片，另一方面又有无数才智卓绝之士加以精研，所获成果极为突出，几乎遍及了

① ［日］富谷至：《文书行政的汉帝国》，刘恒武等译，江苏人民出版社2013年版。

契约研究的每个方面。①

但是，唐五代时期的乡村百姓所立买卖、租佃、雇佣、租借契约中所反映的经济、社会关系，学者似尚重视略有不足。特别是在中古农业社会当中，农田耕作和出卖劳动，是身无长物的农民谋生最主要最基本方式，在日常生活中又不可能不发生买卖和租借关系。如何活下去且保证微薄财产不被他人侵吞，是村民订立契约的最主要考量（彼此居住非常之近，也要形成文字契约），所以各类契约在乡民生活当中有着极为重要的意义。本章不打算全面讨论买卖、租借、租佃、雇佣等诸般问题，也不会详考每件文书，而仅在前贤论述基础上继续讨论国家与乡村社会之间的若干关系，特别是以经济关系展现出来的乡民生活。通过租佃、雇佣契约中的保人、见人来讨论乡民之间的邻里、亲属等社会关系，探讨彼此之间为什么会产生信任或不信任；通过租佃雇佣契约中的“市券”“公验”，分析乡村社会与官府权力系统的关系；通过乡村契约违约纠纷的讨论，观察中古时期官府权力如何深入乡村基层，如何形成管控方式和管控体系。试图通过分析中古时期乡村百姓所处的社会环境，进而讨论国家和社会之间的一些关系。

一　乡村社会中的契约运用

唐五代时期，乡村中契约运用极为常见，用途也非常广泛。据张晋藩在《吐鲁番文献合集·契约卷》序中指出，汉文吐鲁番契约有421件，敦煌契约有316件（以上数字含唐前及少量宋代契约）。另外还有极少量其他地区契约，则现存唐五代至宋初契约原件有700余件（不过其中有些不应看作契约），内容涉及借贷、买卖、雇佣、租佃等多个方面。契约最早形成所在地基本为敦煌、吐鲁

① 可参阅侯文昌《近六十年吐鲁番汉文契约文书研究综述》，《西域研究》2012年第1期；侯文昌《近六十年来敦煌契约文书的刊布与研究》，《中国史研究动态》2012年第6期。

番，大部分为汉文，[①] 少部分为吐蕃文、回鹘文、粟特文等。[②] 对这些契约进行总体分析，可见这些契约的缔结场所，几乎都是乡村，双方均为乡村之民，甚至不识字，而书写者文化水平也不算高，错字别字、不通顺之处甚多。这些居住甚近的乡民百姓在社会生活交往当中并不相信口头之约，即使自身无力书写识读，也要执意写成契约为证，足见契约在乡村百姓日常生计当中的重要性。乡民之间、官府和乡民之间，家庭内部之间均采用契约方式来缔结约束，形成彼此的制约。从租佃到雇工、日常生活的诸多方面，常常以契约的办法来形成互信，这也似乎暗示着社会生活的不稳定性很高，口头约定非常不可靠。

按王启涛所述，大致可以把契约分为买卖类、借贷类、租赁类、雇佣类、遗书类、社条类、行政类七种。[③] 不过，契约之含义，不当扩大化使用。还是应该以契约二字的通用本意为标准，也就是平等的两个主体订立约定，内容虽然可以无所不包，不必限制，但是在形式上务必是两个平等主体之间签约，才能叫作“契约”。单方面的书写留证“遗书”，哪怕是有见证人在场，这个书证也不应叫作“契约”。“社条”属于共同约定，类似今日的“章程”，这似乎也无法叫作契约。官府下行文书，就更不能当作“契约”，这类似于今日之“文件”或者行政处理书，验之古今，均似不应称为契约。所以下书所述，还是仅指乡村社会中由双方平等签约的涉及物品或者劳务活动，

---

① 王启涛：《吐鲁番出土文献合集·契约卷》，巴蜀书社 2019 年版；沙知录校：《敦煌契约文书辑校》，江苏古籍出版社 1998 年版；唐耕耦，陆宏基编：《敦煌社会经济文献真迹释录》，共 5 辑，第 1 辑由书目文献出版社 1986 年出版，第 2 辑已见前引，第 3—5 辑，由全国图书馆文献缩微复制中心 1990 年出版。这两种著作，其文书原文，均被收录于各类大型的敦煌文献集成，虽然后出转精，校订准确，释读正确，但因其分藏品所在国且依据原有编号排序（或各有自己的顺序），契约文书收录并不集中，参照不便。故除考察释文外，一般仍主要征引前述两部敦煌文献。吐鲁番出土文献，亦比照处理，除对照原文外，契约文书一般不再征引国家文物局古文献研究室等编《吐鲁番出土文书》，文物出版社 1986 年版；唐长孺主编《吐鲁番出土文书》（图文本），文物出版社 1996 年版。

② 侯文昌：《敦煌吐蕃文契约文书研究》，法律出版社 2015 年版；［日］山田信夫：《ウイグル文契約文書集成》，大阪大學出版會 1993 年版。

③ 王启涛：《吐鲁番出土文献合集·契约卷》，上编第 2 章。

主要是在买卖、借贷、租赁、雇佣、分家这几种场景当中所形成的契约运用关系。

以618年为限，现存较早的买卖契是高昌延寿四年（627）的赵明儿买作人券。虽然此时此地尚未纳土入唐，但是契约风格一致，可视为唐买卖契类型的一种。此契内容如下：

1 延寿四年丁亥岁□□十八日，赵明儿从主簿赵怀祐

2 □买作人胳（?）奴，年贰［拾］□□［买］价钱银叁佰捌拾文。即日交

3 □□贰佰捌拾文，残钱壹佰□，［到］子岁正月贰日偿钱使毕。

4 □□□ 壹月拾钱上生壹□，□后□人何道忍名者，仰本

5 □承了。二主和同立々□□□［后］，各不得返悔，々者壹罚

6 贰入不悔者。民有私要，々行二主，各自署［为］［信］。

7 倩书：赵彭伯

8 时见：刘尸㨢

9 临座：范养祐①

关于此契的研究，已经非常充分，《吐鲁番出土文献合集·契约卷》更是集大成之作，大大减轻了翻检查找之劳。虽然内容是买卖人口，但是双方并不在意被买卖对象的态度。双方在契中约定了价格，同时约定了价钱交付日期，说明了万一有人来“何道忍名”，即被指斥盗窃所得或者别人认为自己物品的话，由原主承担责任。立契之后，双方不得反悔，反悔惩罚措施明列清楚。双方还要采取某种签署的方式。双方均不能书写，还要另有书写人、见人，还有一位见证。而所涉及的这个“作人”，本身的价值为380文。说明这380文，是一个不小的数额，值得具有约定几方共同在场来书写和签订的必要。

① 王启涛：《吐鲁番出土文献合集·契约卷》，第358页。

再如唐代的一件买草契，即唐总章元年（668）左幢憙买草契：

1 总章元年六月三日，崇化乡人左憧憙交用银
2 钱肆拾。顺义乡张潘塠边取草玖拾韦。如到
3 高昌之日不得草玖韦者，还银钱陆拾文。
4 如身东西不到高昌者，仰收者√后别还。若
5 草好恶之中，任为左意。如身东西不
6 在者，一仰妻儿及保人知当。两和
7 立契，获指为信。如草□高昌□。
8 钱主：左
9 取草人：张潘（?）塠
10 保人：竹阿阇利
11 保人：樊曾□
12 同伴人：和广护①

如果用今天眼光看来，似乎一些马草而已，价值甚低，完全不值得专门书写契约。但是乡民们不这样看，他们认为，兹事重大，一定要书写约定，才能对对方有完成交易的信心。这笔钱大概是40银钱，等价于90“韦”草。而且普通乡村百姓的性命朝不保夕，也在其中展现得非常明显，“身东西不到”的情况常常发生。甚至人死债不亡，还要由妻儿负担，保人也要为此负责。责任如此重大，这笔交易总共40文，不知道两个保人可获几文。

再如后唐清泰三年（936）百姓杨忽律哺卖舍契，这是房屋交易，更要慎重，而且牵涉的人更多，有十人在同契中签字画押：

1 修文坊巷西壁上舍壹所，内堂西头壹片，东西并基壹仗（丈）伍
2 寸，南北并基壹仗（丈）伍尺。东至杨万子，西至张欺

① 王启涛：《吐鲁番出土文献合集·契约卷》，第556页。

忠，南至邓坡山，北至薛安住。又院洛（落）地壹条，东西壹

3 仗（丈）肆尺，南北并基伍尺。东至井道，西至邓坡山及万子，北至薛安

4 昇及万子。又井道四家停支出入，不许隔截。时清泰三年丙

5 申岁十一月廿三日，百姓杨忽律哺为手头阙乏，今将父祖口分舍

6 出卖与弟薛安子弟富子二人。断作舍贾（价），每地壹尺，断物壹

7 硕贰豆升，兼屋木并枨，都计得物三拾三硕七豆斗。其舍及

8 物当日交相分付讫，更无玄（悬）欠。向后或有别人识认者，一仰

9 忽律哺祇当。中间如遇恩敕大赦流行，亦不许

10 论理。两共对面平章，准法不许休悔。如先悔者，罚青麦

11 壹拾伍驮，充入不悔人。恐人无信，立此文书，用为后凭。

12 主兼字

13 出卖舍主杨忽律哺左头指

14 出卖舍主母阿张右中指

15 同院人邓坡山（押）

16 同院人薛安昇（押）

17 见人薛安胜（押）

18 见人薛安住（押）

19 见人吴再住（押）

20 见人押衙邓万延（押）

21 邻见人兵马使邓兴后（押）［以上倒写］邻见人高什德

22 邻见人张威贤知①

① 沙知录校：《敦煌契约文书辑校》，第21页。

在此契中，对相邻权也有说明，“井道四家停支出入，不许隔截”。乡村百姓房屋交易，是为大事，必须以书契为证，方可保证产权有效。无论是买人、买房，还是买物，乡村百姓都要签订契约，并且已经习惯于契约交易为主要手段。从总的趋势来看，越到后期契约中的参与人越多，规则也更明确，但是契约文书的主体还是承前一致。

在借贷契约中，也遵循着与买卖契同样的规则，如借种子，就是约定于当年秋季生产之后还种。大概是829年的一份借豆契，即酉年下部落百姓曹茂晟借豆契：

1 酉年三月一日，下部落百姓曹茂晟为无种子，遂
2 于僧海清处便豆壹硕捌百升。其豆自限至秋八月
3 卅日已前送纳。如违不纳，其豆请陪（倍），一任掣夺家
4 资杂物，用充豆直。如身东西，一仰保人代
5 还。中间或有恩赦，不在免限。恐人无
6 信，故立此贴。两共平章，书指为记。
7 豆主
8 便豆人曹茂晟年五十
9 保人男沙弥法珪年十八
10 见人
11 见人僧慈灯①

曹茂晟自己有地，但是无种子，所以要借种子，到秋八月三十日还豆。这里没有说利息（或者实物）多少，也很难猜测原因。但是一般的情况下，至少有10%以上的利息类收入。

在实物借贷之外，就是金钱借贷。还是左憧憙，这次是别人找他借钱，即显庆五年（660）张利富举钱契：

① 沙知录校：《敦煌契约文书辑校》，第111页。

1 显庆五年三月十八日，天山县南平
2 乡人张利富于高昌县崇化
3 乡人左憧憙边举取银钱拾文
4 月别生利钱壹文。到左还须
5 钱之日，张即须子本俱还。若身
6 东西不在，一仰妻儿及保人等
7 代。若延引不还，听掣家资
8 杂物，平为钱直。两和立契，
9 画指为信。
10　　钱主
11　　举钱人：张利富
12　　保人：康善护
13　　知见人①

银钱贷款，则详细说明了利息。生息举利，是民间社会经济生活的常态活动。乡村社会的百姓，无论识字与否，必须在这些方面详细地立定契约，才能彼此有所束缚，以期共同遵循。

乡村生活，土地为重。围绕着土地的租佃，也形成了大量契约。唐初一件租佃契约，是乡村百姓契约运用的生动展现，唐贞观十七年（643）西州高昌县赵怀满夏田契：

1　贞观十七年正月三日，赵怀满从［张］［欢］[ ]
2　步，张菌富贰亩。田壹亩，与夏价小麦贰（百升）[ ]
3　依高昌斛斗中取，使干，净好；若不好，听向风常取。赀

① 王启涛：《吐鲁番出土文献合集·契约卷》，第972页。

4 ▭仰耕田人了。若风破

5 水旱，随大比［列］。［麦］到［六］□□，上麦使毕。若过六月不［毕］

6 壹月壹斛上生壹兜（斗）。若前却不上，听掛家财□□

7 麦直。若身东西无，仰收后者上。三人［和］▭

［中缺］

8 田主 张欢仁

9 田主 张薗富

10 耕田人 赵怀满

11 倩书 氾延守

12［知］［见］ □□□①

这份租田契，也得到了广泛的研究。双方均签字画押，主佃各执一份。秋收粮食数量，乃至计量依据，都有约定。大概是当时在市面上流行两种斛斗模式，一为汉斗，二为高昌斗，此中约定以高昌斛斗为依据。租佃土地则时间更长，不可控因素较多，务必约为契约，以保证执行效力。

在雇工上，也要书契为约。甚至是在平时练习书写，也是以虚拟写契为练习，乡民百姓关系中间，特别需要这份技能。如戊戌年（878）洪润乡百姓令狐安定雇工契，这是一份习字练习帖：

1 戊戌年正月廿五日立契。洪润乡百姓令狐安定为缘家内

2 欠阙人力，遂于龙勒乡百姓就聪儿造作一年。从

3 正月至九末，断作价直，每月五斗。现与春肆个

4 月价，与（余）收勒到秋。春衣壹对，汗衫褸裆并

5 鞋壹两，更无交加。其人立契，便任入作，不得

6 抛工。一日勒物一斗。忽有死生，宽容三日，然后

7 则须驱驱，所有农具什等，并分付与聪儿，不

① 王启涛：《吐鲁番出土文献合集·契约卷》，第1585页。

8 得非理打损。牛畜违打，倍（赔）在作人身。两共对
9 面稳审平章，更不许休悔。如先者，罚羊
10 一口，充入不悔人。恐人无信，故勒此契，用为后凭。[1]

再如永徽六年（655），匡某雇人上烽契：

1［永］徽六年十一［月］□□日，武城乡匡□□
2 交用银钱肆□□□□乡人易隆仁往□
3 城上烽壹次，拾□□□□烽上有逋留□
4 □，壹仰易自　，匡悉不知。两和立
5 契，获指为□。
6 主：□□□□
7 受雇：易隆仁
8 知见人：傅隆护
9 严武达
10 　　　　　　□□□□旨（？）道[2]

当雇工也是乡村百姓的谋生之道，而且雇工时间大多较长，需要事先安排好契约，以便双方遵守。雇工活动，应是乡村经济活动中非常普遍存在。甚至都有雇工契样式地大量存在，这些雇工契样式，目的就是为书契双方提供一个写作的样本。后梁龙德四年（924）敦煌乡百姓张厶甲的雇工契样本：

1 龙德肆年甲申岁二月一日，敦煌乡百姓张厶甲，为家内
2 阙少人力，遂雇同乡百姓阴厶甲，断作雇价，从二月至九月末

① 沙知录校：《敦煌契约文书辑校》，第 248 页。
② 王启涛：《吐鲁番出土文献合集·契约卷》，第 2055 页。

3 造作，逐月壹驮。见分付多少已讫，更残到秋物出

4 之时收领。春衣一对，长袖并裤，皮鞋一量。余外

5 欠阙，仰自排批（比）。入作之后，比至月满，便须竟心，勿［存］

6 二意，时向不离。城内城外，一般获时造作，不得

7 抛涤工夫。忽（若）忙时，不就田畔，蹭蹬闲行，左南

8 直北，抛工一日，克物贰斗。应有沿身使用农

9 具，兼及畜乘，非理失脱伤损者，陪（赔）在厶甲身

10 上。忽若偷盗他人麦粟牛羊鞍马逃走，一仰厶甲亲眷

11［祇］当。或若浇灌之时，不慎睡卧，水落在

12［他］处，官中书（施）罚，仰自祇当。亦不得侵损他

13［人］田苗针草，须守本分。大例贼打输身却者，

14 无亲表论说之分。两共对面平章为定，

15 准法不许翻悔。如先悔者，罚上羊壹口，充

16 入不悔人。恐人无信，故立明文，用为后验。

17 见人厶甲（以上倒写） 雇身厶甲

18 见人厶甲（以上倒写） 口承人厶甲[1]

穷苦百姓一无所有，空有力气，可以出卖自身，形成典身契。癸卯年（943），[2] 吴庆顺因穷乏，家人商量，由吴庆顺典身到龙兴寺索僧政家：

1 癸卯年十月廿八日，兹惠乡百姓吴庆顺兄弟三人商拟（议），为缘

2 家中贫乏，欠负广深，今将庆顺已身典在龙兴寺索

3 僧政家。见取麦壹拾硕，黄麻壹硕六斗准麦叁硕

① 沙知录校：《敦煌契约文书辑校》，第298页。

② 关于此契年代，参阅李天石《敦煌所出卖身、典身契约年代考》，《敦煌学辑刊》1998年第1期。

4 贰斗，又取粟玖硕，更无交加。自取物后，人无雇价，物无

5 利头，便任索家驰驱。比至还得物日，不许左右。或若到

6 家被恶人构卷盗切（窃）他人牛羊园菜麦粟，一仰庆顺

7 祇当，不忓主人之事。或若兄弟相争，延引抛工，便同雇

8 人，逐日加物叁斗。如若主人不在，所有农［具］遗失，亦仰庆顺

9 填倍（陪）。或若疮出病死，其物本在，仰二弟填还。两共面

10 对，商量为定。恐人无信，故立此契，用为后凭。

11 又麦壹硕、粟贰硕。恐人不信，只（质）典兄吴庆顺（押）

12 押字为凭。叔吴佛婢（押）同取物口承弟吴万昇（押）

13 同取物口承弟吴庆信（押）

14 口承见人房叔吴佛婢（押）

15 见人安寺主（押）①

而分家活动中，兄弟之间，也必须书契为证，天复九年（909），神沙乡百姓董加盈兄弟分家时，就详细地书写了一份分家契约：

1 天复玖年己岁润八月十二日，神沙乡百姓

2 赛田渠地，加和出买（卖）以［与］人，怀子加和三人不关，佛堂门亭支。

3 董加盈、弟怀子、怀盈兄弟三人，伏缘小失

4 父母，无主作活，家受贫寒，诸道客作。

① 唐耕耦、陆宏基编：《敦煌社会经济文献真迹释录（二）》，第51页。

5 兄弟三人，久久不益。今对亲姻行巷，所有

6 些些贫资，田水家业，各自别居，分割如后。

7 兄加盈兼分进例，与堂壹口，椽（椽）梁具全，并门。城外地，

8 取索底渠地叁畦共陆亩半，园舍三人亭支。

9 葱（葱）同渠地，取景家园边地壹畦共肆亩。又

10 玖岁牛婴牸壹头，共弟怀子合。

11 又葱（葱）同上口渠地贰亩半，加盈加和出买（卖）与集集，断作直

12 麦粟拾硕，布一疋，羊一口。领物人董加和董加盈白留子。

13 弟怀子取索底渠地大地壹半肆亩半。葱（葱）同

14 渠地中心长地两畦伍亩。城内舍，堂南边舍堂口，

15 并院落地壹条，共弟怀盈二亭分。除却兄

16 加盈门道，园舍三人亭支。又玖岁牛婴牸牛一头，

17 共兄加盈合。白羊（杨）树一，季（李）子树一，怀子怀盈

18 二人为主。不关加盈加和之助。

19 弟怀盈取索底渠大地一半肆亩半，葱（葱）同渠

20 地东头方地兼下头共两畦伍亩。园舍三人亭

21 支。城内舍，堂南边舍壹口，并院落壹条，

22 除却兄门道，共兄怀子二人亭分。又叁岁黄

23 草捌壹头。

24 右件家业，苦无什物。今对诸亲，一一

25 具实分割，更不许争论。如若无大没

26 小，决杖十五下。罚黄金壹两，充官入用。便

27 要后验。

28 润八月十二日立分书。

29 兄董加盈（押）（注：以上反写）见人阿舅石神神（押）

30 弟董怀子（押） （注：以上反写）见人群耆寿康常清（押）

31 弟董怀盈（押）（注：以上反写）见人兵马使石福顺

从上举契约可见，买卖、借贷、租赁、雇佣、分家等乡村社会生活的几乎所有场景，但凡有双方交易或者约定，都要书写契约。这是官府文书管理的余波影响所致，也是因为百姓之间互信不足，为谋生计，不得不强化彼此的约束。在自认重要的“交易”场合，特别是需要较长时间才能完成交易的情况下，不书为契约，当事方都会觉得不放心。乡村百姓的社会经济生活，在官府活动的影响下，也以“文书”为中心，广泛地使用契约。这对于理解唐五代乡村百姓的生活模式，有很大价值。

二 契约中的见人和保人

乡村社会经济生活，看似简单，但从契约文书当中观察，又非常复杂。如前所述，在几乎各种经济生活场景当中都要使用契约。从契约中观察乡村百姓，成为理解唐五代乡村生活特别是经济生活的重要入口。其中一个重要入手点，就是在契约中随处可见的保人和见人，从观察乡村社会生活的角度来看，这些人甚至比立契双方还重要。他们很可能在乡里有一定地位，就算地位不高，也至少有一点财产，足以为人作保。又和乡里各方面人物关系密切，上下左右都可以交流和沟通，是乡村中的重要人物，所谓乡村“精英”就是指这样一群人。当然，如果与朝堂或者地方官府上的“精英”比，他们又太卑微。但是在乡里生活中，这些保人、见人既有自己的身份地位，又大多具有足够分量的财产，在乡村社会经济生活当中有重要的作用。

天复四年（904），令狐法性拟出租土地，先写了个草稿，但不知道什么原因又废弃了。可能又因为特殊机缘，没有被销毁。在无意间随着敦煌文书湮没千百年，突然再现人间，让我们知道一份租约契，需要有数名见人和至少一位乡村里有名望，担任过低级官职的人签名。这份契约如下：

1 天复四年岁次甲子捌月十柒日立契，神沙乡百姓僧

2 令狐法性有口分地两畦捌亩，请在孟受（阳员渠）下界。为要物色

3 用度，遂将前件地捌亩，（遂共）祖与同乡邻近百姓

4 贾员子商量，取员子上好生绢壹疋，长

5 捌综毯壹疋，长贰仗伍尺。其前件地，祖（租）与员子贰拾

6 贰年佃种，从今乙丑年至后丙戌年末，却付

7 本地主。其地内，除地子一色，余有所著差税，一仰

8 地主祗当。地子逐年于 官员子进纳。渠河口

9 作，两家各支半。从今已后， 有 恩赦行下，亦不在论

10 说之限。更 （有）亲姻及别 称认主记者，一仰保人

11 抵当。邻近觅上好地充替。一定已后，两共

12 对面平章，更不休悔。如先悔者，罚□

13？纳入 官。恐后无凭，立此凭俭（验）。

14 地主僧令狐法性

15 见人吴贤信

16 见人宋员住

17 见人都司判官氾恒世

18 见人衙内判官阴再盈

19 见人押衙张

20 都虞候卢①

令狐法性出租自己的八亩土地给邻近百姓贾员子，双方居住很

---

① 唐耕耦、陆宏基编：《敦煌社会经济文献真迹释录（二）》，第26页。

近，但因租佃时间达到了22年之久，故立定契约。除了地主之外，见人共有6位，其中四位是在乡村中有威望的各类官员出身之人。租地，是一件在乡村中非常关键、也非常重要的经济活动，值得约请他们来参与一次签订租约的额外活动。

唐代贞观二十三年（649）的另外一份佃田契，是傅阿欢向范酉隆租佃了常田两亩：

1　□□□□年八月廿六日，武城乡傅阿欢□

2　范酉隆边夏孔进渠廿四年中常田贰亩。即

3　交与夏价银钱拾陆文。钱即日交相付了。

4　□到廿四年春耕田时，傅范边不得田时，壹□

5　谪银钱三文入傅。田中租殊（输）佰役，仰田主承了，渠□

6　□谪，仰傅自承了。两和立卷（券），画指为信。

7　田主　范酉隆

8　夏田□傅　阿欢

9　知见□□□恩

10　知见□①

此契残，其他夏田契，也多有2位知见人。在社会生活中，各种经济事务，都要有见人签署为证。很多时候，这些签署均为邻里帮忙，但是即使大家居住甚近，关系密切，也要书契为证。如唐咸通二年（861）齐像奴与人分种土地契：

1　张桃渠地一段两畦共两拾亩

2　咸通二年辛巳岁二月八日

3　具人力，遂将上件地伍亩一畦

4　半并前一畦计壹拾贰

① 王启涛：《吐鲁番出土文献合集·契约卷》，第1627页。

5 至秋像奴叁分内仰请二分
6 半亦共僧福智停头　　两乡
7 蒿芸浇溉收拾等两　　　辛苦合
8 抱功者看　　芒月　家计算酬　如后
9 有人吝护，一仰弟齐兴家清抵当。一定已后，不许
10 翻悔，如先悔者，罚　　　　　军粮用。官有
11 政法，人从私契。两共平章，用为后验。
12 　　　　　　　　地主齐像奴　　（押）
13 　　　　　　　　保人齐兴清　（押）
14 　　　　　　　　见人僧愿成（签名）
15 　　　　　　　　见人并书契僧明照
16 　　　　　　　　见人僧智谦①

此契中保人只有1位，但是见人有3位。双方签字画押，保证共同遵守契约。除租田外，在吐鲁番地区也常见租葡萄园，如吕致德租葡萄园契：

〔前缺〕
1 □□ 到十月［　　　　］
2 肆斫（斗），其酒限到十月内偿浆伍［　　　　］
3 斫［　　　　］，精为好，苦酒壹斫，取浆之
4 ［　　　　］陶垣壁崩破，随时修理。其中柱

5 ［　　　　］得支还支，得埴还埴。立契已后，无
6 ［　　　　］钱伍拾文。契有两本，各捉壹本，其
7 ［　　　　］□穗随乡例，两主和合，获指为
8 ［　　　　］　租陶人　吕致德 ||| |

① 唐耕耦、陆宏基编：《敦煌社会经济文献真迹释录（二）》，第24页。

9　　陶主张欢伯 ||| |

10　　保人　左阿猫 ||| |

11　　知见人

12　　知见人

13　　□金子 ||| |①

在这份契约当中，吕致德向张欢伯租了一个葡萄园，在如何保护葡萄树，如何修理院落方面都有具体的约定，租金主要是缴纳实物。双方签字，同时有保人也有见人多位。

再如分家契，因家事复杂，更因亲友关系，导致分家契的书写，也更要慎重。天复八年（908）敦煌的一份分家契，共有8人署名：

1 天复八年戊辰岁十月十五日，叔吴安君、姪吴通子

2 同为一户。自通子小失慈父，遂便安君收索通子母

3 为妻，同为一活，共成家叶（业），后亦有男一人、女二人。今

4 安君昨（乍）得重疾，日日渐重，五十年作活，小收养姪

5 男长大，安君自苦活，前公后母，恐耽不了，事名行

6 闻。吾星诉（醒苏）在日，分诉姪通子，男善集部分，各

7 自识忍（认）分怀，故立违（遗）书，然后

8 姪男通子：东房一口，厨舍一口，是先阿耶（爷）分怀，一任通子

9 收管为主。南边厅一口、西边大房一口、巷东壁上

10　抚（庑）舍一半。院落、门道，合。砂底（沙地）新开地，四亭均分；

11　新买地，各拾亩。拉榆谷（毂）车脚一只、折旧破钏与小头钏

12　［各］一只、售三斗破锅一口、售七升铛子一口、小主

① 王启涛：《吐鲁番出土文献合集·契约卷》，第1766页。

鏊子一面、樻（柜）一口

13　大床一张、白绵紬衫一领、乾盛大甕两口，又售五升铛

14　子一口在文诠边，任通子收管。售六斗古（故）破釜一口，通子

15　二分、善集一分。鑺一具、铧大小两孔，合。旧　金一副；

16　合。应有镰刀、扰（笼）具，兄弟存心转具，若不勾当，

17　各自手失脱后，便任当［分］割却。又古（故）锹忍（刃）一、小鑺

18　头子一，兄弟合。

19 男善集：檐下西房一口、南边东房一口、厨舍一口、巷东

20　壁上抚（庑）舍一半。院落、门道，合。砂底（沙地）新开生（地），四亭均分；

21　新买地，各拾亩。拉榆谷（毂）车脚一只，车盘一比，通子

22　杅车之日，兄弟合使，不许善集隔勒。若后杅车盘日，

23　仰善集贴通子车盘木三分，内一分即任善集

24　为主。售贰斗铜锅一口，不忓通子之事。售六斗［故］破釜一口，

25　善集一分、通子二分。鑺一具、售一斗五升破铛一口，铧

26　大小两孔，合。旧　金一副，合。应有镰刀、扰（笼）具，兄

27　弟存心转具，各自手失却后，便任当分割却。

28　又古（故）锹忍（刃）一、小鑺头子一、兄弟合。

29 叔安君北边堂一口，准合通子四分。内有一分，缘通子小失慈父，

30　阿叔待养恩义，进与阿叔。又西边小房一口，通子

分内，

31 恩义进与阿叔。新买地拾亩、银盏一只，与阿师。

32 右件家谘（资）什物，缘叔［安］君患疾缠眠（绵），日日渐重，

33 前世因果不审，前公后母。伏恐无常之后，男

34 女争论，闻吾在日留念违（遗）嘱，一一分析为定。

35 今对阿旧（舅）索汉汉、大阿耶（爷），一一问患人付嘱口辞，

36 故立违（遗）嘱文书。后若兄弟分别于（依）此为定，

37 后若不于（依）此格亦争论，罚白银五［两?］、决仗十五下，并

38 不在论官之限。恐后无凭，故立文书为验。

39 慈父吴安君（押）指节年五十二

40 大阿耶（爷）吴章件（押）

41 阿舅索汉汉（押）

42 见人兼书守（手）兵马使阴安安（押）

43 姪男吴通子（押）

44 男善集（押）

45 姪清光

46 姪男善通①

这份分家契，有学者认为是遗书而不应该是分家契。当然，遗书或者分家契，都是现代学者的判断，吴安君一家分家时未必想过这是什么“契”或者“遗书”，一定要按什么格式来书写。不过如果是遗书（现代学术分类含义下的定义），对物品有权利的人，直接分配即

① 陈丽萍：《杏雨书屋藏敦煌契约文书汇录》，《隋唐辽宋金元史论丛》第4辑，上海古籍出版社2014年版，第178页；参阅马德《敦煌本天复八年吴安君分家遗书有关问题》，《中国古代法律文献研究》第12辑，社会科学文献出版社2018年版，第349页。

可，旁有见证人，并不需要承受遗产的人来签字画押①。此文书当中，主持分配的、承受财物房产的、见人等，均签字画押，虽然也有长辈遗书的口吻，但似还是一份分家契性质更为主要的文书。当然，也是因为这个家庭关系较为复杂，兄弟关系，弟娶其嫂，养子关系，同母异父关系同时存在，所以在这份契约中，共 8 人签署。其中主持分家的长辈自己，要签押还要画指节为证。各长辈亲属也签押，见人兼书手，更要在乡间聘到一位有脸面的乡里“精英”，以彰显郑重其事，表示契约的重要性和不可更改性。分家的两个儿子，也要分别签押。作为两个儿子同辈的侄子，也在契上署名表示认可。这份契约，还规定了罚则，而估计罚则的执行，也要依赖于两位长辈，无论是罚银还是杖刑，都要有人来执行，才能落实。

而令狐宠宠卖牛契，又有特殊之处：

1 紫犍牛壹头陆岁，并无印记。
2 寅年正月廿日令狐宠宠为无年粮种子，今将
3 前件牛出买（卖）与同部落武光晖。断作麦汉
4 豆斗壹拾玖硕。其牛及麦，当日交相付了，
5 并无悬欠。如后牛若有人识认，称是寒盗，
6 一仰主保知当，不忓卖（买）人之事。如立契后在三
7 日内牛有宿疹，不食水草，一任却还本主。三日已
8 外，依契为定，不许休悔。如先悔者，罚麦伍硕，
9 入不悔人。恐人无信，故立私契。两共平章，
10 书指为记。其壹拾玖硕麦内粟三硕。和。
11 牛主令狐宠宠年廿九
12 兄和和年卅四
13 保人宗广年五十二

① 吐鲁番文书当中的若干份遗书，后均无承受遗产人的签字画押。盖遗嘱只须遵照执行，不需要承受人的同意。参阅王启涛《吐鲁番出土文献合集·契约卷》，第 2141—2174 页。

14　　　　　　　　　　　　保人赵日进年卌

15　　　　　　　　　　　　保人令狐小郎年卅九①

寅年据沙知考证，是822年。契中除兄弟署名外，更是只有保人，且达到了3名之多。也可能是因为牛价高昂，一个普通乡民无法承担保证责任。这三位保人，甚至都写上了年龄，亦表示其具有独立的行为能力。保人一定是略有财力，可以为人担保。而且因为牛是活物，为了保证不是病牛，还要设定三天的宽限观察期。而一份更早的西州买驰契，也同样规定了三天的宽限期：

1 咸亨四年十二月十二日，西州前庭府队正［杜］□□

2 交用练拾肆疋，于康国兴生胡康乌破［延］［边］

3 买取黄敦驰壹头，年十岁，其驰及练［即］

4 交想付了。若驰有人寒盗［忍］［名］

5 者，一仰本主及保人酬当，杜悉不知。叁日

6 不食水草，得还本主。待保未集，且立

7 私契。保人集，别市契。两和立契，获指

8□验。驰主：康乌破延

9 买驰人：杜

10　　　　　　　　　　保人：都护人敦（毅？）

11　　　　　　　　　　知见人：张轨端②

咸亨四年（673），比寅年（822）早了将近150年，同样都是规定了3天的宽限期，用以观察牲畜的情况。从这些遗存契约当中，可以看到唐令中所规定的保人责任，是得以严格执行的：

诸公私以财物出举者，任从私契，官不为理。每月取利，不

---

① 沙知录校：《敦煌契约文书辑校》，第59页。

② 王启涛：《吐鲁番出土文献合集·契约卷》，第566页。

得过六分。积日虽多，不得过一倍。若官物及公廨，本利停讫，每计过五十日不送尽者，余本生利如初，不得更过一倍。家资尽者，役身折酬。役通取户内男口，又不得回利为本（其放财物为粟麦者，亦不得回利为本及过一倍）。若违法积利，契外掣夺及非出息之债者，官为理。收质者，非对物主不得辄卖。若计利过本不赎，听告市司对卖，有剩还之。如负债者逃，保人代偿。①

上引唐令，现在有一个更好的复原版本，即《天圣令》复原的《唐令》：

诸以财物出举者，任依私契，官不为理。每月取利不得过六分。积日虽多，不得过一倍，亦不得回利为本。（其放物准此。）若违法责（积）利、契外掣夺，及非出息之债者，官为理断。收质者若计利过本不赎，听从私纳。如负债者逃，保人代偿。②

保人的责任，就是保证契约的执行。既有民间道德约定作为束缚，同时也有法律条文作为国家意志加以规范。总的来说，见人保证了契约的合法性，保人则保证了契约的可执行性。发生违约或者意外情况，一切均由保人负责。现代契约，还有个“不可抗力”，而唐五代乡村契约中，保人要负责契约执行中的一切意外情况。前述左憧憙买草契，里面就明确说明，张潘塠如果出现意外身亡的情况，就要由妻儿和保人全权负责。其赔偿责任，首先是妻儿，如果妻儿的剩余财产不足，则由保人负责全部补齐。

开元二十年（732），薛十五娘买婢立了“市券”，也就是经过官府盖印的正式契约，在这份契约里，出现更多的保人：

① ［日］仁井田陞：《唐令拾遗》，长春出版社1989年版，第789页。

② 天一阁博物馆、中国社会科学院历史研究所天圣令整理课题组：《天一阁藏明抄本天圣令校正》，第430页。

1 开元贰拾年捌月　日，得田元瑜牒称，今将胡婢绿珠年拾叁岁，

2 于西州市出卖与女妇薛十五娘，得大练肆拾疋。今保见集，

3 谨连元券如前，请改给买人市券者。准状勘责扶同，问

4 口承贱不虚，又责得保人陈希演等五人款，保上件人婢不

5 是寒良诐诱等色，如后虚妄，主、保当罪。勘责既同，依给

6 买人市券。练主

7 用州印。婢主田元瑜

8 胡婢绿珠年十三

9 保人：瀚海军别奏上柱国陈希演年卌三

10　　　　　　保人：行客赵九思年卌八

11　　　　　　保人：行客许文简年卌二

12　　　　　　保人：王义温年廿五

13　　　同元保人：行客张义贞年卌六

14 史

15 丞上柱国玄亮。券。

16　　　　　史康登①

在买卖人口之时，契约更为严谨，还要这位被买卖的胡婢自承为“贱”。所谓元券，应即是上手私契，到这里写成市券，然后加盖官印，五人约集，共同作保。同时保人要写清楚年龄，意味着这是一个有独立判断能力的成年人，不是随意被填写的“假人”。

见人和保人，是乡村社会里面的重要人际关系，也是普通平民之间的重要社会经济交往关系。能约请到的见人，特别是保人，必然与契约中承担责任较重的那一方关系较为密切。从现存的契约中观察，买房、买人、买大牲畜、分家这些对百姓生活有重大影响的交易当中，契约书写更为正式，保人、见人也相对更多，所约请到的保人和

① 王启涛：《吐鲁番出土文献合集·契约卷》，第669页。

见人层级也更高一点。在“市契”当中，保人又有更为官方一点的责任。契中虽然没有明言，但是这种非亲邻关系的保人，一定是收取费用的保人。这意味着，契约成本又有新增加。“交易”双方，与保人、见人等，共同形成了乡村社会经济生活的全貌。在乡村社会经济交往当中，见人和保人又是社会经济生活维系的重要环节。他们既是维持乡村社会经济得以运行的保障，又是乡村人际关系被破坏的见证。这主要在于，乡村社会本以熟人生活为主，如果乡村人际关系简单，彼此信守承诺，则完全不必事事处处都要书写凭证，更不用约请多位保人、见人来共同证明契约的效力。可以想见，更多是因为违约发生的频率和比例过高，普通人生活朝不保夕，所以必须有一个书面的契约把双方绑定在一起，共同遵守承诺。

三 “市券”与“公验”：官府权力的向下延伸

唐五代乡村社会当中，看似“山高皇帝远”，皇帝权力却是如水银泻地般贯穿到了最底层的乡村。这通过了两个方面的渠道，一个是征发赋役，另一个就是裁判争端。前者是权力的主动出击，后者是百姓的主动申请。在官民反复互动之中，权力触角得以延伸出去，布满乡村。官府权力要向下延伸，一方面，是需要一个正式的管道。前文已述，在全部乡村，都建立起正规的管理体系，这是一个不可能完成的任务。尤其是在农业社会当中，无法承担这么多管理者游离在基本生产之外。官府只能用主要精力保证赋役的征发能足额准时完成，这是官府权力的直接彰显，也是在乡村中显示管理权威的直接渠道。另一方面，就是在百姓日常生活中，把官府建成了权威的“第三方”裁判者。所有百姓矛盾争端，还有日常生活的交易背书，都提交给了官府来作为最终裁决人。在唐五代乡村社会中，契约交易的背书者责任或者权力，就是由官府来承担的。特别是乡村交易当中，通过要求立“市券”或者给“公验”的方式，国家权力进入了普通百姓的日常生活，并深深影响了百姓生活。

前述薛十五娘买婢，“连元券如前，请改给买人市券”。从原有的私契，请“市券”，转换为官府认可，并得到官府背书的正式契约。这是按照唐代法律规定，“京、都诸市令掌百族交易之事，丞为之贰。……凡买卖奴婢、牛马，用本司、本部公验以立券”① 而完成的手续。没有这个手续，产权保护就不完整，没有官府背书，交易双方都无法获得安全感和信任感。在这个过程中，官府权力向下得以延伸。这一方面是官府主动延伸，另一方面，也是因为乡村百姓需要得到契约的一个官方保证机制。按照唐律要求：“诸买奴婢、马牛驼骡驴，已过价，不立市券，过三日笞三十，卖者，减一等。”② 奴婢交易，价值最高，又时时有逃亡、自杀或者被指认“压良为贱”的风险存在，以及重要的生产性大牲畜，都要经过官府，由市丞用国家权力来给予双方一个法律上的地位，必须立“市券”。据乜小红研究，高昌时期，奴婢买卖，也同样要经官许可，钤盖官印，形成文券，才能作为有效的法律文书。③

天宝年间，敦煌郡卖胡奴，官府也要求要有保，同时奴婢本身也要认可。双方先行立约，商量好交易价格之后，向市官请券：

1 ［　　　］行客王修智牒称，今将胡奴多宝载拾叁［　　　］

2 ［　　　］张惠温得大生绢贰拾壹疋，请给买人市券者，依

3 ［　　　］□安神庆等款保，前件人奴，是贱不虚，又问奴多宝甘心□

4 ［　　　］修智期价领足者，行客王修智出卖胡奴多宝与□□

5 ［　　　］绢贰拾壹疋，勘责状同，据保给券，仍请郡印，□□□

---

① 李林甫：《唐六典》卷20《两京诸市署》，第543页。

② 刘俊文：《唐律疏议笺解》卷26《杂律》，中华书局1996年版，第1871页。

③ 乜小红：《从粟特文券契看高昌王国奴婢买卖之官文券》，《西域研究》2009年第4期。

6 □□□□罪。

7 绢主

8 □□□□郡印 奴主行客王修智载陆拾壹

9 胡奴多宝载壹拾叁

10 保人空空空 百姓安神庆载伍拾玖

11 保人行客张思禄载肆拾捌

12 保人敦煌郡百姓左怀节载伍拾陆

13 保人健儿王奉祥载叁拾陆

14 保人健儿高千丈载叁拾叁

15 市令秀昂给券①

张惠温用绢 21 匹，买了胡奴多宝。买卖双方需要签字画押，被买卖的胡奴，则仅需要在其中注明年龄即可。保人 5 位，共同承担起此奴非被诱骗的良家子女的担保责任。米禄山在西州市上卖婢给唐荣亦如此，要双方先行约定价格，然后共同向市官请求给“市券”，形成一个由官府权力背书和认可的共同契约，防止反悔和可能出现的不履约或者其他纠纷：

1 [捡]（有印）

2 牒捡行前沙州（有印）

3 十月廿五日

4 勘过索（?）礼（?）白

5 廿五日

6 开元拾玖年贰月 日，得兴胡米禄山辞：今将婢失满儿，年拾壹，于

7 西州市出卖与京兆府金城县人唐荣，得练肆拾疋。其婢及

① 《唐天宝年代（742—755）敦煌郡行客王修智卖胡奴市券公验》，唐耕耦主编：《中国珍稀法律典籍集成》甲编第 3 册《敦煌法制文书》，刘海年、杨一凡总主编，科学出版社 1994 年版，第 382 页。

8 练即日 分付了，请给买人市券者，准状勘责，问口承贱
9 不虚。又责得保人石曺主等伍人款，保不是寒良詃诱
10 等色者。勘责扶同，依给买人市券。
11 　　　　　　　　　　练主
12 用西州都督府印 婢主兴胡米禄山
13 　　　　　　　　婢失满儿年拾贰
14 　　　　　　　　保人：高昌县石曺主年卌六
15 　　　　　　　　保人：同县曺婆堪年卌八
16 　　　　　　　　保人：同县康薄鼻年五十五
17 　同元 保人：寄住康萨登年五十九
18 　　　　　　　　保人：高昌县罗易没年五十九
19 　　　　　　　　史
20 丞上柱国玄亮
21 　　　　　　　　券
22 　　　　　　史竹无冬[1]

最终发下的市券，盖有州印，相关官员签署，文书还要详细叙述交易双方的情况，买主、卖主，交易价格，还要当面验问奴婢本身，奴婢必须自己承认身份是贱口。保人要保证奴婢不是引诱的良家人口，并承担责任。买卖双方签字画押，保人 5 名，也要记载年龄籍贯。最终由市丞官员“玄亮”、竹无冬签署，承认市券合法，之后下家唐荣对奴婢开始拥有合法的所有权。所有契约，如果想得到官府托底保障，必须完成这样的手续。民间私契有没有实际效用，当然也有。但是在面对可能的诉讼或者纠纷之时，有官府背书的合法契约，则占据了更为有利的局面。特别是奴婢这样可活动，有自主意识的“人”的交易，买主更要在乎取得合法契约，得到官府的权力信用保证。

开元二十一年（733），唐益谦等人请给过所，其中在讲述随身

① 王启涛：《吐鲁番出土文献合集·契约卷》，第 592 页。

人、马和物品的时候，也提到了“市券”作为一种凭证：

1 前长史唐姪益谦奴典信 奴归命
2 婢失满儿 婢绿叶 马四疋
3 问得请将前件人畜往福州，检
……
7 马四疋，显元是家内马。其奴婢四人，谨
8 连元赤及市券，白如前。马四疋，如不委，
9 请责保人入案。被问依实。谨牒。元
……
30 □检来文，无婢绿珠、失满儿，马四疋
31 □同者。准状问唐益谦得款：前件婢
32 □于此买得，见有市券、保，白如前。其
33 马并是家畜，如不委，请责保者。依
34 □市券到勘，与状同者。依问保人宋守廉
35 得款：前件马并是唐长史家畜，不
36 是寒盗等色。如后不同，求受重罪者。①

“市券”的作用非常关键，其他管理部门都只承认市券的法律效力，以有“市券”与否，判断奴婢或者大牲畜的所有权合法性。所以，普通百姓出门携带大牲畜或者奴婢，必然要同时携带奴婢、大牲畜等的“市券”，以说明来源合法。

唐永徽元年（650）严慈仁为了转租田亩，向地方官府申请，发放田产所有权的证明：

1 常田四亩东渠
2 牒慈仁家贫，先来乏短，一身独立，
3 更无弟兄，唯租上件田，得子已供喉命。

① 唐长孺主编：《吐鲁番出土文书〔肆〕》（图文本），第268页。

4　今春三月，粮食交无，逐（遂）将此田租与安横

5　延。立卷（券）六年，作练八疋。田既出赁，前人从

6　索公文，既无力自耕，不可停受饿。谨以

7　牒陈，请裁。图口。

8　永徽元年九月廿日云骑尉严慈仁①

在这份文书当中，严慈仁与安横延签订了租田合同。因为年老无力，同时又无子女兄弟，只好把自己的4亩常田租给了安，作价是练6匹，时间约定是6年。但是安向严索要此田属于严的官府证明文件，无法知晓为什么严没有上手文书，或许可能是他新开垦的土地。下面这个例子，或可有所说明。吐蕃酉年（805?），沙州灌进渠百姓李进评等为开垦空地而请给公验：

1 城南七里神农河母两勒汎水，游于沙坑，空地两段共叁突，（东至碛，西至贺英倩，南道口，北至神农河北马国清）

2 右南沙灌进渠用水百姓李进评等，为已

3 前移灌进口向五石口前，逐便取水，本

4 无过水渠道，遂凭刘屯子边卖（买）合行人

5 地壹突用水。今刘屯子言是行人突

6 地依籍我收地，一任渠人别运为。进评

7 等今见前件沙淤空闲地，拟欲起畔耕

8 犁，将填还刘屯子渠道地替溉灌，得一

9 渠百姓田地不废庄园，今拟开耕，恐后无

10　　凭，乞给公验处分。

11 牒件状如前，谨牒。

12 酉年十二月 日灌进渠百姓李进评等

13　　　　　　　　　　百姓胡千荣

14　　　　　　　　　　百姓杨老老

① 唐长孺主编：《吐鲁番出土文书〔叁〕》（图文本），第117页。

付营官寻问，实空

15　　　　　　　　　　　　百姓窦太宁

16　　　　　　　　　　　　百姓张达子

闲无主，任修理佃种。

17　　　　　　　　　　　　百姓氾??

18　　　　弁 示。

19　　　　　　　　　　廿三日①

从文书当中看，要开垦“沙淤空闲地”，因间接影响了别人，为保证权益，不起纠纷，只能向官府申请，由官府发给执照证明。如果单纯是开垦荒地，很可能就是没有上手官府执照。严慈仁很可能是这样的情况，但是当他转租的时候，下手承租人面对耕作时间长，变数多的情况，就要求官府给予凭证，严慈仁只能重新申请，向官府请求给予这块田地的所有权证明。呈牒而申请的，很可能就是一份“公验”。如果严慈仁不出租这块 4 亩的常田，还是自己耕作，也就不需要官府的插手。当有交易出现，双方都需要一个具有权力的第三方来给予背书保证。特别是安横延在 6 年当中，要耕作，要施肥，要改良土壤，这些都需要在所有权层面明确权限，才能有信心租赁这块田地。而严慈仁为了保证“喉命”，不可“停受饿”，就务必要完成这个租赁合同。在这个过程中，国家权力通过严慈仁的请牒，就延伸到了乡里百姓。

吐鲁番出土《唐开元二十二年（734）杨景璿牒为父赤亭镇将杨嘉麟职田出租请给公验事》文书中，与严慈仁请公验的情况类似：

1 [　　　　] 镇押官行赤亭镇将杨嘉麟职田地七十六亩【以下小字：别粟六升（斗）记（?）卌五石六升，草一百五十二围】

2 [　　　　] 璿父上件职田，先租与蒲昌县百姓范小奴。其开

① 唐耕耦主编：《中国珍稀法律典籍集成》甲编第 3 册《敦煌法制文书》，第 385 页。

元廿二年

3　［　　　］付表兄尹德超。景璿今却赴安西，恐有□□

4　［　　　］县分付并给公验，庶后免有交错，谨牒。

5　［　　　］开元廿二年七月　日赤亭镇将男杨景璿牒

6　　　付　司　宾　示

7　　　　　　　　廿七日①

杨景璿操持其父的职田出租事宜，先租给了范小奴，又租给了亲戚尹德超，因为自己要到安西，估计时间较长，免不了担心田租收不到，或者尹德超要求保障所租田地来源合法。所以杨景璿请求给公验，牒后，一般会附上原契原券以做证明。这份牒文，估计也不会例外。经官吏批复，租田合同得以有了官府背书。

不仅是田主或者奴主可以申请公验，租田的一方也可以申请给予公验来保证权利，契约的双方都可以向官府来申请。唐总章元年（668）西州高昌县左憧熹，为了租佃葡萄园而向县司请给公验：

1　总章元年七月　日高昌县 左憧熹辞

2　张渠葡萄一所［旧主赵迴□］

3　县司：憧熹先租佃上□（件）萄，今［　　　］

4　恐屯萄人并比隣（邻）不委，谨以 辞陈，［　　　］（请给）

5　公验。谨辞。②

左憧熹是乡里比较有钱的地主，他一方面出租，另一方面租进；既向别人买草，也借钱给别人。在乡村社会经济生活中，这样的乡

① 唐长孺主编：《吐鲁番出土文书〔肆〕》（图文本），第313页。

② 吴震主编：《中国珍稀法律典籍集成》甲编第4册《吐鲁番出土法律文献》，刘海年、杨一凡总主编，科学出版社1994年版，第230页。

里“精英”随处可见。围绕着他们，乡村社会经济活跃起来，财富流通起来。而官府的管理触角，就通过这些交易活动，深入每个人身边。

不仅仅是买卖，在分家活动中，也要在立契之后，请牒给凭证。后周显德五年（958），敦煌莫高乡百姓分家，已有约定，担心兄弟反悔，请官府牒，给予凭证：

1 莫高乡

2 百姓王员定。员定、员奴、员集，虽是同父母兄弟，为

3 鄙各觅衣粮，三个于人边寄贷，今被员奴、员集口承新乡，

4 三人债负停头分张已定。其他去后债负追撮员定分料，

5 舍壹口子城外园舍地叁亩，更不残寸垅。又恐后时员奴、员集

6 该论，伏乞令公鸿造，高悬志镜，鉴照贫流，特赐判凭，伏请

7 处分。牒件状如前，谨牒。显德五年四月 日。①

这份文书当中，显示出来兄弟们已经分家，而且已经商量妥当，达成了共同意见，虽然文书当中没有提到，但是必然有书契为证是肯定的，否则向官府请判就失去了依据。兄弟们已经形成了分家契，但是员定对两个弟弟并不敢相信，怕他们两个以后会反悔并找自己的麻烦，所以还需要找到官府来为家庭契约背书。当兄弟请牒之时，官府权力就深深地切入了百姓生活当中。从上述各类“市券”“公验”“判凭”的运行当中，国家权力和百姓生活就形成了深深的交织。国家通过这些最基层的吏人，在百姓的主动申请当中，把权力落实在一件件具体的事务当中并交织成网，牢不可破。

---

① 唐耕耦主编：《中国珍稀法律典籍集成》甲编第3册《敦煌法制文书》，第391页。

四 乡村中的违约纠纷

观察唐五代乡村契约，从各类契约常见的那些词汇当中，我们也可以观察到乡村日常生活中违约比例非常之高，以至于每个契约都要对其中获得“物资（劳务）”的一方有严格约束，生怕恶意逃债或者不履行契约条款。也就是时过境迁之“无凭”追究的情况发生频率太高，而且作假、伪造，不遵守约定的情况常常出现。加之人生无常，天灾人祸，疾病袭来，更导致社会生活中充满意外，必须要有一个牢牢保证双方可以遵守约定的约束性工具。百姓先是用契约联结双方，但是没有国家权力背书，契约执行则极不可靠。为了保证契约执行，当事双方之外并有执行能力的强制性权力介入则非常关键。违约情况出现之时，当事人方可有地方可以诉冤报苦，并寻求公正，这也是国家应该完成的任务。在唐五代，乡村契约违约情况常常出现，而在各方牒、诉的过程中，国家权力悄然来到普通百姓的身边，在维持社会秩序稳定运行的同时，也进一步巩固了统治基础。时人为了保证契约的正常执行，设计了各种各样的约束机制，如保人、见人，如印官契，要求有“公验”，有“市券”，再加上在契约中补充各种无限责任条款，但是这些也仍然无法全部阻止违约情况的出现。无论是银钱往来，还是土地租佃，或者是葡萄园管理，或者分家遗物都常常出现违约。在处理违约的过程中，国家权力深深的贯穿了乡村社会。

唐咸亨四年（673），酒泉人张尾仁向高昌县的王文欢借了一笔钱：

1 □亨四年正月贰拾伍日，酒泉城人张尾

2 仁于高昌县 王文欢边举银钱贰 ______

3 至当年□□月别生 ______

4 日生利具还 ______

5 钱直。□身东西不在，仰妻儿及收 ______

6 □和立契，画指为验。
7 钱主王文欢
8 举钱人张尾仁
9 保人吴白师
10 知见人辛□①

这笔钱的数额，是银钱二十文，在上契当中已经失毁，不过在同时出土的王文欢状告张尾仁的状辞中可见是二十文。契中约定当年偿还，并有利息给付。契文在形式上也非常完备，也按格式约定了如若弃保逃跑，由妻儿偿还，不足偿还的部分，由保人偿还，保人、见人也分别签字画押。一般的情况下，后人看到契约约定，基本上会认为双方已经履约完毕。毕竟文书出土太过偶然，支离片面，不详首尾。但是所幸，此契竟有后续发展可供了解。张尾仁因为欠钱未还，导致王文欢多次追讨，也未能讨回这 20 文银钱，到唐咸亨五年（674），王文欢最终向州府提起诉状，状告张尾仁欠款：

1 ［　　　］酒泉城人张尾仁
2 ［　　　］件人去咸亨四年正月内立契［　　　］
3 ［　　　］银钱贰拾文，准乡法和立私契。［　　　］
4 拾文后□□（月生）钱贰文。其人从取钱已来，［　　　］
5 ［　　　］索，延引不还。酒泉去州［　　　］
6 ［　　　］来去常日空归。文欢［　　　］
7 ［　　　］急，尾仁方便取钱人［　　　］②

从上状文看，王文欢被拖欠之后，多次去了酒泉讨要，“来去常日空归”，都未能成功取回欠款和利息。虽然契约中约定可以由妻儿

① 王启涛：《吐鲁番出土文献合集·契约卷》，第 1088 页。
② 吴震主编：《中国珍稀法律典籍集成》甲编第 4 册《吐鲁番出土法律文献》，第 231 页。

还款，大多数情况下还可以夺取对方的所谓“家资”，不足的时候，吴白师要负责补足。但是从王文欢的状辞中看，这些应该都没有发挥作用。拖欠了一年多，张尾仁不还款，吴白师也没有代偿。没有任何其他文献存留，不知道王文欢的告状成功没有。

在土地租佃方面，纠纷也甚多。西州高昌县武城乡的范慈□，状告“君子”夺地营种：

□□三年正月　日武城乡范慈□　　　　辞
　　常田二亩
县司：阿张先共孙男君子分田桃各自别佃。
昨共孙□君子平章得今年地营种，其阿
张男□替人安□□身无却即夺前件地，
持见有□□书，各执一本限中可验。谨
______请裁。谨□。
　　　　　　□城追军子过果
　　　　　______四日①

此件文书较为残破，导致不明其意的地方较多。但是大体意思，还是可以理解的。这位范某，原来和“君子”共同耕作“常田二亩”，但是当要种地的时候，“君子”把地给了别人。可是范某持有原来的契约，“各执一本限中可验”，所以他的要求应该是照常种地，维持原有契约继续执行。同样是没有其他文书可证，不知道官府如何下判。同在西州，妇女阿梁出租葡萄园：

〔前缺〕
府司：阿梁前件萄，为男先安西镇，家无手力，去春租
与彼城人卜安宝佃，准契合依时覆盖如法。其人至今
不共覆盖，今见寒冷。妇人既被下脱，情将不伏，请

① 唐长孺主编：《吐鲁番出土文书〔叁〕》（图文本），第105页。

乞商

4 量处分。谨辞。

5 付识□□勒藏

6 盖，勿□重□。

7 诸如小事，便即

8 与夺讫申。济

9 示。

10 十三日。[①]

阿梁家因为无人劳动，把葡萄园租给了卜安宝，双方立了租佃契。吐鲁番契中，租葡萄园契甚多，阿梁与卜安宝租契与前述吕致德租葡萄园契应大体类似。都是规定如何收获，如何分成，怎样保护水源，等等。本契中，也规定了要“依时覆盖”葡萄树。这是因为葡萄树虽然可在北方生长，但是不用土掩盖，则很难抵御严冬。（笔者小时候，每年秋末，也需要把葡萄树盘卷起来，然后用泥土掩盖，入冬浇水，逐渐冻实直到开春。现在因葡萄品种改良，需要盘卷的葡萄树较少见到。）但是卜安宝无视葡萄树安全，冬日来临，已经上冻，还没有覆盖葡萄树，导致阿梁担心葡萄树受冻伤，只好起诉，要求官府判决卜安宝执行契约规定，覆盖保护葡萄树。从上引文书中的第5、6行可见，官府支持了阿梁的申诉，要求卜安宝尽快“藏盖”，保护好葡萄树。在这个违约纠纷中，原告的诉求得到了很快的满足。这个批示的官员应该是顺便批评了下属官员，这样的小事，要及时处理。

在另外一件诉稿中，则涉及了百姓租佃与官府征收之间的关系，即阿麹为除名事而提起上告诉状：

1 县司：阿麹上件去春为无手力营种，租与宁大乡

2 人张感通佃种。昨征地子麦，还征阿麹，不征感通。其

① 吴震主编：《中国珍稀法律典籍集成》甲编第4册《吐鲁番出土法律文献》，第244页。参见刘俊文《敦煌吐鲁番唐代法制文书考释》，中华书局1989年版，第562页。

地见租

3　与感通。

4　县司：阿麴[　　]春，家无手力营佃，即

5　租与宁大乡[　　]佃种讫，案内未除阿麴名。

6　县司：阿麴上件地去春家无手力营佃，即租与宁

7　大乡人张感通佃种讫，望请附感佃名，除阿麴。谨辞。[①]

这份文书，是一个草稿。阿麴有地，但是无力耕作，将其租给了张感通，但是在县司的记录当中，并没有转移登记。当征地子的时候，还是继续向阿麴征。阿麴提出，希望在县司登记收地子的档案内，把感通登记上去，直接由感通负责交纳地子。这里虽然没有发生直接的违约事件，但是也可以看到，租佃出去的土地，其承担义务，由承租人负责。在马寺尼诉令狐虔感积欠地子辞的草稿中，也可以见到不履行契约，而被诉呈的情况：

1　柳中县百姓令狐虔感［负二年地子青麦一石六斗
[　　]六斗。住在高宁城］

2　○右件常住地在高宁城，被上件人每常强（?）力遮护佃

3　种，皆欠三年、二年子，不与地子。常住无人，尼复□□

4　弊。其人憍老纵，往人往征，又被[　　]

5　打。尼女人不[　　][②]

马寺尼诉令狐虔感，说他多年不缴地租，而且是暴力抗租。观察诉文，双方肯定是有租佃契的，并约定了地租数额。令狐虔感既然敢

① 吴震主编：《中国珍稀法律典籍集成》甲编第4册《吐鲁番出土法律文献》，第240页。

② 唐长孺主编：《吐鲁番出土文书〔肆〕》（图文本），第577页。

于暴力抗租，则保人也没有起到清偿的作用。再如职田，也被拖欠缴纳地租。即唐开元二十二年（734），录事王亮牒诉职田佃人欠缴地子案卷：

（一）

〔前缺〕

1 　　　子在柳中县，频符牒下县令征　　　

2 　　　粒不纳。□□更无得处　　　

3 　　　勾当征送　　　

4 牒　件　状　如　前，　谨　牒。

5 　　　　　　开元廿二年十一月　日录事王亮　牒

6 　　　　　　付　司。宾　示。

〔后缺〕

（二）

〔前缺〕

1 子录事职田二亩［佃人令□　　　］

2 　　　比来　　　

〔后缺〕

（三）

〔前空〕

----

1 令狐小顺二亩，宋楚珪二亩　杨大忠一亩半

2 　　问得上件人等牒，比年地子常纳程录

3 事讫。今被县司催令纳王录事，此注虚实

4 　　　　　　地青麦及

5 　　　　　　牒王　　　

〔后缺〕

（四）

〔前缺〕

1　□□□　五月依前　□□□

2　□□□　令纳王录事家，□□□

3　□□□　被征打切急，望二　□□□

4　□□□　辛苦，请乞处分。谨[牒]。□□□

5　　　　　　　　　　　开元廿[二]　□□□

6　　　　　　　　　待　　程〔下残〕

7　　　　　　　　　推　　过〔下残〕

8〔上残〕[宾示]〔下残〕

9〔上残〕[录]事　　　亮　受

10　□□□　军　沙　安　付

（五）

〔前缺〕

1　□□□　十一月六日受，八日行判。

2　　　　　　录事　　　检无稽失

3　　　　　　户曹摄录事参军自判

4　案为录事王亮地子任计会事①

上述五件文书，残损较为严重。但是王亮没有收到地租，反复催讨，中间曲折颇多（比年地子常纳程录事）。职田租赁，是由当事双方签约。这也可以看到，无论什么原因，围绕这份契约也产生了相当大的纠纷。从残存只言片语当中推测，上级是支持了王亮请求的。王亮的职田收租，可以与田参军地子拖欠一案参照。张玄应等七人租佃了田参军地，应该也是职田。但是并未按时缴纳地租，原因不详。与一般百姓不同，职田出租，可以要求地方官员代为催征。所以高昌县

① 吴震主编：《中国珍稀法律典籍集成》甲编第 4 册《吐鲁番出土法律文献》，第 186 页。

史成忠会发帖追索：

1 高昌县

2 一段九亩杜渠［亩别麦粟各七石二斗四，亩麸车，佃人张玄应（西昌）马番］　　　　一段三亩卅步（亩别麦）

3 ［粟各一石二斗五升。佃人教正成嘉礼］一段一十二亩樊渠［亩别麦粟一石一斗五胜（升）］

4 四亩佃人王玄艺　四亩佃人朱文行（尚西 马奈?）　二亩赵洛胡（乐昌）　二亩令狐贞信（乐昌）。

5 一亩半一十步樊渠［亩别麦，粟各一石一斗四升。佃人张信恭。（北顺观）］

6 三[亩] 樊渠［亩别麦、粟各一石三斗］[八亩] 半 [樊渠]［亩别麦，粟］

7 四亩六十步□

8 三[亩] 九十 □

9 二亩樊渠□

10 右件人并佃田参军地。帖至，仰即送地子

11 并麸，限帖到当日纳了。计会如迟，所由[当]

12 杖。六月五日史成忠帖。

13 　　　　尉张

14 验行①

上述两件文书，共同参看，可以了解到，职田租佃的纠纷都很多，则乡村中一般租佃违约的情况也不会少。这些违约纠纷的解决，只能依赖于基层国家权力的运作。

① 吴震主编：《中国珍稀法律典籍集成》甲编第 4 册《吐鲁番出土法律文献》，第 324 页。

遗嘱执行，特别是涉及尚未成年者的情况下，所需时间漫长，极易产生纠纷。一件年代不详的文书，详细记录了子女为遗嘱执行而产生的纠纷。虽然年代不详，但是最晚不过宋初。一般估计，应是唐末五代时期的状诉，即孔员信女三子为遗产纠纷上司徒状：

1 女三子
2 右三子父孔员信在日，三子幼少，不识东西。
3 其父临终，遗嘱阿姊二娘子。缘三子少失父
4 母，后恐成人，忽若成人之时，又恐无处
5 活命。嘱二娘子比三子长识时节，所有
6 些些资产，并一仰二娘子收掌。若也
7 长大，好与安置。其阿姊二娘子日往
8 月值，到今日，全不分配。
9 其三子不是不孝阿姊，只恐老头难
10 活，全没衣食养命。其父在日，与留
11 银钗子一双，牙梳壹，碧绫裙壹，白练
12 壹丈五尺，立机一匹，十二综细褐六十尺，
13 十综昌褐六十尺，番褐一段，被一张，安西
14 緤交　缘麦一事小一事　职机壹　柜壹口并
15 钥匙全　青铜镜子一　白絁盖裆壹领。
16 已上充三子活具，并在阿姊二娘子为
17 主，今三子不得针草，共他诤说，
18 不放匕。其三子自后用得气力，至
19 今一出随阿姊效作。如此不割父
20 财，三子凭何立体，伏望
21 司徒造大，照察单贫。少失二亲，
22 随姊虚纳气力，兼口分些些
23 悭惜不与者，似当（?）拙□。特乞

24 冯（?）判，伏听 处分。①

在孔三子的诉状中，她的矛头指向了二姐，要求二姐把父亲在日分配的财产给予自己。可以想见，三子当时年幼，怎能知道哪些是属于自己的一份？单纯的口头遗嘱，三子又如何知道详细内容并记得？大概率是有一份遗书，指定了哪些财物属于三子。在本案中，也是一个违约而产生的纠纷。同样也是因为片言只语，无法了解下文。

后晋开运二年（945）形成的一份土地产权争议诉讼卷宗，首尾最为完整，前因后果，包括最后的处理结果都在天壤间偶然留存，为我们探讨乡村中的违约情况提供了一份最佳材料：

1 寡妇阿龙

2 右阿龙前缘业薄，夫主早丧。有男义成，先蒙

3 大王世上身着瓜州。所有少多屋舍，先向出买（卖）与人，只残

4 宜秋口分地贰拾亩已来，恐男义成一朝却得上州

5 之日，母及男要其济命。义成瓜州去时，地水分料

6 分付兄怀义佃种，更（旁注：拾）得▭房索佛奴兄

7 弟言说，其义成地空闲。更弟佛奴房有南山兄弟一人

8 投来，无得地水居业，当便义成地分贰拾亩，割与

9 南山为主。其地南山经得三两月余，见沙州辛苦

10 难活，却投南山部族。义成地分，佛奴收掌为主，针草

11 阿龙不取。阿龙自从将地，衣食极难。艮（恳）求得处，安

12 存贫命。今阿龙男义成身死，更无丞忘处男女恩

13 亲。缘得本居地水，与老身济接性命。伏乞

14 司徒阿郎仁慈祥照，特赐孤寡老身念见苦累。伏

① 唐耕耦主编：《中国珍稀法律典籍集成》甲编第3册《敦煌法制文书》，第473页。

15 听　　　公凭裁判　处分。

16 牒　件　状　如　前，谨　牒。

1 甲午年二月十九日索义成身着瓜州，所有父祖口分地叁拾贰亩，分

2 付与兄索怀义佃种。比至义成至沙州得来日，所着　官司诸杂烽

3 子、官柴草等小大税役，并总兄怀义应料，一任施功佃种。若收得麦粟，任

4 自兄收，颗粒亦不论说。义成若得沙州来者，却收本地。渠河口作税役，不忓

5 自兄之事。两共面［对］平章，更不许休悔者。如先悔者，罚壮羊壹口。恐人无信，

6 故立文凭，用为后验。

7　　　　佃地人兄索怀义（押）

8　　　　种地人索富子（押）

9　　　　见人索流住（押）

10　　　　见人书手判官张盈口（押）

1 都押衙王文通

2 右奉　判，付文通勘寻［状寡妇阿龙］及取地姪索佛奴，

3 据状词理，细与寻问申上者。

4 问得侄索佛奴称，先有亲叔索进君幼小落贼，已经年

5 载，并不承忘，地水屋舍，并总支分已讫。其叔进君贼

6 中偷马两疋，忽遇至府　官中纳马壹疋。当时

7 恩赐马贾（价）得麦粟壹拾硕，立机緤伍疋，官布伍疋。

8 又请得索义成口分地贰拾［亩］，进君作户生（主）名，佃

9 种得一两秋来，其叔久居部族，不乐苦地，却向南

10 山为活。其地佛奴承受，今经一十余年，更无别人论

11 说。其义成瓜州致死。今男幸通及阿婆论此地者，
12 不知何理。伏请　　处分。
13 　　　　　　　　取地人索佛奴左手一 中指节
14 问得陈状阿龙称有男［索义成］犯　公条，遣着瓜
15 州，只残阿龙有口分地叁拾贰亩。其义成去时，出
16 买（卖）地拾亩与索流住，余贰拾亩与伯父索怀
17 义佃种，济养老命。其他（地），佛奴叔贼中投来，本居
18 父业，被兄弟支分已讫，便射阿龙地水将去。
19 其时欲拟咨申，缘义成犯格，意中怕怖，因兹不
20 敢投词说。况且承地叔在，不合论诤。今地水主叔却
21 投南山去，阿龙口分别人受用。阿龙及孙幸通无路存
22 济，始过（是故）陈状者，有实。
23 　　　　　　　　陈状寡妇阿龙右手一 中旨节
24 问得佃田种伯父索怀义称，先姪义成犯　罪遣瓜州，地
25 水立契，仰怀义作主佃种。经得一秋。怀义着防马群不
26 在，比至到来，此地被索进君射将。怀义元不是口分
27 地水，不敢论说者，有实。
28 　　　　　　　　立契佃种人索怀义左手一　中旨节
29 右谨奉，付文通勘寻陈状寡妇阿龙、及侄索佛奴、怀义
30 词理，一一分析如前，谨录状上。
31 牒件状如前，谨牒。
32 　　　　　　　开运二年十二月　日左马步都押衙王文通牒
33 其义成地分赐进
34 君，更不回戈
35 便任阿龙及义成男女为主者。①

上引这份文书，由三份材料组成。结构上首先是阿龙的申诉状，其次是引用原契作为证明材料，最后一份是王文通调查汇报以及上级

① 唐耕耦主编：《中国珍稀法律典籍集成》甲编第3册《敦煌法制文书》，第460页。

处理结果。这件文书中所涉及的前因后果，跨越十多年，并不全按时间顺序叙述，阅读起来较为麻烦，人物关系也较为复杂，各种称呼使用也较为混乱，下面按时间顺序略为讨论。调查下判结论出来，是开运二年（945）十二月。开运二年岁在乙巳，契约签署则是“甲午年二月十九日”，乙巳其上一个甲午是后周应顺元年（934），再结合索佛奴所述“今经一十余年”，则甲午是应顺元年无疑。

应顺元年（934）二月十九日，索义成因犯罪被发配瓜州，无人耕作，把口分地10亩卖给了索流住。剩余土地20多亩，租给了伯父索怀义，契中称“兄”，是从阿龙的口吻来说。以索怀义的名义租佃下来，收获归索怀义，并由其代为承担诸般国家税赋。如果索义成能回来，再还本地。但是索怀义只是经手代管，实际种地则是索富子。索怀义只负责了一年，就因为自己“着防马群”，承担劳役而出门。在这个时间，曾被逃亡之“贼”掳去的索进君逃回，并向官府缴纳了两匹马。官府折给马价，同时允许他请射一块地耕作。因索怀义不在，索进君就请射了原来索义成（阿龙）名下的口分地20亩，由索进君自己为户主。索进君也只耕作了一两年，还是不习惯于农耕生活，所以弃地“向南山”。这块原属索义成的地，就交给了索进君的侄子索佛奴。索佛奴耕种了又有七八年。此时索义成在瓜州死去，阿龙独自带孙索幸通，生活无着，来追讨原有的口分地20亩，提出了诉状。

地方基层官员王文通，调查了每个所涉及的乡民百姓，逐人提供了事实清晰的材料，并要求画指保证所述为真。经其呈上，最后下判是“任阿龙及义成男女为主”，也就是把这20亩口分地从索佛奴手中，还给了阿龙及孙索幸通。这份材料首尾完整，判断清晰，展现了乡村百姓社会经济交往的重要细节。也正是在违约纠纷中，国家权力的触角深入百姓身边，无论是阿龙，还是索怀义、索佛奴，都要经过代表国家权力的王文通进行调查，并服从于王文通的调查结论。王文通的调查结论及上级最后处理，意味着在一件件具体的小事上彰显了国家权力在乡村中的存在感。乡村中违约纠纷随时随处可见，常常存在。这些违约纠纷，又足可反证契约当中的严苛要求是如何产生的。

有契约，就有人违约。下一个契约中，就会更加周全地设想各种意外情况，同时提出更高的保证条件。有的契约被严格执行了，有的契约没有得到严格执行。有的违约得到了公正处理，有的违约没有受到任何处罚。当然，在乡村中得到执行的契约还是占了大多数，否则社会秩序早已崩塌，也就不会有持续数百年间书写契约的行为了。

总之，从唐五代偶然遗存的契约来看，乡村中社会经济生活各个环节都离不开契约保障，租佃、雇工、买卖，任何与乡民百姓生活相关的生存必需环节都要签署契约，作为对双方的束缚，寻求互信。而保人、见人，更是在乡村中建立起来人际关系网络。能为人担保，说明彼此关系极为特殊。或者同乡，或者亲属，或者要好，或者可以从担保任务当中获取一定报酬，契约联结了乡村中的人际关系。乡民日常交往，就体现在这些互为保人、见人的日常行为当中。为了保障契约得到有效执行，或者得到信用背书，在双方已有约定，同时也有见人、保人的情形下，还要引入官府权力作为更高等级的背书。市券或者公验，就是官府权力深深嵌入了乡村百姓的生活中的具体显现。特别是重要交易，如奴婢、大牲畜的买卖，都必须取得来源合法性的证明。通过市券、公验这类官府文书，国家权力逐级落实到百姓的日常生活当中，这也是权力深入下去的网络工具。而违约纠纷的处理，就更给予了官府管理和掌控的直接入口，发生争执的双方乃至卷入争执的每一个人，都要向官府说明和解释自身的行为合法与否。也就是在这样的执法过程中，国家权力落实延伸到乡村社会，延伸到每个具体的人，管控不仅是条文的形成运作，更是落实在每个人的日常生活当中。掌握乡村契约关系的各个具体环节和操作过程，就可以了解乡村百姓卷入乡村社会与国家经济关系大潮的过程，认识唐代乡村社会与国家在各类社会生活上的对立、纠纷以及合作，这对分析中国古代社会发展，了解乡村社会经济生活运作逻辑具有十分重要的意义。

第四章

支移折变:财政压力下的宋代乡村

“支移折变”是宋代两税征收的重要组成部分，“支移”逐渐从劳役转变为一种额度不等的附加税，“折变”也是从实物互相替代转变为“见钱”为主的附加税，这对宋代官府财政开支平衡和乡村社会生存秩序都有着重大影响。学术界更关注宋代两税征收和运行过程，相对来说，在支移折变研究方面多一笔带过。① 关于支移折变的综合性概括，以黄纯艳在《中国财政通史》中所述最为清通扼要，足资参考。考支移折变本意，最初只是为了降低行政管理和缴纳义务的成本，算是“仁政”，但是在执行过程中额度（或成本）不断增加，逐渐向“害民”方向转化，对乡村社会造成了重大烦扰。支移折变运行过程中，对朝廷与地方关系，基层官府与乡村百姓之间关系，以及乡民内部关系都产生了重大影响；对乡村内部社会秩序能否平稳运行，朝廷、州县、乡村各级“财政”体系能否正常运转也关涉甚大。在前辈先进所撰优秀成果基础上，本章试图对支移折变演变历程，对乡村

---

① 王曾瑜、汪圣铎、包伟民、黄纯艳、吴树国、田晓忠等在“两税”问题上均有佳作，主要可参阅周曲洋《概念、过程与文书：宋代两税研究的回顾与展望》，《唐宋历史评论》第4辑，社会科学文献出版社2018年版。除周文所述宏篇大著之外，还有黄纯艳《中国财政通史·宋辽西夏金元财政史》上，叶振鹏主编，湖南人民出版社2015年版，第429页；刘力舸《〈宋会要辑稿·食货〉赋税词语研究》，硕士学位论文，暨南大学，2017年；杨帆《宋代县级财政研究》，博士学位论文，河北大学，2014年；戴宝囡《宋代支移制研究》，硕士学位论文，辽宁大学，2014年。其他博、硕士学位论文，也有涉及支移折变问题，但水准不一。

百姓生计负担影响，以及支移折变与朝廷、州县、乡村财政与乡村社会秩序运行关系展开讨论。

一　从“实物”到“见钱”：支移折变的演变历程

支移折变制度设计出发点是官府要减轻自身负担，这主要因为长途搬运成本高昂，凭官府雇佣或自行输运，或无法完成、或成本太高，而特殊地域（如对敌前线或有特殊需求），若不能得到其他地区的实物支持，则难以长期维系，必须运送物品（以粮食为主）到达所需之地。同时，地方上物产多样，乡村百姓人户情况也不一样，生产出的“物品”也难以各地一概而论，官府用度的各个时段也难以折一，且供需双方所持常为实物或者仅有实物，故有以物易物的需求。概括起来，就是所谓“（正赋）其输有常处，而以有余补不足，则移此输彼，移近输远，谓之支移。其入有常物，而一时所须则变而取之，使其直轻重相当，谓之折变”①。但要注意，这里的支移折变，均指实物（粮食、绢帛、禁榷物、物产等）而言，或是运送实物，或是替换实物，在性质上更多可看作操作办法。两相比较，折变所起更早，支移相对较晚。随着时间推移，加之官府需索多端，无论是支移还是折变在征收过程中均从临时性的官民便利措施逐步向赋税附加性质转变，且更多的要求缴纳现钱，而折变也比支移更早一步向赋税附加转变。当然，在这一转变过程中，不是一成不变，更不是一个方向直向而行，而是常有反复，但总体趋势仍然是由“实物（实际劳作）的转移或者折算”向赋税（现钱）转变。

乾德四年（966）正月，诏书中就有提到过诸般“改移制置，支拨折科”事务，② 虽然未必能确定就是支移折变含义，但是可以明了，更改变换的行政举措，肯定是常常存在的。到开宝三年（970），

---

① 《宋史》卷174《食货志上二》，第4203页。

② 《续资治通鉴长编》卷7乾德四年正月丙戌条，第165页。

提出“诸州府两税折科物，非土地所宜者，不得抑配”，[1] 这说明开国不久，折变方式就已经在地方上广泛采用（或是沿用），而且强行勒索的情况已经出现。太平兴国二年（977），江南西路转运司认为“诸州蚕桑少而金价颇低，今折税，绢估小而伤民，金估高而伤官。金上等，旧估两十千，今请估八千。绢上等，旧匹一千，今请估一千三百。余以次增损”[2]。这主要还不是后来的“折变”含义，更多的是“折算”的含义，目的是要尽量防止官府收入减少，原以“金”折抵税钱，则是百姓少交，官府少拿。端拱二年（989）正月，田锡说，“去年于户税上折科马草”[3]，因官府所需为马草，所以一部分户税，可以用实物来折抵。但折纳实物，管理上来说极为困难，也无法综合平衡比较，所以转折现钱是官吏的偏爱，一方面容易分割计算，另一方面也容易上下其手。当然，折为现钱首先是直接收取现钱，一定时间之后，就会从实际的现钱，转为任意折科物品的比较尺度，以更方便分割计算。而在实际运行当中，因应具体需求情况变化，还可能会再次收取实物。大中祥符六年（1013），三司因河北布匹积压，要求“京东西、河东北夏秋税并纳本色粮斛，罢折纳布，或须衣布，则于河北辇致之”，但是向敏中认为“河北止产布，傥官弗纳，恐民间难于贸易，望令仍旧”[4]，不过其他地方则按新规执行，就是其他地方只纳粮食实物，不再用一部分粮食折抵布匹。而河北的土特产只有布，就因地制宜，还用布来折抵。

庆历三年（1043），余靖曾说：

> 臣切闻三司计度，预于淮南江浙荆湖等路，今年夏秋税内，折纳见钱四百贯。传闻道路，不知信否。臣闻治国之要，安民为本。地有常产，不外其求。民有定赋，不尽其力。男耕于野，女蚕于家。各输所有，以待国用。自尧禹以来，守为彝制。先期而

① 官修、徐松辑：《宋会要辑稿》食货70之3，第8101页。
② 《续资治通鉴长编》卷18太平兴国二年六月乙未，第406页。
③ 《续资治通鉴长编》卷30端拱二年正月癸巳条，第677页。
④ 《续资治通鉴长编》卷81大中祥符六年七月庚子条，第1841页。

输，古无此法。况累年之间，科率频并。当今天下，钱货至少。江淮之地，名为钱荒。谓宜改制泉刀，以救其弊。而乃令百姓尽委田野蚕丝之利，一之于钱，必将倍弃其物，以就所售。百货既轻，兆人嗷嗷。力屈财尽，散为盗贼。虽有噬脐之悔，将无及矣。臣又闻，竭泽而渔，明年无鱼。百姓不足，君于何取。伏乞圣慈，特赐矜允，裁减其半，令纳本色。其第四第五等贫下人户，愿纳本色并听，仍各依每年夏秋期限送纳。于国家赋税亦无所损，而江淮之民不至流散，则朝廷之大惠也。[①]

余靖建言，一贯是书生气十足。即使这种减半政策建议，也无法完成朝廷需索，官僚管理体系不愿且无法照此办理。大体在庆历四年（1044）或五年（1055），包拯批评折科，给出了当地具体税率：

淮南、江浙、荆湖等州军，数年以来，例皆薄熟，去秋亢旱尤甚，可熟三二分。当年夏税见钱，一例科折：内第一等折纳小绫，每匹一贯六百六十文省，官絁每匹二贯八百五十文省，其第二等已下至客户，并折纳小麦每斗三十四文省。续据发运司准中书札子，据三司奏，乞将庆历三年上供额斛斗六百万石内，将小麦一百万石、大豆十五万石折纳见钱。发运司遂相度：小麦每斗并耗添估九十四文省，大豆每斗并耗八十八文省，比逐处见籴价例两倍已上，应该小麦一石纳见钱九百四十文省。寻又准五月九日中书札子，据发运司奏，窃虑豆麦价高，人户难得见钱。奉圣旨宜令本司疾速指挥，逐路州军据合折夏税豆麦。令人户如愿纳见钱者，即仰逐处依起纳日在市价例钱数送纳，如只愿纳本色斛斗，亦听从便。虽有前件圣旨指挥，本处官吏并不遵禀，但一面仰令人户纳元估价钱，不许纳本色斛斗。以致豆麦益贱，钱货难

---

① 赵汝愚：《宋朝诸臣奏议》卷104《上仁宗论两税折纳见钱》，北京大学中国古代史研究中心校点整理，上海古籍出版社1999年版，第1113页。

得，下等人户尤更不易。①

原有的执行方案，第一等涉及人数较少，姑且不论。第二等以下，则仅折为34文省。但是为了多收钱，少收实物粮食，又在总额600万石上供份额当中，拿出来100万石小麦和15万石大豆的额度，转变为钱来收取。统一规定是小麦本身及加耗合并计算是94文省，这94文省是市场价格2倍以上。虽然也说允许“从便”，但是显然由上级而来的考核机制所执行的仍然是完成“小麦一百万石、大豆十五万石”折钱既定目标，所以那个圣旨指挥，也就没有什么作用了。官府的决策思路里面，更多是试图折钱，而非要更多的实物。折变，本应是实物之间互相折抵，以更接近乡土所产。但是官府目标，更多的是折出钱来，所以才会有“仰令人户纳元估价钱，不许纳本色斛斗”这样的残暴措施出台；而在农业社会的运作当中，相对而言，钱少物多，农民很难提供更多的钱出来。

不过求钱，已经成为具体管理部门的主要导向。财政有司，只为完成自身要负责的财政运转之责，而无须考虑百姓生活和地方运转的情况。到重和元年（1118）的时候，有人上奏表示：

> 物有丰匮，价有低昂，估丰贱之物，俾民输送，折价既贱，输官必多，则公私之利。而州县之吏，但计一方所乏，不计物之有无，责民所无，其患无量。至于支移，徙丰就歉，理则宜然。豪民赃吏，故徙歉以就丰，挟轻货以贱价输官，其利自倍。而下贫之户各免支移，估直既高，更益脚费，视富户反重，因之逋负，困于追胥。②

因为官府行政机构运作，是以上级指令为中心的。完成上级所赋

---

① 包拯：《包拯集校注》卷1《请免江淮两浙折变》，杨国宜整理，黄山书社1999年版，第20页。

② 《文献通考》卷5《田赋考五》，第115页。

予的任务，才是官僚晋升的根本保证。所以才会出现州县之官，丝毫不顾及本地利益的情况。这里上有政策下有对策，所谓的“豪民赃吏”从个人角度，和官吏及其所代表的国家权力展开博弈而已。有能力和国家博弈，就把负担转移出去。而贫下户，因为免除了看起来“真实”的支移负担，但是还要承担脚钱。等于有钱者只是在名义上承担了负担，而贫民是实打实交出了“现金”，所以负担更为沉重。

熙宁十年（1077），吕陶说，川蜀茶园本也是两税田地，所以“赋税一例折科”，大体比例是“茶园税每三百文折纳绢一匹，三百二十折纳绸一匹，十文折纳绵一两，二文折纳禾草一束”①。而这种折科的比例越来越高，南宋以后也是如此，庆元五年（1199）四月，“州郡多于本色之中分为等降，或科小麦，或敷糯米，已为法意。然犹有可诿者，曰将以为酒政之资耳。今乃复于折米、麦之外变纳价钱，麦一石或折钱五千，米一斗或纳钱七百，计其价直，何止倍输”②，等于把税负负担提高了至少一倍。

而在折变中纳本色还是现钱，成为贯穿两宋始终的一个难题，但大体上以强行纳钱为主。崇宁二年（1103），因诸路丰收，执行了一个所谓“增价折纳之法”，“支移、折变、科率、配买，皆以熙宁法从事”③。大观二年（1108）又规定，“折变之法，纳月初旬估中价折准，仍视岁丰凶定物之低昂，官吏毋得私其轻重”④。但折价之时，或高或低，均以有利于官府为原则。“小麦孟州温县实直为钱一百二十，而折科止五十二；汝阴县为钱一百一十二，折科止三十七。……转运司折科，乃用熙、丰斛斗之价，遂致常税之外增五、七倍之赋。”⑤ 绍兴元年（1131），户部要求，在两浙东、西路的所谓“上供紬、绢、丝、绵”，已将其半数折纳价钱基础上，其他路分也要将“丝、绵、紬、绢并半折纳见钱”，规定价格是“紬、绢每匹折二贯

---

① 《续资治通鉴长编》卷282熙宁十年五月庚午条，第6915页。

② 官修、徐松辑：《宋会要辑稿》食货70之96，第8156页。

③ 《宋史》卷174《食货上二》，第4211页。

④ 《文献通考》卷5《田赋考五》，第115页。

⑤ 官修、徐松辑：《宋会要辑稿》食货70之22，第8112页。

文省，丝每两二百文省，绵每两二百文省，计置轻赍金银起发”[①]。绍兴二十年（1150）十二月，祠部员外郎胡宁，当面向皇帝汇报：“州县受夏秋二税，遇输绢之时，则不受绢，而使输钱，遇输米之时，则不受米，而使折色，望自今并输正色，毋得折变见钱。”[②] 虽然是要求户部去研究讨论，但是实际上是无法改变的，因为钱之需极为殷切，没有止境。

隆兴三年（1165），太府少卿鲁訔奏：

> 乞下户部将折帛以匹计者为钱有几，以尺计者为钱有几，自来全折钱处依旧外，馀丁盐、绵、绢及下户不成匹两者尽折钱。盖零细者利于纳钱，端匹者利于纳绢，出产去处便于本色，不出产去处便于折钱。若以见价纽折，其直必轻，则折帛之弊可革。请下诸路运司条约州县，劾其违者。

又规定：“今后折帛银并依左藏库价折纳，不得辄有减降。”[③] 能否在实际运行当中得到稳定运行，未得明证。但是朝廷的“爱钱”则是一以贯之，折钱是上级部门的最爱。同时，还有反复扭折之事。如朱熹连奏三札的木炭折纳，当地每税钱 20 文折木炭 1 秤。但是与税钱相比，“夏税见钱一贯五十文，合折绢一匹，官交价钱六贯文省”，而木炭应缴 52.5 秤，“每炭一秤，官交正钱二百六十文省”，合计 13 贯 650 文。木炭本为额外附加小物，但是价值已经远超正额夏税一倍以上。反复纽折的结果，就是“木炭本以税绢纽计，纳本色，比之纳绢，所费已增一倍之数，折纳价钱，比之纳绢，所费又增三倍之数，反复纽折，至于数倍”[④]。但折变现钱，是财政体制痼疾，已无法修

① 官修、徐松辑：《宋会要辑稿》食货 64 之 28，第 7748 页。

② 李心传：《建炎以来系年要录》卷 160 绍兴十九年八月壬子条，胡坤点校，中华书局 2013 年版，第 3027 页。

③ 《文献通考》卷 5《田赋考五》，第 128 页。

④ 朱熹：《晦庵先生朱文公文集》卷 20《论木炭利害札子》，《朱子全书（修订版）》第 21 册，第 917 页。

正。淳熙五年（1178）八月，“应民间两税，除折帛、折变自有常制外，当输本色者，毋以重贾强之折钱”，还在强调可缴纳“本色”，甚至还恐吓“若有故违，按劾以闻，重置于法。可令临安府刻石，遍赐诸路监司帅臣郡守”①，可见其实无用处。同年，四川制置胡元质又说：

> 蜀折科之额，视东南为最重。如夏秋税绢，以田亩所定税钱为率，凡税钱仅及三百，则科绢一匹；不及三百者，谓之畸零。其所输纳乃理估钱，则准时直，当承平时，每缣不过二贯，兵兴以来，每缣乃至十贯，是一缣而取三倍也。陛下轸念远民重困，每缣裁定作七贯五百，蜀民欢呼鼓舞。然独成郡自淳熙五年为额减放讫，其它州县，尚有应昨来指挥去处，乞行下约束。

税钱是一种计算工具，通常是依据常年亩产量确定每块土地的税钱。当税钱达到300的时候，额外要缴“绢”一匹。但是这一匹绢，不是具体缴一匹绢实物，而是转折为“钱”，但是又不是固定金额，而是根据时价来计算，即所谓“理估钱”。正常年景，一匹价值是2贯，但是战争时期，则一匹达到了10贯。等于每300税钱，额外要再加8贯，这个负担就非常沉重。虽经减免，还是达到了7.5贯。不过，也仅有一郡得以落实，其他地方并未得到实际减免。这与地方财政的窘迫状态，关系十分密切，所以在诏书中，也无法强令取消：

> 诏四川总领所同逐路转运司取见诸州军未尽数减放因依，更相度与裁减。若以岁计却有妨阙，仰公共措置，将诸州财赋通融相补，开具以闻。②

---

① 佚名：《宋史全文》卷26下《宋孝宗六》，汪圣铎点校，中华书局2016年版，第2218页。

② 佚名：《宋史全文》卷26下《宋孝宗六》，第2214页。

与岁计有所妨阙，就是说地方财政满足不了需求。但是需要指出的是，支移折变的办法大体上都是由实物到见钱，而且越来越多的要求钱而不是物。

支移主要是向异地纳两税，其起源在于边境军需，由于政府没有能力全程自行雇差运送，因此强行摊派到百姓身上，所谓“支移本以便边饷，内郡罕用焉。间有移用，则赁民以所费多寡自择，故或输本色于支移之地，或输脚费于所居之邑”①。但逐渐扩大到内地，其运输办法，是所谓递趱，就是以既有强烈固定需求、自身又无粮食出产的地区为终点，诸州府迭相传递粮食物品等“实物”。按刘谊所述可见一斑：“钦、横二州每年支移百姓苗米，纳于邕州太平诸寨，廉州米纳于钦州，化州米纳于雷州，高州米纳于容州，类皆陆行，近者十程，远者二十程。”② 再如两广，则“人户税租合支移者，量地里远近递趱，无得过三百里”③。大体上，“除陕西、河东外，并系一州一县递趱”，因所有沿路人户均要参与传递，所涉及人户数量庞大，困扰益多。所以“除河东、陕西外，并于阙粮州县收籴，即不得递趱支移。如人户依条愿纳地［里］脚钱者，听从其便”④。

在支移实物同时，因实物运输不便，为减轻负担而开始考虑折为现钱。游师雄曾建议：“在昔边土不耕，仰粟于内，故支移之法设焉。今沿边之法，既多籴粟，军食自足，宜令内地税户随斗升计地里输升乘钱，以免支移之劳，既可以休民力，又可以佐边用，公私便之。”⑤ 但折钱之后，则永无止歇，成为另外一种沉重负担。元祐元年（1086）八月，王岩叟对哲宗表示，支移应每斗纳18文为好。这个建议得到了哲宗赞同：“卿言支移事，每斗更纳钱一十八文者甚好，已令行也，如此甚便”，但王岩叟也表示了担忧：“移虽有条，然实支移则无可奈何，若实不去而令纳钱则极不可”，皇帝却告诉他：“已有行

① 《宋史》卷174《食货上二》，第4211页。
② 《续资治通鉴长编》卷374元祐元年四月己丑条，第9058页。
③ 《文献通考》卷5《田赋考五》，第122页。
④ 官修、徐松辑：《宋会要辑稿》食货70之22，第8112页。
⑤ 《续资治通鉴长编》卷478元祐七年十月辛未，第11388页。

遣也。”① 元祐二年（1087）三月，河东转运司考虑，拟将应支移州军“人户税赋粮草，将户一半于本州折纳见钱，余一半令就逐寨送纳本色”，王岩叟则认为“一半折纳见钱，州县估价，必于实直上各有所增，又添入加耗数目，纽起地里脚钱，纳钱之际，复有公私一番费用，此外方始齐持一半本色，依旧往回一千四百余里送支移”②。

不过在钱重物轻的社会通病前提下，官府扩大财源则是首要选择。陕西转运使吕太中以支移之名，亦让农户缴纳脚钱18文。但是御史反对，经综合平衡，加以部分调整，允许“以税赋户籍在第一、第二等者支移三百里。第三等、第四等二百里，第五等一百里”。但是不愿支移而愿输道里脚钱者，“亦酌度分为三，各从其便焉”③。同时，旧不支移地区，在朝廷压力下，为扩大财政增收增速，也开始打了支移的主意，并要求折抵现钱。崇宁时，京西路官员要求，“支移所宜同，今特免；若地里脚费，则宜输”，从此则开始固定化，“自是岁以为常”。脚费价格，“斗为钱五十六，比元丰即当正税之数，而反复纽折，数倍于昔”④。到政和元年（1111），才略有微调，减免了一部分，“应支移而所输地里脚钱不及斗者，免之。寻诏五等户税不及斗者，支移皆免”⑤。

支移折变在其自身演变过程中，一直挣扎在“实物（劳作）”还是“见钱”两难选择当中。朝廷财政部门，几乎想全部折钱，因其既便管理又可增收。但折钱之后，挪作他用，仍然要强迫民众另行出钱出力输运，地方官员又要考虑不致造成地方残破，民变恶果，在执行中也百般呼吁改变，所以朝廷政策也是左右腾挪摇摆。不过随着财政支出不断扩大并逐渐固定化，支移折变随之也固定化、现钱化。即使仍然以“实物（劳作）”形态存在，但也已成为有具体额度的两税附加税。并逐渐成为一种可以用于调控增减两税的手段，亦被当作“惠

① 《续资治通鉴长编》卷385元祐元年八月丁酉条，第9383页。
② 《续资治通鉴长编》卷397元祐二年三月辛巳条，第9672页。
③ 《文献通考》卷5《田赋考五》，第113页。
④ 《宋史》卷174《食货上二》，第4211页。
⑤ 同上。

民”政策而加以运用。

二　“支移太远，折变价高”：乡村百姓生计负担

支移折变对乡村社会内部百姓生计影响极大，是乡里负担重要组成部分。甚至以“支移折变”为代表的附加税额度，远远超过了作为正赋的“两税”本身。南宋初期，一位官僚曾总结了两税缴纳弊端，共有十个方面的问题，极有代表性：“民间送纳两税斛斗，多缘推割不明，催科无术，支移太远，折变价高，揽纳射利，公吏求货，杂以湿恶，高下斗面，盗印虚钞，失陷羡余，如此十事，州县漫不省察。”① 而“支移太远、折变价高”的因素在其中非常突出，实际上并不局限于南宋，而是贯穿于两宋始终，对乡村百姓生计负担有着极大的影响。

支移太远，是运送实物距离太远，前面也有引述，元祐（1086—1094）初，“陕西转运使吕太中假支移之名，实令农户计输脚钱十八”，所以“百姓苦之”，经调整，最后是按等级支移而无法取消支移：“税赋户籍在第一、二等者支移三百里。第三等、第四等二百里，第五等一百里。不愿支移而愿输道里脚钱者，亦酌度分为三，各从其便焉。”② 熙宁二年（1069）七月，因为京西、陕西、利州路夏季干旱，麦收歉收极多。张戬调查后认为，很多农户因为居住偏远，税额又小，都不曾报告申请过因灾请放免，所以奏请“今年披诉夏苗已经检覆系灾伤州县，及应陕西去秋支移赴近边输税之家，委逐路转运、安抚司下本州将纳外，见欠租税更不折变，各输本色，就令本州、县送纳，及今秋租税亦免支移”③，这意味着支移折变是平常的情况，不支移不折变反而成为一种仁政。

---

① 官修、徐松辑：《宋会要辑稿》食货 9 之 2，第 6175 页。

② 《文献通考》卷 5《田赋考五》，第 122 页。

③ 官修、徐松辑：《宋会要辑稿》食货 70 之 11，第 8106 页。

元祐六年（1091），特意规定“河东助军粮草，支移无得输三百里”①。南宋初期，在讨论两广支移的时候，也特意要求“二广人户税租合支移者，量地里远近递趱，无得过三百里”②，则常见的状态是支移常常超过 300 里，或者说 300 里是普通农户能承受的极限距离了。

这种背负沉重物品，长途奔袭的情况，基本贯穿两宋前后，导致精壮劳力常年在外奔波运送，百姓负担沉重；另外百姓因太远而不得不选择按距离折钱（加量），但折钱（加量）之后，付出却固化并继续不断扩大，导致民户所支出总费用大幅度提高。范仲淹曾上书指出：“陕西数年以来，科率百端，民力大困，州县督责，不能存济，兵间最为民患者，是支移税赋，转般斛斗。赴延州保安军，山坡险恶，一路食物草料时常踊贵，人户往彼输纳，比别路所贵三倍，比本处州县送纳所费五倍，害民若此，实非久计。”③ 导致的结局就是，“支移关辅二税，往边上送纳，道路险阻，百姓劳费，亦已凋敝”④。而四川因地理环境所限，支移只能走陆运，情况更为严重。“民间率费七十千而致一斛粮，夫死者甚众。”⑤ 钦宗的诏书中写道：“京西运粮每名六斗，至用钱四十贯，陕西运粮，民间陪费百余万缗”⑥，可见支移对百姓生活影响之巨。

宣和七年（1125）十一月，京西路乡村百姓所纳税租，减免支移，仅按照距离远近出脚钱。但是地方官府“却将所纳钱指定州军，令人户自赍前去”，要求百姓自行带钱前往送纳，导致“下户依条免支移，亦令一例出纳脚费”⑦ 的情况频繁出现。建炎中，因地方不

---

① 《文献通考》卷《田赋考五》，第 113 页。

② 《文献通考》卷 5《田赋考五》，第 122 页。

③ 范仲淹：《范仲淹全集·范文正公政府奏议》卷下《奏乞免关中支移二税却乞于次边入中斛斗》，李勇先等点校，中华书局 2020 年版，第 536 页。

④ 范仲淹：《范仲淹全集·范文正公政府奏议》卷下《奏为陕西四路入中粮草及支移二税》，第 528 页。

⑤ 李心传：《建炎以来系年要录》卷 106 绍兴六年十一月壬午条，第 2001 页。

⑥ 官修、徐松辑：《宋会要辑稿》食货 48 之 19，第 7089 页。

⑦ 官修、徐松辑：《宋会要辑稿》食货 9 之 18，第 6184 页。

靖，“调荆鄂军讨沅寇，监司亲往督捕”，为保证军粮，“抽鼎州苗赴军前输纳”，但是因为“鼎民惮于地远，乞就郡输苗，每石加纳五斗，以裨官司运费”。结局是“寇平，运罢，而加纳米遂不复除”[1]。绍兴二十八年（1158）九月，广南西路袁州支移苗米，应去往临江军送纳。但是因为地方上米贱钱荒，导致“民皆贱粜米而贵买金帛，至临江军贱卖之，复贵价籴米输纳。故民输一石，其价数倍”[2]，所以地方官员积极争取改为出脚钱并本地送纳。史料不详，不知后续施行如何。但从前述一般情况看，出脚钱即化为官府固定收入，而时移世易，很可能演变为又出脚钱，又要自行送纳。

另外一些额外税负，也均由支移引起。如广德县“秋苗，旧赴水阳镇仓缴纳。后因路远，乡民遂将本户苗一石，乞贴纳三斗七升耗充脚乘，免赴水阳，只就本军及建平县仓缴纳，是致官中造诸乡版簿，便随正苗理纳加耗”。但随着政策更迭，“本军承受转运司抛降额斛，一时间不与申明前项，加认起米六万石，因此立为年额”，成为固定负担。导致地方上残破，百姓流散，“人户输纳苗米不办，以致典卖田土，抛失家业。近年又寇败残扰，逃移之人归业甚少，而重税仍旧”[3]。欧阳修也曾提到河东路买扑酒户，因为承担支移，也导致破产失业：“百姓买扑者，自兵兴以来，苦于支移输纳，并无人肯承替。有开沽五七年、十年已上者，家业已破，酒务不开，而空纳课利，民间谓之蒿头供输。”在忻、代二州，“一一点检酒户见今开沽，及即目正名身死人户蒿头代纳者”，亲自调查结果是“二州已有三十户，则诸州其数极多”，给出政策建议则是：“与权免支移边上三二年。所贵利薄酒户，稍获宽舒。”[4] 淳熙十四年（1187）五月，四川总领赵彦逾说当地“每年兑买……二万余石，支移……，内彭州每岁计四千九

---

① 佚名：《武陵续志》，马蓉等点校：《永乐大典方志辑佚》，中华书局2004年版，第2416页。

② 官修、徐松辑：《宋会要辑稿》食货10之10，第6198页。

③ 官修、徐松辑：《宋会要辑稿》食货9之22，第6186页。

④ 欧阳修：《欧阳修全集》卷116《乞免蒿头酒户课利札子》，李逸安点校，中华书局2001年版，第1772页。

百六十四石有畸。缘彭州去缘州地里最远，兼本州更有支移赴威、茂州管下五城寨远仓军粮八十余石，每年百姓远输，往返劳弊”。[①]

折变价高，也是宋代两税痼疾，这方面的问题前文亦有述及。最初，折变本是以物折物，宽余民力之意，但是很快就走向了政策本意的反面。官府需索，大率折钱且负担不断加重。至道三年（997）时，按田锡奏疏中所云，“访闻粜麦粜谷，以充折变，……谓折变不得不然”[②]，可见折变负担就已经很沉重。天禧元年（1017）五月，因天时大旱，所以“京东西、河北、陕西、江南、两浙遭旱户今年夏税免其折变”，可以“就便输送”，[③] 说明折变数额甚高，甚至不需要免除原定税额。包拯说：“祖宗之世，所输之税，祇纳本色，自后用度日广，沿纳并从折变，重率暴敛，日甚一日，何穷之有！”[④] 庆历四年（1044），京西路转运使要求陈州：“将大小麦每斗折见钱一百文，脚钱二十文，诸般头子仓耗又纳二十文”，折合下来，每斗麦纳钱一百四十文。但是，“今市上小麦每斗实价五十文”，等于是“于灾伤年分二倍诛剥贫民也”。与此同时，又“将客户等蚕盐一斤，一例折作见钱一百文，又将此一百文纽作小麦二斗五升，每斗亦令纳见钱一百四十文，计每斤土盐却纳三百五十文”[⑤]。绍兴二年（1132），左司谏吴表臣言：“诸州折变有至数倍者，请今后并以中价细估”[⑥]，虽然处理结果是违法漕、宪各罚铜十斤，但这无济于事，因折纳已成路径依赖，财政支出已经固定化，无法调整。

皇祐四年（1052）七月，三司拟以登、莱州端布折价千三百六十，沂州匹布千一百。但仁宗认为过高，主动表示：“价太高则恐伤民，宜减端布为千二百，匹布千钱。”[⑦] 有人说：“州县之吏……非法

① 官修、徐松辑：《宋会要辑稿》食货41之17，第6918页。
② 《续资治通鉴长编》卷41至道三年七月乙丑条，第872页。
③ 《续资治通鉴长编》卷89天禧元年五月庚戌条，第2060页。
④ 《续资治通鉴长编》卷167皇祐元年十二月戊子条，第4027页。
⑤ 包拯：《包拯集校注》卷1《请免陈州添折见钱》，第17页。
⑥ 《文献通考》卷5《田赋考五》，第122页。
⑦ 《续资治通鉴长编》卷173皇祐四年七月辛未条，第4165页。

折变，既以绢折钱，又以钱折麦。以绢较钱，钱倍于绢；以钱较麦，麦亿于钱。展转增加，民无所诉。”① 宣和三年（1121），讨论四川的折科弊病，又指出“西蜀初税钱三百折绢一匹，草十围计钱二十。今本路绢不用本色，匹折草百五十围，围估钱百五十，税钱三百输至二十三千。东蜀如之。仍支移新边，谓之远仓，民破产者众”。而到宣和七年（1125），上述境况无所改善，甚至在描述时，连词汇都没有什么变化：“非法折变，既以绢折钱，又以钱折麦。以绢较钱，钱倍于绢；以钱较麦，麦倍于钱。展转增加，民无所诉。”②

高宗建炎元年（1127）五月一日赦文中说，“诸路税赋应支移折变，官司往往反复纽折，如合纳见钱，小估价直，令输紬绢，却以紬绢之直折纳丝绵，又将所折丝帛却纳见钱之类，重困民力”，并要求“转运司遵守条法，不得循袭过为掊克”③，当然这只能是一句空话。绍兴六年（1136），右谏议大夫赵霈言：“岳州自版籍不存，不以田亩收税，惟种一石作七亩科敷，而反覆纽折，有至数十倍者。”④ 绍兴二十八年（1158），右正言朱倬提出：“福建米斗折纳八百有畸，倍于广右；近饶州乐平县亦科四百五十，恐别郡承风，有亏仁政。欲依祖宗折科法，合纳初定实价，耗费共不得过百钱，非紧急无得折科。”⑤

绍熙元年（1190），折纳负担之沉重，更成为官员疾呼的主要内容，“古者赋租出于民之所有，不强其所无，如税绢出于蚕，苗米出于耕是也。今一倍折而为钱，再倍折而为银，银愈贵，钱愈艰得，谷愈不可售，使民贱粜而贵折，则大熟之岁反为民害。愿明诏州郡，凡多取而多折者，重置于罚”⑥。庆元六年（1200）六月，有官员在上奏中讨论折变之制：“国家设为折科，名目不一。姑以夏税言之，自

① 《文献通考》卷5《田赋考五》，第115页。
② 《宋史》卷174《食货上二》，第4213页。
③ 官修、徐松辑：《宋会要辑稿》食货9之18，第6184页。
④ 《文献通考》卷5《田赋考五》，第122页。
⑤ 同上。
⑥ 《文献通考》卷5《田赋考五》，第129页。

本色之外，均其分数折为钱、会，或为银两；自折钱之外，以所余本色较其产钱折而为绵，非绵则麦”，但是州县各自增加额度，“上、下递增，莫有穷已”，导致的后果就是：“以一尺之折帛比一尺之本色，则折帛之输，几倍本色矣。而州县又有所谓折帛绵，又有所谓折麦钱，又有所谓本色折钱。夫折帛绵者，如折帛已敷足数，而又就其折帛数内分其余钱折而为绵，故名之曰折帛绵。反复纽计，比之输纳本色，三倍其数矣。以一斗之麦与縻费使用，其直不过三环而已，若论折钱，每斗非七八环不可也，是输纳折麦又不知几倍于折帛，其他如折绵、折马料之属，不一而足。”① 该官员要求，“所有折科，则只从元数科抑，不得重迭纽计”，但是可以想见无法执行。即所谓“折科太重，名目不一，州则增省额以敷于县，县则增州额以敷于民，反覆细折，何啻三倍！民困重敛，莫此为甚”②。折科负担之重，几无改变之可能了。

三　税上加税：“支移折变”运行与乡村秩序

古代中国是一个以农业为主体的国家，来自农业的收入是官府财政主要收入来源，占有重要地位。对宋代来说，“有丁（则）有役，有田则有赋，有物力则有和买”，所以“民有常产则有常赋”③。两税及附加税就是所谓“常赋”“正赋”，是朝廷官府最重要收入来源。两税主体税率主要是按田亩立额，平均看来正项税收并不算重。但是以“支移折变”为代表的加征加派，则为数甚多，甚至超过了正赋数额。“支移折变”等于税上加税，各种纽折等于再次税上加税，这对于宋代官府财政运行和乡村社会秩序稳定都有着重大的影响。而围绕“支移折变”，朝廷、州县、乡里之间，以及三者各自内部之间，均有

---

① 官修、徐松辑：《宋会要辑稿》食货 70 之 99，第 8158 页。

② 《文献通考》卷 5《田赋考五》，第 129 页。

③ 官修、徐松辑：《宋会要辑稿》食货 70 之 102，第 8159 页。

各自不同出发点的举措考量，因而在国家财政运行、乡村社会秩序稳定方面均造成不同程度的影响。

朝廷在支移折变的财政机制运行方面，规定了严格程序。一般性通用法则是由转运司综合判断，给出指令性意见。“租税合支移及科折之物，转运司量地理近远，审量丰歉、土产有无，于起纳九十日前，以物名数行下税租，择近便处令下户输纳。”应支移折变者，所遵循的基本原则是“先富后贫，自近及远”。同时转运司应造簿登记，“应升降，实时注之”。如果支移不是朝廷急需或者有军事目的，那么“愿纳支移物价脚钱者听”。乡村百姓输纳税租应折变物的价值，由转运司负责评估，在应纳当月上旬，“时估中价准折”。如果转运司有违法行为，则由提点刑狱司审查奏劾。乡村百姓按规定应支移他处，但是自愿在本县缴纳的，由转运司根据距离远近计算出标准（则例），“令别纳实费脚钱”。如果是难于输送的物品，同时乡村百姓愿意纳钱代替，或者改折他物，均由转运司判断：“无妨阙，听从民便。”① 同时对于“折变、支移、和买不计丰歉、贵贱、多寡者，杖一百，吏人勒停。若以贵为贱，以贱为贵，及多寡、丰歉不实者，加一等，吏人千里编管”②。元祐六年（1091），户部招买场务，特意规定减免支移折变，“应承买场务元系官监及败阙者，课利钱并不得支移折变。若界满一年无人承买，亦与依减放净利分数免支移折变”③。

熙宁七年（1074）正月，朝廷规定地方仓库，若接受其他地方支移来的官物，应“每季逐州县所纳数对历开项，具状二本，并实封钞申本州。内一状留充案，一状出内引关子与钞同封，递送支移处。其逐处收领点对讫，登时缴回关子照会”，待数量较多，整理完备，则由仓库“出给收附申州，亦依旧封送里私取领，收附并给”。务场所收课利，如果需要支移折变其他州分，三百里内，照常按限期一个月内缴纳完毕，三百里外，可以“每季一纳，仍限次季内纳足”④。元

① 官修、徐松辑：《宋会要辑稿》食货 10 之 14，第 6200 页。
② 官修：《庆元条法事类》卷 48《赋役门二·支移折变》，第 657 页。
③ 官修、徐松辑：《宋会要辑稿》食货 20 之 11，第 6428 页。
④ 官修、徐松辑：《宋会要辑稿》食货 54 之 4，第 7237 页。

祐元年（1086），再次重申，要求诸路转运司：“每岁支移、折变，并须躬亲审度地理远近，顺便体问收成丰歉去处，遵守诏条，禁戢官吏，务从民便。”① 绍兴二十八年（1158），右正言朱倬奏：“福建米斗折纳八百有畸，倍于广右；近饶州乐平县亦科四百五十，恐别郡承风，有亏仁政。欲依祖宗折科法，合纳初定实价，耗费共不得过百钱，非紧急无得折科。”②

嘉定十一年（1218）九月，王梦龙上奏指出，支移对乡村社会秩序造成了很大的影响：“如某州点夫，某州运米，又指某州出卸，涉历三州。所运不过八斗，计其资粮扉履点摘诛求之费，常十倍于八斗之直。中产之家雇替一夫，为钱四五十千，下户一夫受役，一家离散。”③ 可以想见，一户普通乡农且是精壮劳力，为承担支移，要往返于三州，承担了巨大的成本。从中可以想见，乡里骚然的窘迫景象。绍兴二十年（1150）八月，宣州太平县有位布衣史敦仁上书，主要是举报“州县输纳多增水脚钱”，高宗认为这是“民间之害，不可不禁止也”，下令户部处理。户部讨论结果是“每石随苗收纳一百文省，不得辄于数外更有增科搔扰”④。如果不是负担极为沉重，史敦仁也不会上书。而所有这些负担，均会对乡里社会秩序造成巨大纷扰。

绍兴六年（1136），右谏议大夫赵霈言：“岳州自版籍不存，不以田亩收税，惟种一石作七亩科敷，而反覆纽折，有至数十倍者。”⑤ 淳熙八年（1181），又重申规定，许从民便，“若愿纳本色，州县勒令折钱，或愿纳价钱，揽户过数乞取，许诣转运司诉”⑥，则州县勒令折钱，揽户过数乞取的情况是所在皆是。淳熙十四年（1187），四

---

① 《续资治通鉴长编》卷379元祐元年六月甲午条，第9200页。

② 《文献通考》卷5《田赋考五》，第122页。

③ 刘克庄：《刘克庄集笺校》卷82《玉牒初草》，辛更儒校注，中华书局2011年版，第3627页。

④ 官修、徐松辑：《宋会要辑稿》食货68之5，第7945页。

⑤ 《文献通考》卷5《田赋考五》，第122页。

⑥ 《文献通考》卷5《田赋考五》，第128页。

川的情况更为严重，赵彦逾在报告中说，每年“兑买成都府路彭、汉、绵州、石泉军秋料，省税米二万余石，支移赴绵州应副支遣所屯将兵”，其中彭州最多，达到了“每岁计四千九百六十四石有畸”，而且彭州距离最远，同时还要“支移赴威、茂州管下五城寨远仓军粮八十余石”①，因为四川总领所操办，已经解决了绵州税米需求，绵州赡军仓可以满足当年需求，所以要求免除彭州淳熙十四年（1187）一年“秋料合支移赴绵州税米”，由此可见彭州负担之沉重。整体来看，四川支移折变负担都很沉重。到绍熙二年（1191），四川制置使京镗、总领杨辅提出，“潼川管下郪县等五邑支移赴隆庆府送纳，谓之远仓米，秪充本府箱、禁军、铺兵支用。隆庆去潼川，近者二百里，远者五百里，皆负担而去，往往揽户每石邀价，至有钱引十二三道者，以致人户重困”②，申请改为缴纳“理估钱”，最终的决定是允许五县改为交“理估钱”，折算下来，每石连耗并头子勘合钱，共纳钱引八道。这个价格比十二三道，勉强略有降低。

绍兴三十一年（1161），广西转运司在处理地方支移折变事务时，“比年以来，变税折钱，不问州之远近，税之高下，尽行支移折变”。一律支移折变，而化州“额管税米八千石，每岁科折六千五百石于容州送纳，每石折钱二贯六百文足，而化州每岁合支遣一万五千石，却令本州招和籴一万石充岁计，每石支价钱四百文足，亦只于税户均籴。化去容六程，民之贫苦奔走，深可怜悯”。这样做法，导致化州乡民百姓，不得不奔波六程，去容州支移六千五百石税米，价格高达“每石折钱二贯六百文足”，乡民生计耽搁，即所谓“贫苦奔走，深可怜悯”。地方官百般申请改变这种状况，从未得到允许。据知情者云，这背后因素竟然是官府部门之间矛盾，因为广西转运司收入来源，“未榷盐以前，全藉盐利”，但是榷盐之后，盐利归属于茶盐司，转运司收入大幅降低，“漕计渐虚，寄桩亦竭，遂变税作钱，诛求百出”，导致“民日益困”。上奏者对转运司持批评态度：“殊不察炎荒

① 官修、徐松辑:《宋会要辑稿》食货 41 之 17，第 6918 页。
② 官修、徐松辑:《宋会要辑稿》食货 68 之 15，第 7950 页。

地广人稀，不可以他路比。”不过为了解决问题，他还是建议户部，“于广西一岁榷盐之数内，拨一半付运司充岁计支遣，免行科折”，能“宽一路二十五州之民”，更重要的是可以“消殄盗贼”。①

而下面这段关于杂钱的叙述，十分清楚地展现了中央、地方财政关系，各部门、各层级围绕支移折变而产生的矛盾和困局：

> 杂钱凡三色，皆起于五代割据时。时称盐钱者，官据口给食盐而敛其直；称曲钱者，给民曲使得酿酒，而归其曲之直于官；称脚钱者，每贯出钱五十以备解发。至广陵及南唐之末，淮南产盐之郡为周世宗所下，无以给民，因以旧所得之数纽为正税但输之。及国家削平僭乱，酒酤在官，不复给曲，而转输之费出于公上。有司因循，失于申请，每税钱一贯者辄存此三色，为钱三贯九百五十，总名曰杂钱。别而言之，则曰盐钱、曲钱、脚钱，亦曰盐钱、脚钱、见钱，凡为钱五万缗有奇。其后有司不直令输钱，从而折变之，故于税绢之外有折钱绢，税䌷之外有折钱䌷，税绵之外有折钱绵，苗米之外有折钱米，苗麦之外有折钱麦，其多寡岁岁不同。然旧制郡纳䌷绢每匹不过数两，故绢折钱七百七十，䌷折钱七百三十一，布折钱三百五十，绵每两正耗折钱六十二文五分，犹为相近。自顷物帛益好，价直益高，而所折之，直犹如其故，大率数倍于五万缗之数。绍兴中推行经界，尚书郎章偰为时相，力言民病，请因蠲减重赋，不见听。至今上，乾道六年（1170），郑偰任满赐对，乞将杂钱所折之绢减半，而拘江东漕司岁所取本州宽剩绢六千匹、折斛钱三万缗并额外科往建康府绢五千匹归大农，补还减半之数，天子以为然。事下户部，户部按律，非法擅赋敛及科买折纳而反复折纽，或别纳钱物者，具其科条行下约束，而令江东诸司公共相度，阅再期不报。前江东安抚司主管机宜文字章谦言于朝，以为安抚司已相度，乞减杂钱之半，而拘漕司、建康府绢各半，折斛钱三之一还户部，可以补还

① 官修、徐松辑：《宋会要辑稿》食货27之6，第6584页。

杂钱减半之数，且牒诸司矣。而至今未申部者，由比年吏强官弱，帅守、监司虽欲奉承而吏不欲也。愿严立限，趣令申上。八年（1172）五月十一日朝旨下诸司，期以半月，诸司即用此议上，而户部又请将折斛钱亦减其半，大约通计减钱二万一千六百余贯，乞纽充减落杂钱之数。七月二十五日奏，天子可之，委漕臣取见均减杂钱等名额实数，督责守令不得依前科扰，务要恩惠及民。是日又有旨，将徽州减免不尽杂钱，尽数蠲免，以宽民力。其本州认发漕司绢三千匹，折斛钱万五千贯，建康府绢二千五百匹，亦与放免，却令户部于沙田芦场钱内拨还，而郡以郑侯初指为歙、休宁等五县请故，杂钱只三万七千余缗，然合婺源计之，实五万四千余缗，今一切蠲免，则郡计所失多，乃审于户部，而漕司又以折斛钱三万缗，通杂钱五万缗，合为八万缗，数目不同，乃继委部使者核实。于是以盐、脚钱一万二千一百八十余缗为杂钱，其见钱四万缗非也。诏如其数，免一万二千一百八十余缗，而有司以为转运司折斛钱三万缗，建康府绢五千匹者，皆秋苗科折，非杂钱之例，下郡桩发如其故。①

上引文较长，但是其中的中央部门之间、地方官府不同机构之间的各种任务矛盾，展示得极为鲜明，值得一阅。其严重影响了社会安定，同时也严重影响了乡民百姓生活，对乡村社会秩序破坏极大。而前述转运司和茶盐司部门权利之争，到了乡村就引发盗贼横行，足见朝廷政策牵引影响之广，对乡村极具重要性。

在支移折变过程中，还涉及地域矛盾，也对乡村社会内部秩序有着深刻影响。嘉定三年（1210），江、淮制置使黄度上奏为福州乡村百姓争取利益，其中说："福州长溪县去州七八百里，苗米不能至州送纳，遂为揽户高价售钞，县又纵吏为奸。请照绍兴府新昌县例，明许折纳，县以钱上之州，州置场籴米。"这个政策建议被采纳后，对

---

① 罗愿：《新安志》卷2《杂钱》，《〈新安志〉整理与研究》，萧建新、杨国宜校著，黄山书社2008年版，第65页。

相邻县份则造成了影响。所以谏议大夫郑昭先上奏辩驳："福州苛取十一县输纳之赢，以补长溪折纳之数，是仅免长溪一邑跋涉之劳，而使十一县阴受侵渔之害。盖米可无籴，钱可无出，而自足支遣。望严行约束，违者重坐之。"[①] 从中可见，地域矛盾与乡村社会内部矛盾及与国家财政的矛盾呈现着多样交织并且复杂化的状况。

总之，支移折变是宋代两税重要组成内容，也是乡民百姓沉重负担。其演变历程主要是从以"实物"或者实际劳作为主，向额定赋税并主要以钱折算过渡。特别是随着时间推移，"支移折变"逐渐成为固定税目，成为一种"正常"的税收名目。而当有具体需要长途移运的物品，官府又要再次征发人力劳作，也是一种"税上加税"。当然，"支移折变"变身赋税的同时，在运行过程中，也还保留了很多具体需要执行的劳作内容。综合起来观察，宋代"支移折变"过程当中，朝廷、州县、乡里各级官府均为之扰动，其征发过程牵连三司、转运司、州县地方官，乃至乡里百姓。可以说，从皇帝到乡里农夫，"支移折变"都是他们要面对和处理的重要难题。这对宋代乡村社会秩序造成了重大影响，既显示出朝廷、州县、乡里矛盾纷争，也显现出胥吏、村民彼此之间的各种矛盾。而从"支移折变"来观察乡里秩序，可以为进一步讨论乡村社会内部关系提供一个新的视角。

① 《文献通考》卷5《田赋考五》，第128页。

第 五 章

北宋中期苏州农民的生活水平

北宋中期，略指仁宗天圣年间到神宗元丰年间。苏州，是北宋经济生活中有代表性的地区。农民的田租负担和生活水平，对于衡量社会发展具有重要的意义。关于这方面的研究，多集中在农民（民户）所承担的所谓“封建赋役”上，虽取得了相当多而且重要的成果，但较少着眼于特定地区普通农民的生活。各类经济史、赋役史、财政史等专书中，多涉及了国家与农民之间的取予关系，但囿于体例，多未具体来考察某地区某时段的农民生活状况。[①] 孔泾源先生分析了宋代的田赋税率并初步考察了农民负担问题，[②] 龙登高先生讨论了宋代东南地区小农家庭与市场的关系，[③] 斯波义信先生也分析了宋代的消费情况。[④] 本章即在这些前贤研究成果的基础上，对北宋中期苏州农民的公私田租负担以及粮食消费状况进行初步的考察，并进而根据现金收入状况来对苏州农民的生活水平略作分析。

---

① 如漆侠：《宋代经济史》；汪圣铎：《两宋财政史》，中华书局 1995 年版，第 2 编第 1 章；王曾瑜：《宋朝阶级结构（增订版）》，第 2 编，中国人民大学出版社 2010 年版；包伟民：《宋代地方财政史研究》，中国人民大学出版社 2011 年版，第 6 章；李宏略主稿：《中国农民负担史（第一卷）》，中国财政经济出版社 1991 年版，第 5 章。

② 孔泾源：《关于宋代的田赋税率和农民负担问题》，《中南民族学院学报》1984 年第 3 期。

③ 龙登高：《宋代东南市场研究》，云南大学出版社 1994 年版，第 1 章。

④ ［日］斯波義信：宋代の消費・生産水準試探，中國史學（東京）第 1 卷第 1 號（1991）。

一 公私田租负担

农业社会的维持与发展需要农民的劳动，只有在国家、土地所有者、农民的相互关系中，政府才得以运转。在中国古代，粮食是非常重要的收入。政府征收的田赋，土地所有者收取的田租，是农民的最大负担。北宋中期，政府的财政收入已大部分来自非农业收入，① 因而农民的名义负担并不十分严重。而农民又通过各种公开和隐蔽的方式与国家以及土地所有者博弈，争取到了更多的利益。

北宋政府取民之薄是得到了古代史家广泛赞誉的。《宋史》作者就评论说："宋克平诸国，每以恤民为先务，累朝相承，凡无名苛细之敛，常加刬革，尺缣斗粟，未闻有所增益。一遇水旱徭役，则蠲除倚格，殆无虚岁，倚格者后或凶歉，亦辄蠲之。而又田制不立，甽亩转易，丁口隐漏，兼并冒伪，未尝考按，故赋入之利视前代为薄。"② 再如："二浙虽遇丰岁，蠲除税赋不下三四十万石"③，特别是神宗"每遇水旱，辄轻弛赋租；或因赦宥，又蠲放、倚阁未尝绝"④。在北宋中期，政府在名义上取之于农民的并不为多。

景德中期，赋之总数合计为49169900，皇祐年间增加了4418665，治平年间又增加了14179364，治平中期达到了67767929，而治平年间因为"蠲除以便于民，逃移、户绝"等原因放免不追的也达到了12298700。⑤ 比较起来，治平年间蠲除的数额占到了赋入的18%强，已经是一个非常高的比例了。

又据《长编》记载，治平二年，全国总有12904783户，丁

---

① 贾大泉：《宋代赋税结构初探》，《社会科学研究》1981年第3期。据贾氏的研究，熙宁十年（1077），政府总收入7070万贯，农业收入约2162万贯，约占30%。虽然不完全准确，但非农收入大大超过农业收入则是可以肯定的。参见杜文玉《唐宋经济实力比较研究》，《中国经济史研究》1998年第4期。

② 《宋史》卷174《食货上二》，第4205页。

③ 官修、徐松辑：《宋会要辑稿》食货7之34，第6133页。

④ 《宋史》卷174《食货上二》，第4210页。

⑤ 这些数据均见《宋史》卷174《食货上二》，第4209页。原文无单位。

29077273 人，夏秋税 20396993 石，其中因灾害放免 1655546 石。[①]上述丁数应该包括城市人口，所以还要在这个数据中去除城市人口。对于宋代城市人口占总人口的比例问题，说法不一，特别是北宋缺少明确的城市与农村人口数字，甚至缺乏大概的比例依据，只有南宋保存了一些可供比较的大略数字。而且这些数据也都是官方数据，应该有隐漏的情况存在。据吴松弟先生估算，南宋大约城市人口占总人口的 12%。[②] 李伯重先生也认为，南宋末期江南城市人口最多不会超过 15%。[③] 如此看来，治平二年的丁数中无论如何最多也就只有 15% 的城市人口。以 12% 计算，则治平二年的农村丁数约 25588001，实际负担了 18741447 石夏秋税。这样，治平二年的丁均夏秋税负担大约 0.73 石。换言之，约为 73 升，不可谓高。

在苏州地区，比全国平均负担要略高些。据《姑苏志》："（宋初）均定税数，只作中下两等。中田一亩，夏税钱四文四分，秋米八升；下田一亩，钱三文三分，米七升四合。取于民者，不过如此。"又言此数"自熙丰更法，崇观多事，靖炎军兴，随时增益，始不一矣"[④]。可见在熙宁、元丰以前，苏州地区的夏秋税数并不为多，与前述全国的趋势是一致的。

又据北宋中期苏州人郏亶在熙宁三年上书言苏州水利时说，苏州这个地方有三十六万夫之田，"又以上中下不易再易而去其半，当有十八万夫之田常出租税也"。而"国朝之法，一夫之田为四十亩，出米四石"[⑤]。这说明，考虑到当时耕作的粗放状况，一个成年劳动力

---

① 《续资治通鉴长编》卷 206 治平二年十二月甲辰条，第 5013 页。

② 吴松弟：《中国人口史（第三卷）——辽宋金元时期》，葛剑雄主编，复旦大学出版社 2000 年版，第 619 页。

③ 李伯重：《有无"13、14 世纪的转折"？——宋末明初江南农业的变化》，《多视角看江南经济史（1250—1850）》，生活·读书·新知三联书店 2003 年版，第 38 页。

④ 《姑苏志》卷 15《税粮》，中国史学丛书初编，台北学生书局 1986 年版，第 31 册，第 214 页。

⑤ 王鏊：《姑苏志》卷 11《水利上》，第 170 页。

一般具有40亩地的耕作能力。[①] 而一个正常的劳动力，一亩地的负担约10升。而郏亶是上书言“利”，自然要多说好话，这样看来，亩税10升，肯定是高于全国平均水平的，但与前引苏州地区中、下田的钱米合计的负担约略相当。而且郏亶在上引文后接着又说：“况因水旱而蠲除者，岁常不下十余万石，而甚者或蠲除三十余万石。”则苏州农民的实际负担肯定也是达不到亩税10升的。太宗时新收两浙，王方贽受命均其杂税时言：“亩税一斗，天下之通法。”[②] 北宋中期人张方平（1007—1091）也说：“大率中田，亩收一石，输官一斗。”[③] 如果再考虑到蠲免比较普遍的情况，也是达不到亩收10升程度的。

下面来看一下农户平均的负担状况。元丰三年有北宋唯一具有全国户数14852684，口数33303889，成丁数17846873三个数字的记载，则户均成丁数1.2人，[④] 这个比例大致反映了北宋中期户均的成丁数，是北宋中期比较准确的户数、丁数以及口数的全国数据。另据《吴郡图经续记》：“元丰三年有户一十九万九千八百九十二，有丁三十七万九千四百八十七。”[⑤] 这是包括城市人口的，亦按12%的城市比例计算，则约有农户175905，丁333949。因无上下文，而宋代的“丁”的概念又比较混乱，不知此处是否为成丁。姑以成丁计算，则户均成丁约1.9人。按照一夫四十亩出米四石也就是亩输一斗的水平，则北宋中期全国平均的户负担约在4.8石，而苏州平均一户负担

---

① 关于农民的耕作能力发展变化，可以参考李伯重《“人耕十亩”与明清江南农民的经营规模》，前引氏著，第241—268页。

② 张镃：《皇朝仕学规范》卷30，《北京图书馆古籍珍本丛刊》，北京图书馆出版社2002年版，第68册，第648页。

③ 张方平：《张方平集》卷14《食货论·赋税》，郑涵点校，中州古籍出版社2000年版，第178页。

④ 《文献通考》卷11《户口考二》第298页。可参考前引吴松弟著第85—92页的讨论。

⑤ 朱长文：《吴郡图经续记》卷上《户口》，宋元珍稀地方志丛刊乙篇，李勇先等校点整理，四川大学出版社2009年版，第5页。另据《元丰九域志》元丰三年有户共173969，书中只为比较收入，一概从宽，故取高值，见王存《元丰九域志》卷5《两浙路》，王文楚、魏嵩山点校，中华书局2005年版，第210页。关于此问题亦可参考前引吴松弟著，第466页；方健：《两宋苏州经济考略》，《中国历史地理论丛》1998年第4期。

约在 7.6 石。以 175905 户计算，则总应负担的额度为 1336878 石。又“苏州五县之民自五等以上至一等不下十五万户……自三等以上至一等不下五千户……”则以四、五等计为农民，约 145000 户，总应负担 1102000 石，但无论户数到底多少，应负担多少，元丰年间一年的实际负担都是“今苏州止有三十四五万石”[①]。同书卷十五又详细记载了元丰三年岁输“苗三十四万九千斛”，两者参详以 350000 计算，则苏州户均（以户175905或 145000 为基础）的实际负担，在 1.9—2.4 石。如果按照这个比例关系（名义为 7.6 石，实际 1.9—2.4 石）来看，全国平均的户均实际负担应该在 1.5 石左右。因此，无论从哪个角度来说，北宋中期的农民田赋实际负担并不重，苏州虽然高于全国的平均水平，但其地生产力较为发达，所谓“姑苏从古号繁华”，[②] 田赋实际负担仍然说不上多么沉重。当然，前面所引述及推算的数据，只能反映大概的倾向与趋势。

以上是农民对“公家”负担的基本情况，下面再来看一下农民对于“私家”的负担。这两者有时是无法截然分开的，下面所述也只能是倾向与发展的趋势，而非准确的统计数字。

熙宁八年八月，吕惠卿说自己：“苏州，臣等皆有田在，彼一贯钱典得一亩，岁收米四五六斗。然常有拖欠，如两岁一收。上田得米三斗，斗五十钱，不过百五十钱。”[③] 私人田租在名义上是对半分，但是只能收到一半，以吕之权势，尚无法全收，可以想见一般小土地所有者是无法全额收取地租的。这个也能从北宋末期人郑刚的诗中得到印证：“硗田能几何，旱穗正容摘。岂便得收敛，半属租种客。分争既不贤，烈日乃暴炙。”[④] 其所感慨“分争不贤”者，正是私家无

---

① 以上引文均见《姑苏志》卷 11《水利上》。当然，这里所说的负担都是正式负担，是所谓“祖额”，其他的和籴等并未加以统计，显然这些也是很重的负担。但各地均有此类负担，如果都不计算，对总体的趋势影响应该不大。

② 范仲淹：《范仲淹全集·范文正公文集》卷 5《依韵酬章推官见赠》，第 85 页。

③ 《续资治通鉴长编》卷 267，熙宁八年八月戊午条，第 6557 页。

④ 郑刚中：《北山集》卷 2《监刈旱苗》，景印文渊阁四库全书，第 1138 册，第 44 页。

法从农民那里获取约定数额的真实写照。草野靖先生在分析了宋代抗租以及主佃之间的法律关系之后，也指出，“（主佃之间）这种抗租和伤害事件，已成为北宋中期明显的社会问题”[①]。并进一步指出，北宋中期以后一直到南宋，政府制定了一系列制约佃户的法律。这也可从反面看出，佃户“拖欠”的严重程度。

农民采取“拖欠”的办法，在当时人的记载或者史书里面也有不少，可以与吕惠卿所言相互印证。早在太宗淳化二年，就因为民间秋诉夏旱，冬诉秋旱，“欺罔官吏，无从覆实”，故限定了“荆湖、江淮、二浙、四川、岭南”[②] 诉水旱的具体日期。天禧初年又重申，“荆湖、淮南、江浙、川峡、广南”[③] 这些地区的百姓诉水旱，不得过期。可见这些地方民众总是采用各种办法虚报、瞒报，以争取利益最大化。[④] 到熙宁年间，情况更加严重。沈括说：“两浙州县民多以田产诡立户名，分减雇钱夫役，冒请常平钱及私贩禁盐。”[⑤] 又说：“常州无锡县逃绝、诡名挟佃约五千户，及苏州长洲县户长陪纳税有至二百余缗。”[⑥] 元祐六年，贾易说：“两浙佃民习为虚骄，以少为多，其弊已久。”[⑦] 可见北宋中期苏州一带的农民拖欠已经成为严重的社会性问题了。

甚至到了明清时期，江南特别是苏州一带仍然如此。清初，江苏巡抚慕天颜奏议地方赋重之极，造成大小官员苦在此任。他特别指出：“明季时，州县有司完（粮）及七分者即得报最。”可见明代的拖欠已经很严重了。而到清初则“通查所属地方，从无升任之官”。

---

① ［日］草野靖：《宋代的顽佃抗租和佃户的法律身份》，徐世虹译，收入《日本学者研究中国史论著选译》第 8 卷，中华书局 1992 年版，第 347 页。

② 王林：《燕翼诒谋录》卷 4，中华书局 1981 年版，第 42 页。

③ 《宋史》卷 173《食货上》1，第 4162 页。

④ 应该说，是这几个地区此类情况比较严重，其他地区也有这样的现象。《宋史》卷 173《食货上》1：“畿甸民苦税重，兄弟既壮乃析居，其田亩聚税于一家，即弃去，县岁按所弃地除其租，已而匿他舍，冒名佃作。”

⑤ 《续资治通鉴长编》卷 246 熙宁六年八月丁丑条，第 5990 页。

⑥ 《续资治通鉴长编》卷 249 熙宁七年正月丙寅条，第 6077 页。

⑦ 《续资治通鉴长编》卷 462 元祐六年七月庚午条，第 11032 页。

而“苏、松等郡，长吏动多镌职，止为钱粮未清，羁留系累，项背相望，面目堪怜”。且“通计苏、松二府自（康熙）元年起至九年止，民欠未完起存钱粮九十二万有奇”①。江南巡抚韩世琦也说：“苏松等府竟无任及一二年之守令，而府县动有数十万之积逋。”② 乾隆十年，江苏巡抚陈大受奏章中仍然称“吴中佃户抗租，久成锢习”③。农民在公、私两方面都采用拖欠的办法，而政府官员和土地所有者的无力自可想见。而白凯的研究，④ 充分说明了直到清代中期乃至晚期，江南土地所有者想要获得全部约定的租课仍然是非常困难的。在土地所有者、农民、政府三者之间的关系中，农民特别是所谓“顽佃”，获得了最大的利益，而政府和土地所有者基本上是束手无策的。

二　口粮日消费量的估算

食物支出占全部消费支出的绝大部分，是农业社会消费状况的重要特点。处于社会下层的农民，食物消费在全部消费中就占有更大的比例。一般来说，今人在涉及宋代民众粮食消费的时候，多以日 2 升作为不言自明的计算根据。但是，日 2 升绝不是放之四海而皆准的，更不是宋代特别是北宋消费的一般状况。日 2 升，对全国来说是一个比较高的数字，只有苏州可能可达到。

北宋初建，因为开五丈河，春役农夫，宋太祖：“恻其劳苦，特令一夫日给米二升，天下诸处役夫亦如之，迄今遂为定式。”⑤ 可见日食 2 升是宋初所定的宽惠政策，而且是提供给重体力劳动者的，到北宋中期，仍然延续这个政策。大名鼎鼎且生活在北宋中期的沈括，

---

① 李渔：《资治新书二集》卷 1，本社编：《李渔全集》第 17 卷，浙江古籍出版社 1991 年版，第 30 页。

② 李渔：《资治新书二集》卷 1，第 6 页。

③ 官修：《清实录·高宗实录》卷 245 乾隆十年七月己亥条，中华书局 1985 年版，第 169 页。

④ ［美］白凯（Kathryn Bernhardt）：《长江下游地区的地租、赋税与农民的反抗斗争 1840—1950》，林枫译，上海书店出版社 2005 年版，第 1 章。

⑤ 王曾：《王文正公笔录》，中华书局 2017 年版，第 9 页。

在分析军队粮运的时候，也说“人日食二升”①，这是军人的战斗口粮，肯定要比一般民众的消费要高，而且在秦、陇等西部的12个州的地方义勇，“遇召集防守，日给米二升，月给酱菜钱三百”②。陕西都转运司从事转运的“人夫”，在运输途中“人日支米二升，钱五十”③。这两个例子是与西夏对抗的沿边地区，随时可能从事战斗任务，所以等同军人待遇。而天圣年间以来，从事官营盐业的畦户，“总三百八十，以本州及旁州之民为之，户岁出夫二人，人给米日二升，岁给户钱四万”④。这也是强体力劳动，米二升的基础上，又户给四万钱，也是比较高的待遇。由以上可见，日食2升的记载，都是关于军人和强体力劳动者的，这样看来，一般的民众很难达到日食2升的水准。

在比较低的消费方面，北宋中期的相关记载不多，因此我们把与北宋中期时代略近的情况一并加以参考。仁宗嘉祐二年，以户绝田招人耕垦，以所收租置广惠仓，预备“给州县郭内之老幼贫疾不能自存者”，其配置办法是“自十一月始，三日一给，人米一升，幼者半之，次年二月止”⑤。这是所谓“不能自存者”，消费量当然极低，但也应该是能维持生命的最低标准，成人3日才1升。宣和二年，参考元丰旧法，居养院等救济机构里面的被救助对象，“应居养人日给秔米或粟米一升，钱十文省，十一月至正月加柴炭，五文省，小儿减半”⑥。标准比前述略有提高，但这是具有样板性质的，而且只有首都才有的特殊情况。另外，绍兴十三年，无供饭囚犯的食物标准是“临安日支钱二十文，外路十五文”⑦。据全汉昇先生的研究，南宋初期物价变

① 沈括：《梦溪笔谈》卷11，金良年点校，中华书局2016年版，第114页。
② 《宋史》卷144《兵志》5，第4734页。
③ 《宋史》卷175《食货上》3，第4257页。
④ 《宋史》卷181《食货下》3，第4415页。
⑤ 《宋史》卷176《食货上》4，第4279页。
⑥ 《宋史》卷178《食货上》6，第4340页。
⑦ 《宋史》卷200《刑法二》，第4993页。

动极大，到绍兴八年的时候，两浙米价斗米大约卖钱300文。① 这样按30文购米1升折算，则15文约合半升米。比前述3日1升在数字上略高，不过考虑到囚犯的特殊情况（克扣极多），估算为持平不为大过。如此，则在北宋中期的最低生活标准上，应是从日0.33升到1升，取中数则日均0.66升，这大概是维持生活的低标准了。从以上高、低两方面的情况比较来看，最低标准比军人标准低得多，考虑一般社会上的情况，取两数的中间值，则大约北宋中期，一般成人民众的日消费量在1.33升左右。

了解了全国的情况之后，我们再具体考察苏州的情况。《姑苏志》载庆历年间，通判李禹卿，"溉田千余顷。岁饥出羡粟三万，活饥民万余"②。"三万"之数无单位，考虑到千顷所出之羡粮，应该是"斗"，其言"活"，则至少维持一季的生活，以待新粮。则3万斗粟，合30万升，1万人维持90日，人则日均0.3升，与前述最低标准相当。这是饥荒年月维持生命的基本数字，可见全国之数略同。景祐初年，范仲淹在苏州任职，因为倡导兴修水利，上书宰相吕夷简，其中说："丰穰之岁，春役万人，日食三升，一月而罢，用米九千石耳。荒歉之岁，日以五升，召民为役，因而赈济，一月而罢，用米万五千石耳。"③ 荒岁系救济性质，姑可不论。可见苏州丰岁役夫，日食标准是高于全国的标准的。而范仲淹个人置义田以养"群从之贫者"，也达到了"人日食米一升"④ 的水平。把苏州的情况和全国比较，特别是和成年劳力——役夫相比较，苏州肯定是高于全国水平的。用最低水平来比较，范氏之义庄，也可达到1升，说明苏州的水平肯定高于全国的平均水平。如果以苏州常岁日消费2升，应该是居中略高的数字。

---

① 全汉昇：《南宋初年物价的大变动》，《中央研究院历史语言研究所集刊》第11本，1943年版。

② 王鏊：《姑苏志》卷11《水利上》，第168页。

③ 范仲淹：《范仲淹全集·范文正公文集》卷11《上吕相公并呈中丞咨目》，第227页。

④ 王辟之：《渑水燕谈录》卷4，吕友仁点校，中华书局1981年版，第36页。

以上初步考察了北宋中期全国以及苏州地区的粮食人均消费情况。但这2升之粮究竟是否可以满足正常劳动力的消费？这一点，我们也可通过现代的统计数据进行分析。20世纪70年代末，普通民众生活水平处于相对比较低的水平。以当时的人口营养水平作基本衡量，或可作为考察中国古代百姓生活的一个参照。世界银行1982年发布的《中国：社会主义经济的发展》报告附件2《人口、卫生和营养》[①]中发布的统计数据表明，中等活动水平的20—39岁男性，大约需要2695千卡热量。女性大约需要2127千卡热量，则平均成年劳动力大约需要2411千卡热量。另据计算，每100克大米约含热量351千卡，人体能吸收热量约在90%。[②]这样，考虑到其他蔬菜、肉类消费数据不易取得，姑以粮食作为全部热量获得来源，又因“东南之田，所植唯稻”[③]，“江淮民田，十分之中，八九种稻”[④]，程俱也说“苏秀两州乡村，自前例种水田”[⑤]，故全部以米折合。这样，每500克米（1市斤）含热量约1755千卡，则要达到2411千卡热量，就需要1.37市斤米。考虑前述人体吸收问题，则要达到2411千卡热量，大约需要消费1.5市斤米。

古今稻米品质肯定有所不同，在无法获得宋代稻米热量的前提下，考虑今日在科技成果的作用下，稻米热量肯定高于宋代，暂以高值计算，前已提到苏州是消费水平比较高的地区，亦以苏州宋人日消费米1.5市斤（今制），这就需要折算为宋代的升制。

再考虑从容积换算到重量，不同的物品有不同的换算标准，一般以英制蒲式耳计算。1蒲式耳折合36.6市升。如以小麦、大豆为标准，则1蒲式耳合约27.216公斤，[⑥]也就是54.432市斤。那么就是

---

① 世界银行：《中国：社会主义经济的发展 附件2：人口、卫生和营养》，中国财政经济出版社1982年版，第81页。

② 高晓波主编：《少儿卫生》，中国医药科技出版社1991年版，第133页。

③ 《范仲淹全集·范文正公文集》卷11《上吕相公并呈中丞咨目》，第227页。

④ 官修、徐松辑：《宋会要辑稿》食货7之13，第6121页。

⑤ 程俱：《北山小集》卷37《乞免秀州和买绢奏状》，宋集珍本丛刊，线装书局2004年版，第33册，第627页。

⑥ 黄文照编：《中外计量换算手册》，中国对外经济贸易出版社1986年版，第41页。

说 1 市斤合 0.018 蒲式耳，等于 0.672 市升，那么 1.5 市斤即合 1.008 市升。宋制的 1 升，约合市升 0.66，[①] 那么 1.008 市升等于 1.527 宋升。也就是说，正常成人劳动力在中等程度的消耗下如果要获得 2411 千卡热量，就至少需要消费 1.527 宋升粮食。

以上是用替代的粮食品种（小麦、大豆）作为换算基础，而且是从今制推导到宋制，下面我们通过宋代稻谷的折算比率来看一下。根据陈智超、汪圣铎先生的估计：“一宋斤约相当 590 克至 640 克，即 1.18 至 1.28 市斤；一宋石约可容 92.5 宋斤稻谷”[②]，那么，1 宋升则合 0.925 宋斤，合 1.09—1.18 市斤。按 1.09 的低标准，1.5 市斤就约等于 1.376 宋升，也就是说要获得 2411 千卡热量，至少需要 1.376 宋升稻谷。当然，以上的计算忽略了宋代度量衡的混乱情况，而且是粮、米混用，如果再考虑到粮食的出品率，所需要的数量还要更大些。

如此看来，再考虑蔬菜等其他热量获得来源，则日食 2 升的标准，给予强体力劳动者以及军人，是比较合乎自然规律的。苏州能达到或者超过壮劳力常岁 2 升，普通人 1 升以上（应比义庄的水平高）的标准，是高于江南地区年人均 3.6 石左右的粮食消费水平的。[③] 与此形成对照的是，约在绍圣年间，河中府永乐县姚氏一家，“田数十顷，族聚百余口，子孙躬耕农桑，仅能给衣食”[④]。皇祐二年六月，丁度也指出：“蜀民岁增，旷土尽辟，下户才有田三五十亩，或五七亩而赡一家十数口。”[⑤] 其户均占有土地数量约略与苏州地区持平，

① 吴慧：《中国历代粮食亩产研究》，农业出版社 1985 年版，第 235 页。参见吴承洛《中国度量衡史》（商务印书馆 1937 年版）。丘光明等著《中国科学技术史：度量衡卷》（科学出版社 2001 年版，第 378 页）定为 702 毫升，姑从旧说。

② 陈智超、汪圣铎：《中国封建社会经济史》第 3 卷，田昌五、漆侠总主编，齐鲁书社、文津出版社 1996 年版，第 71 页。

③ 江南地区的界定，参见李伯重《“江南地区”之界定》（收入《多视角看江南经济史（1250—1850）》）。江南人均粮食消费，参见前述斯波义信的研究（转引自李著第 127 页）。

④ 王辟之：《渑水燕谈录》卷 4，第 38 页。

⑤ 《续资治通鉴长编》卷 168 皇祐二年六月乙酉条，第 4048 页。

而生产能力则远不如苏州。但是到明清以后，苏州经济极为发达，人均食米数量反而停留在1升左右的标准①，这说明随着经济水平的提高，在食物消费结构中粮食比重反而有所下降。

三　生活水平的估测

前面分析了苏州农民消费和负担的基本情况，可以看出苏州农民的负担虽然高于全国平均水平，但是其生产能力也更高，其日均粮食消费也大大高于全国水平，但是农民维持生活除了粮食之外，还需要“现金”，分析农民现金收入的情况，能在一定程度上深化对农民日常生活的考察。

元祐元年（1086）正月，司马光上书请罢免役法，其中说：“官户、僧寺、道观、单丁、女户，有屋产，每月掠钱及十五贯，庄田中年所收斛斗及百石以上者，并令随贫富分等第出助役钱，不及此数者与放免。其余产业，并约此为准。”② 据司马光后来的解释：“臣意以为十口之家，岁收百石，足供口食，月掠房钱十五贯，足供日用。”③ 可见一般的十口之家，每个月能有15贯的现金收入，足以为温饱之家了。章惇反对司马光，提了很多意见，其中特别说：“更令凡庄田中年所收百斛以上，亦纳助役钱，即尤为刻剥。”④ 双方的争论到底谁是谁非，“刻剥”与否，姑可不论。值得注意的是章惇反对的理由，他特别反对的只是“中年百石”标准，却没有提到十五贯的问题，可见章惇也认可15贯是一个足够满足生活的温饱标准，起码也是不反对这个标准的，否则不会置而不驳的。如

① 据清人包世臣（1775—1855）在论述酒害的时候说苏州人：“合女口小口，牵算每人岁食米三石。”当然这个数据是米麦折算而计，与只计算米略有不同。见氏著《安吴四种》卷26《齐民四术》卷2农2，近代中国史料丛刊，文海出版社1968年版，第30辑，第294册，第1767页。

② 司马光：《乞罢免役钱依旧差役札子》，《司马光集》卷49，第1046页。

③ 《续资治通鉴长编》卷381元祐元年六月甲寅条，第9276页。

④ 《续资治通鉴长编》卷367元祐元年二月丁亥条，第8826页。

此，10 口人，月收入现金在 15 贯左右，肯定是全国范围内的一般温饱标准，单丁、女户能达到这个一般标准的，在司马光看来也就需要缴纳助役钱了。据何忠礼先生的研究，宋代每户有 5—6 人，①吴松弟先生则进一步推算，宋代户均口数在 5.4 人左右，② 以 6 人计算，人均 1.5 贯的标准，口粮之外，月能获得 9 贯，则可大致定为一家生活的温饱标准。

农民生活的来源，一直来自土地。但是到底其具体来源是粮食、经济作物或者手工业中哪一种所占比例较大，则明代中期以后与此前有明显的变化，江南的经济作物种植以及棉纺织业的发展给农民生活来源提供了更多的渠道。但明代以前，苏州农民的收入来源仍然比较单一，主要是以粮食特别是水稻为主，日常生活来源的绝大部分来自水稻生产，前所引述当时人的记载也说明了这点。学术界也大体持此说，如李伯重先生就指出：“一直到清代中叶，水稻生产依然是江南农业中最重要的生产部门。就江南整个地区而言，无论从种植面积还是从事该项生产的农户的数量来看，水稻对其他作物都具有压倒性的优势。”③ 这样看来，农民的现金收入也多数来自粮食特别是水稻。

这样就需要我们对苏州农民的粮食收入特别是亩产量做一个基本的定量基础。江南地区的粮食亩产量问题，是一个聚讼纷纭的话题。由于史料的限制，讨论多集中在南宋以后。斯波义信先生总结了 1237 年的 139 块学田的亩产量分析，认为 1.2 石以上产量只占 20%，全部 114 事例的平均亩产量只有 0.65 石，但也指出“亩产在三石以上的水田，分布在苏州、嘉兴、绍兴、明州等地的中心区域”④。李伯重先生总结了学者们的各种意见，并进行了综合分析，认为：“南

---

① 何忠礼：《宋代户部人口统计问题的再探讨》，《宋史论文集》，中州书画社 1983 年版，第 37—62 页。

② 前引氏著，第 162 页。

③ 李伯重：《“人耕十亩”与明清江南农民的经营规模》，前引氏著，第 253 页。

④ ［日］斯波义信：《宋代江南经济史研究》，方健、何忠礼译，江苏人民出版社 2001 年版，第 153、154、146 页。

宋后期江南的稻米平均亩产量，应当远低于 2 石，很可能只是 1 石多些而已。”但也指出“高产记录多数集中在苏州、嘉兴以及湖州”①，方健先生认为斯波义信先生以田租之倍为产量并不合理，因为租率极难估测，在对其所引史料的分析基础上，最后的结论是“范仲淹的苏州每亩产米 2—3 石的估计，仍为不易之论”②。综合起来看，诸学者虽然在江南整个地区的产量上有所争论，但对于苏州地区的高产量却是一致肯定的。

范仲淹在上书中说：“臣知苏州日，点检簿书，一州之田系出税者三万四千顷。中稔之利，每亩得米二至三石。”③ 其在仁宗景祐年间任苏州知府，恰是北宋中期。取 2.5 石作为苏州地区的平均亩产量，应该是比较合适的。宋代田产隐漏较多，一般在估计宋代田产隐漏比例的时候，多引“计其赋租以知顷亩之数，而赋租所不加者十居其七。率而计之。则天下垦田无虑三千余万顷”④。这样一条史料作为计算根据，但这明显属于古人信口开河。上引此句之前提到治平中有垦田 4400000 顷，按隐漏 7/10 的比例，则治平实有垦田 14666666 顷，也不是“三千余万顷”。再者，元丰五年政府掌握的土地数字为 4616556 顷，如果按 7/10 的隐漏比例，则元丰年间实有土地 15388520 顷。唐开元二十八年的应受田数才 14403862 顷，更不要说把北宋元丰五年与唐开元二十八年的实际国土控制面积相比了。⑤ 方健先生前引文也按此比例估算苏州大约有 11.3 万顷，肯定是高估了的。前文已计算苏州有农户 175905，户有约 40 亩土地，则总约有

---

① 李伯重：《有无“13、14 世纪的转折”？——宋末明初江南农业的变化》，前引氏著，第 78—79 页。

② 前引论文。

③ 范仲淹：《答手诏条陈十事》，《范仲淹全集·范文正公政府奏议》卷上，第 470 页。

④ 此条史料见诸多书，常见的有《宋史》（卷 173，第 4166 页。）和《文献通考》（卷 4，第 58 页）。

⑤ 关于上述数字及唐代的实际耕地面积、应受田问题，参考汪篯《隋唐耕地面积问题研究》，《北京大学百年国学文粹·史学卷》，北京大学出版社 1998 年版，第 388 页。当然，国土面积和耕地面积并不一定同时增长或者缩小。

70362 顷。大约是政府掌握数字 34000 顷的 2 倍多，根据这样的比例，以 50% 计隐漏，应该说是一个可以接受的数字，即以 68000 顷计算，亩计 2. 5 石，则苏州年可产米 17000000 石。而户均得米约 97 石。如按亩税一斗的标准，户纳 4 石。前文已推算苏州农民的户均名义负担约为 7. 6 石，实际负担约在 2. 4 石，考虑和籴等“祖额”之外的负担，一概从宽，姑以 7. 6 石计算。除了政府直接征收之外，其他佃种的土地尚需缴纳收获物，前节已经表明了在农民的拖欠策略下，土地所有者很难全额获得。但此处完全从宽，亦以 7. 6 石计算。则农民的公私负担约在 15. 2 石。

缴纳了 15. 2 石的负担之外，农户还必须留出种子，以备来年。由于史料极其缺乏，姑以明代的情况大略计算之。水稻种植，有直播和插秧的区别，东汉以后多为插秧，有秧田和本田的区别。[①] 在计算用种量的时候有两者的区别，不过一般都以本田作为计算的根据。明代农学家邝璠认为在收稻种的时候，应该“每亩计谷一斗，然种必多留，以备缺用”[②]。徐光启也认为：“今人用谷种，亩一斗以上。”[③] 这都是计算本田的需要，40 亩则约有 4 石，按照“多留”“以上”的原则，从宽以倍之计算，则 8 石。

种子之外，就是口粮。苏州地方生产力水平较高，第 1 部分已经分析过苏州成年农民大约日食 2 升，其他人 1 升。按户均 6 人，其中 2 人为成年劳动力的办法来计算，日共消费 8 升，则月消费 2. 4 石，年消费 28. 8 石。根据上述计数字，则可推算出余粮的数字：

$$97 - 15.2 - 8 - 28.8 = 45 \text{（石）}$$

这个数字，就是农民的一年生计之所出。吴自牧说：“盖人家每日不可缺者，柴米油盐酱醋茶。或稍丰厚者，下饭羹汤，尤不可无。

① 裴安平、熊建华：《长江流域的稻作文化》，湖北教育出版社 2004 年版，第 336 页。可参看游修龄《中国稻作史》，中国农业出版社 1995 年版。

② 邝璠：《便民图纂》卷 3，石声汉等校注，农业出版社 1959 年版，第 34 页。

③ 徐光启：《农政全书校注》卷 25，石声汉校注、石定枎订补，中华书局 2020 年版，第 776 页。

虽贫下之人，亦不可免。”① 这是杭州城内的消费，而据方回：“佃户携米或一斗、或五七三四升，至其肆，易香烛、纸马、油盐、酱醯、浆粉、麸面、椒姜、药饵之属不一。皆以米准之。”② 这是秀州佃户的情况，消费水准不下杭州城内。苏州繁盛超过秀州，自可想见苏州一般农民的日用消费无论是品种还是质量都要超过秀州的。据上文，月得9贯（六口）或者15贯（十口）就能比较好地满足这些需要。前已述明，农民的现金来源绝大部分来自粮食，那么这45石粮食到底能不能获得月9贯或者15贯的收入呢？这就需要对北宋中期的粮价进行充分的考察。下面根据相关史料制成表格：③

时间（年）		地点	价格（斗）	史料出处
1026	天圣四年闰五月	荆湖、江、淮	70—100文足	《宋会要辑稿》食货39之12，第6857页
1044	庆历三年	江浙	6、7百文足至1贯省（每石）	《长编》卷143，第3440页
1050	皇祐二年	两浙	120文足	《能改斋漫录》（中华书局1960）卷2，第20页
1052	皇祐四年	东南各郡	50—230文不等	《李觏集》卷28《寄上孙安抚书》，第312页
1075	熙宁八年	苏州	50文	《长编》卷267，第6557页
1089	元祐四年八九月	杭州	66文足	《长编》卷451，第10832页
1089	元祐四年十一月	杭州	95文足	《长编》卷451，第10832页
1089	元祐四年十一月	浙西七州	90文足	《长编》卷435，第10494页
1090	元祐五年七月初	浙西	百钱足	《长编》卷451，第10829页
1090	元祐五年九月戊辰	杭州	75文足	《长编》卷451，第10833页

① 吴自牧：《梦粱录》卷16《鲞铺》，符均等校注，三秦出版社2004年版，第247页。

② 方回：《续古今考》卷18《附论班固计井田百亩岁入岁出》，景印文渊阁四库全书，第853册，第368页。

③ 此表数据除部分为笔者阅读、检索所得外，其他引自全汉昇《北宋物价的变动》（《中央研究院历史语言研究所集刊》第11本），页码均由笔者加注。未标明版本者，已见前文各注释。

续表

时间（年）		地点	价格（斗）	史料出处
1090	元祐五年九月戊寅	苏州	95 文足	《长编》卷451，第10834页
1090	元祐五年十月壬子	浙西	70 文足	《长编》卷451，第10836页
1090	元祐五年十月壬午	杭州	67—70 足	《长编》卷451，第10837页

由上表可知，北宋中期，江浙一带各地米价变动从熙宁年间到元祐年间，多在50—90文每斗。[①] 司马光所提出的15贯标准在元祐元年，这样以最低50文（均以足钱计算）作为衡量标准，也就是5贯买1石，应该是比较合理的。那么

$$45（石）\times 5（贯）=225（贯）$$

则

$$225（贯）\div 12（月）\approx 18.7（贯/月）$$

以上的分析全部是从宽计算的，这样也高出了司马光所提出的15贯标准。

除了粮食收入以外，农民家庭肯定是要从事一些副业的。虽然所占比例不大，但也能略补家用。这方面的史料有限，而且能被多数家庭从事作为副业的，主要是在蚕桑纺织以及短期零工等方面。宋人云江浙地区“缫车之声，连甍相闻，非贵非骄，靡不务此”[②]。而且宋代夏税多征丝麻布帛，农家为谋利、完税都需要从事纺织获取收入。而有些农户还混业经营：“士农工商虽各有业，然锻铁工匠未必不耕种水田，纵使不耕种水田，春月必务蚕桑，必种园圃”[③]，另外还要“蒸茶割漆以要商贾懋迁之利”[④]。在冬正腊节，还可以“荷薪刍入城

① 当然，这些数据都是市价，农民卖粮的价格应该更低些。因底价不易估算，综合50—90文的幅度来看，以50文作为最低限的价格，应该是合理的。

② 李觏：《李觏集》卷16《富国策三》，王国轩校点，中华书局1981年版，第137页。

③ 王炎：《双溪类稿》卷22《上宰执论造甲》，景印文渊阁四库全书，第1155册，第680页。

④ 陈公亮等：《淳熙严州图经》卷1《风俗》，宋元方志丛刊，中华书局1990年版，第4286页。

市，往来数十里，得五、七十钱”①。综合考虑江南农村中存在的这些情况，苏州农家能获得18贯以上的现金收入，是毫无疑问的。这样看来，如果说月入9贯或者15贯是温饱标准，苏州户有5—6人，肯定是达到了小康标准。

通过上文的分析，总的看来，在北宋中期，以苏州地区为代表的农民的消费最主要部分还是粮食，日均消费约在1—2升。在“拖欠”的策略下，农民的实际公私田租负担并不高。其生活水平，与全国的平均水平比较是相对高的。也正是在北宋中期，苏州才真正成为“东南大州”。②

① 张方平：《张方平集》卷26《论率钱募役事》，第416页。

② 至道二年陈靖在上书中仍在探讨到底那里需要优先发展的问题：“按天下土田，除江淮、湖湘、两浙、陇蜀、河东诸路地里悠远，虽加劝督，未遽获利。今京畿周环二十三州，幅员数千里，地之垦者十才二三。”见《宋史》卷173《食货上》1，第4160页。可见两浙仍然没有什么特殊之处，陈靖也主张优先发展京畿地区。北宋中期以后则再也不见此类议论，特别是“两浙”，再没有人说不重要的了。

第六章

宋代的官户免役

秦汉以来，官府强迫百姓提供人力之“役”已成通例，“在军旅则执干戈，兴土木则亲畚锸，调征行则负羁绁”[①]，主要任务是汲取财富，维护基层秩序，提供公共服务和管理少量社会经济事务。承五代弊政，宋朝官府更是要求民众无偿且陪累家产从事理应付酬的职务性服务劳作，是为“职役”（差役）。这严重扰乱民生，民众特别是乡村百姓尤难负担，深受其苦，在社会各方面均造成重大影响。但由于管控需要及行政事务剧增，又找不到更合适的办法，不得不维持其长期存在。朝廷上下几乎一致认为，既然“职役”无法取消，负担就应相对公平。从庙堂到乡里，围绕百姓应如何实现“公平”，争论不休，措施迭出。但直到宋朝覆亡，虽在差役、免役、义役等多种操作手段当中反复博弈，终未寻到最优办法。少数乡民采用自残等极端手段，以图避役。但对于大多数乡村百姓来说，如此避役极难，风险很高，且总有避无可避之时。当承役任务分派时，尽量推脱或推迟，才是无可奈何之下最优选择，宋代文献多称为“纠役”。而官员之家（官户）受到朝廷优待[②]，财力较高又具相对优免特权，因而成为役

① 《文献通考·自序》，自序第5页。

② 一般说来，宋代“官户”指现任或曾任一定级别的实职官员及其有荫子孙。据李弥逊引“绍圣常平免役令”夹注，官户“谓品官，其亡殁者有荫同”，见李弥逊撰《筠谿集》卷三《缴刘光世免差科状》，景印文渊阁四库全书，第1130册，第611页。又如“诸称‘品官之家’者，谓品官父祖子孙及与同居者”，见谢深甫《庆元条法事类》卷八〇《诸色犯奸·名例》，第923页。关于何为官户的各种详细规定，可参见王曾瑜《宋朝阶级结构》（增订版），第196页。

事执行过程中民户高度关注的“纠役”对象。认识职役差派中“纠役”纷争，尤其是处于众所瞩目的官户免役问题，对于理解宋代社会运作、百姓生活、官民关系等都有极大学术价值。

因役事重要而又复杂，关于宋代差役（职役）研究，一直都是学术界较为关注的议题，相关成果汗牛充栋。[①] 在役事中有着重大影响的官户免役问题，论述虽相对较少但也取得了非常突出的成绩。张景贤较早涉及这个问题，认为限田是为了均役。殷崇浩则在张氏研究成果基础上，较为详细地梳理了官户免役过程。游彪把官户和其他“特殊户籍”一起考察，认为“免役法”在一定程度上打破了特权。黄繁光则注意到了官户限田免役程序与细节问题。[②] 殷、张两氏虽关涉役事与限田关系，但目的是要从“限田”角度考察“田制不立”意义上的土地政策。且收有大量第一手纠纷实例文献的《名公书判清明集》当时尚未出版，故两文只能从典籍入手，在国家政策和制度角度加以探讨，较少涉及官户免役实际运行状况。而黄氏虽然较深入运用新史料，试图分析役法实况，但仅在讨论役法执行程序中略微涉及官户免役问题，一带而过非为重点。王曾瑜在讨论宋代官户特权和禁约时亦曾语及，限于主题，也只是认为执行官户限田免役规定，有着相

① 总体情况可参见刁培俊《20 世纪宋朝职役制度研究的回顾与展望》，《宋史研究通讯》2004 年第 1 期。

② 张景贤：《关于宋代的“限田”政策》，《西北大学学报》1981 年第 3 期。殷崇浩：《宋代官户免役的演变与品官“限田”》，《中国史研究》1984 年第 2 期；收入氏著《修静斋文集》，武汉水利电力大学出版社 1999 年版，第 147 页。游彪：《关于宋代的免役法——立足于“特殊户籍”的考察》，《中国史研究》2004 年第 2 期。黄繁光：《南宋中晚期的役法实况——以〈名公书判清明集〉为考察中心》，梁庚尧、刘淑芬主编：《台湾学者中国史研究论丛：城市与乡村》（邢义田等总主编），中国大百科全书出版社 2005 年版，第 176 页；亦收入漆侠主编《宋史研究论文集：国际宋史研讨会暨中国宋史研究会第九届年会编刊》，河北大学出版社 2002 年版，第 236 页；原刊《淡江史学》2001 年第 12 期。同氏：《〈名公书判清明集〉所见的南宋均役问题》，收入宋代官箴研读会编《宋代社会与法律——〈名公书判清明集〉讨论》，台北东大图书股份有限公司 2001 年版，第 115 页。黄氏两文，略有重复之处。另有一些硕博论文，也都在不同程度涉及限田及官户免役问题，水准颇为不齐，与官户免役主题关系亦较远，限于篇幅，篇名从略。

当麻烦的计算。[①] 至于如何麻烦，实际操作程序如何进行，则未能细述。不过，官户免役限田本身虽为小问题，却涉及宋代官制、田制、礼制、役法、户等诸多大关节，同时也关联到乡村基层管理体制和中央、地方行政系统关系，牵一发而动全身，实有仔细研讨之必要。在前贤研究基础上，本章注重于梳理由纠役而逐渐明确起来的官户免役政策，特别是通过具体案例详细讨论民户与官户纠役诉讼过程，复原了官户免役条款中朝廷规定优待数额和自然性状土地之间实际折算、计算办法，说明了“限田”的真实含义。以图展现宋代役法执行一侧面，进而对官户免役限田关系加以分析，努力将此问题研究向深入推展。

一　纠役而导致的官户免役政策调整

宋代乡村差役基本情况及负担之沉重，学界已有详细讨论。[②] 但多留意职役制度及乡民整体负担状况，关注于官民对立，对执役百姓内部分化矛盾研究略有不足。对南宋役事纷争印象深刻，对北宋“纠役”则较少了解。但无论南宋、北宋，不管差役、雇役（免役）或

① 王曾瑜：《宋朝阶级结构》（增订版），第 215 页。亦参同氏《宋朝的官户》，《涓埃编》，河北大学出版社 2008 年版，第 317 页。

② 漆侠论述各类职役负担甚详，参见《宋代经济史》，第 11 章。朱瑞熙：《关于北宋乡村下户的差役和免役钱问题》，《朱瑞熙文集》，第 5 册，上海古籍出版社 2020 年版，第 8 页。黄繁光撰有一系列论著，除前述外，亦有《宋代民户的职役负担》，博士学位论文，中国文化大学史学研究所，1980 年。王棣有一系列论文，如下 2 篇对于研究乡役问题较为重要：《北宋役法改革中的南北差异》，《华南师范大学学报》1991 年第 1 期；《论宋代县乡赋税征收体制中的乡司》，《中国经济史研究》1999 年第 2 期。王曾瑜曾详细论述了各类差役，主要有《宋衙前杂论》和《宋朝的差役和形势户》两篇，均收入氏著《涓埃编》，第 447、421 页。刁培俊对宋代职役特别是乡都职役分析精到，如下 3 篇对于认识乡役负担有着重要价值，《由“职”到“役”：两宋乡役负担的演变》，《云南社会科学》2004 年第 5 期；《在官治与民治之间：宋朝乡役性质辨析》，《云南社会科学》2006 年第 4 期；《从“稽古行道”到“随时立法”——两宋乡役“迁延不定”的历时性考察》，《中国社会经济史研究》2008 年第 3 期。期待刁培俊关于宋代职役研究专著《官民交接：宋朝乡村职役研究》能早日面世。

是义役，“纠役”都相伴相生，长期存在。乡村中采用类似孀母改嫁、亲族分居、弃田与人、非命求死等激烈手段避役者虽层出不穷，① 但仍属少数。多数百姓无法躲避，只能被迫执役。不过乡民也不是全然被动，执役一户，备选多户。面对着破家荡产之虞，孰先孰后，对于百姓来说意义重大，不得不全力争之。当然，在不同役事执行办法之下，民众负担也不尽相同，对官户的敌视和冲击也有不同，纠役情况则随之亦有变化。

自有役事以来，就产生了执役纠纷。民户采取各种方式逃避，无可逃避之时则尽量推脱。即使没有作弊情形出现，也自然会形成轻重失衡局面。何况作弊范围越来越广，程度也越来越严重。“自来轮差保长，虽县令公平，亦须指决论讼，数日方定。不然，则群胥之恣为高下，惟观贿赂之多寡，此最民所愤怨者。”② 北宋前期官户完全免役，造成了大量民户土地被登记在官户名下，导致国家税收不断流失，也使官户成为众矢之的。对于官僚权益，官府既要给予保护，又要在一定程度上加以限制，逐渐颁布了一系列关于官户免役的诏敕律令。民户“纠役”纷争，是官户免役政策因应执役纠纷现实情况而进行调整的背景。

宋初，原无官户这样一个分类概念，只有品官。天圣（1023—1032）以后，才逐渐将“官户”作为一个单独户口分类概念。③ 王安石变法之前，一定级别以上官员享有免役特权。但是官户总量，相对较少。④ 而早在建隆（960—963）时，就出现了官员希图免役、利用管理漏洞的情形。⑤ 这一时期，八品以上官员可荫

---

① 《宋史》卷一七七《食货上五》，第 4297 页。同卷亦有韩绛、吴充等官员所述，具体情形虽不同，但大体不出这四种避役方式，见第 4296、4298、4299 页。

② 官修、徐松辑：《宋会要辑稿》食货 66 之 74，第 7924 页。

③ 参阅王曾瑜《宋朝的官户》，第 290 页。

④ 据王曾瑜统计，大致宋代官户占总户数的千分之一到千分之二，个别时期能达到千分之三。氏论《宋朝的官户》，第 302 页。

⑤ 御史中丞刘温叟指出：“兼有才满初官，不还旧局，但称前资，用图免役。”见《续资治通鉴长编》卷 3 建隆三年四月乙未条，第 66 页。

及子孙。[①] 乾兴（1022）时期，官员奏章中说："官员、形势、衙前将吏……并免差役"[②]，皇祐四年（1052），李觏感慨道："古之贵者，舍征止其身耳。今之品官，及有荫子孙，当户差役，例皆免之，何其优也！"[③] 苏辙也说过："品官之家，复役已久。"[④] 王安石变法当中，在役法中曾写道："其坊郭等第户及未成丁、单丁、女户、寺观、品官之家，旧无色役……"[⑤] 杨绘也在奏章中表示："形势、官户、女户、单丁素无役者"[⑥]，司马光也曾在奏章中说："其下户、单丁、女户及品官、僧道，本来无役。"[⑦] 一直到王安石变法之前，"官户"名称尚未稳定下来，多称为品官之家，少部分人称为"官户"。资产既多，又全不服役。矛盾积累到嘉祐、治平时期，已无可复加。现存大部分反映差役沉重的史料，都出自这一时期。问题大家都看得到，但解决办法则各不相同，分歧极大。王安石所采取办法，是试图让原来完全免役的这部分人也适当出力（钱）。司马光则力图减少社会活动复杂性，从而降低役负。两种办法优长缺陷，非本书所能详述。但可以明确，变法后官员也被迫承担一定责任。

早在建隆（960—963）初，就允许百姓相互"纠役"。"诏县令佐检察差役，务底均平。或有不当者，许民自相纠举"[⑧]，以之作为制约基层官吏手段。官府处理不当，"亦许诣阙伸诉，按验不虚，其合充役人及元差管理并节级科罪"[⑨]。这套体系运转到王安石变法前

---

① "初，官八品以下死者，子孙役同编户。"见《宋史》卷177《食货上》5，第4296页。

② 《文献通考》卷12《职役考》1，第341页。

③ 李觏：《李觏集》卷28《寄上孙安抚书》，第312页。

④ 苏辙：《栾城集》卷35《制置三司条例司论事状》，曾枣庄、马德富点校，上海古籍出版社2009年版，第763页。

⑤ 《宋史》卷177《食货上》5，第4301页。

⑥ 《续资治通鉴长编》卷223熙宁四年五月庚子条，第5428页。

⑦ 司马光：《乞罢免役状》，《司马光集》卷47，第998页。

⑧ 《续资治通鉴长编》卷3建隆三年五月乙酉条，第68页。

⑨ 佚名：《宋大诏令集》卷198《禁不得影庇色役人诏》，司义祖整理，中华书局2009年版，第729页。可参阅梁太济、包伟民《宋史食货志补正》，中华书局2008年版，第278页。

已难以维持，成为役法变革起因之一。①

变法之前，由于无法促动既得利益，则只能试图减少事务量。其中一个重要举措，就是裁减基层政府数量，如范讽就企图撤并官府。范讽在广济军任职时提出："军地方四十里，户口不及一县，而差役与诸郡等，愿复为县。"② 可是转运司又不同意，说明上级政府另有考虑，最后折中结果是"裁损役人"。范仲淹也建议采取过类似措施，天圣八年（1030）提出："天下郡县至密，吏役至繁，夺其农时，遗彼地利"③，因此建议废除河中府河西县以及大名府诸多县分。庆历三年（1043），在著名的《答手诏条陈十事疏》中，仍坚持："并省诸邑为十县，其所废之邑，并改为镇，……其所在邑中役人，却可减省归农，则两不失所。……则行于大名府，然后遣使诸道，依此施行。……其乡村耆保地里近者，亦令并合。能并一保耆管，亦减役十余户。"④ 但是这种政策指向违背社会发展规律，也触动官僚利益。因为政府管理事务增多，人员无可避免增多。减少县数量，也就减少了官员数量。并县政策几经尝试，最终失败。"当时以为非，未几悉复。"⑤

大约同时，也在尝试对官户免役加以限制。其中最重要的政策调整，就是乾兴时期所谓"限田"。乾兴元年（1022）十二月（仁宗已即位未改元），有官员上奏，对地方差役人数做了一个估计："以三千户之邑五等分等，中等已上可任差遣者约千户，官员、形势、衙前将吏不啻一二百户，并免差遣，州县乡村诸色役人又不啻一二百户。"⑥

---

① "有衙前越千里输金七钱，库吏邀乞，踰年不得还者。帝重伤之，乃诏制置条例司讲立役法。"见《宋史》卷一七七《食货志上五》，第 4299 页。又如"役之重者，自里正、乡户为衙前，主典府库或辇运官物，往往破产"，见《文献通考》卷一二《职役考一》，第 343 页。

② 《宋史》卷 177《食货上》5，第 4296 页。

③ 范仲淹：《范仲淹全集·范文正公集补编》之《奏议·奏减郡邑以平差役》，第 626 页。

④ 范仲淹：《范仲淹全集·范文正公政府奏议》卷上《答手诏条陈十事》，第 461 页。

⑤ 《宋史》卷 177《食货上》5，第 4297 页。

⑥ 《文献通考》卷 12《职役考》1，第 341 页。

两个所谓一二百者，取中数，大约300户不服役，服役户有700户上下。各地所差派役人数目不等，很难平均估算。如福州仅衙前额就有228人，[①] 河中府河西县主户1900，有公吏340人，[②] 虽然不能作为定论，但是作为一个合理推测基数，可以想见一般州县所需役人，无论如何也要300户。其地可执役总户数大概在1000户，当然就是“如此则二三年内已总遍差”，必然要加以调整。无法减少役人或者改进管理方式，则只能是减少逃避，扩大应役基数。因为民户应对策略，是“典卖与形势之家”，或者“便作佃户名目”，所以就要严格防控这些手段。而从管理角度来看，控制这些活动极难操作。但控制买卖，相对容易。无论官员还是百姓，最大财产都是土地，只要控制了土地交易，也就控制了逃役诸般途径。“请应自今见任食禄人同居骨肉，及衙前将吏各免户役者，除见庄业外，不得更典卖田土”，有违反者，被人告发则没收。而从来没有田业者，特别是退休官员，“其罢俸、罢任、前资官元无田者，许置五顷为限”。三司接受此思路，试图堵住可隐蔽田产的途径，从而把更多人纳入应役基数当中。提出了两条应对策略，其一是打击农户假逃移，其二是打击农户假卖田。同时采取允许告发的后续措施，被人告发结果就是“命官、使臣除名”。但不能说官员所有田产都是隐蔽差役的他人田产，总要允许官员有自己田产。人有贫富，官员之间也有差别。如何判断官员田产是否是自己真实田产，在技术上很难核查。为了操作简便易行，就要规定一个限额。限额之内，是经许可的私有田产。限额之外，一概就认定为隐蔽他人田产。“诸命官所置庄田，定以三十顷为限，衙前将吏合免户役者，定以十五顷为限。所典买田，只得于一州之内典买。如祖父迁葬，别无茔地者，数外许更置坟地五顷。……并从之。”[③] 此政策虽然注重操作性问题，但是违反了基本管理规律和官僚、百姓

---

① “治平元年……凡二百二十八人为衙前额。”见《淳熙三山志》卷13《版籍类四·州县役人》，宋元方志丛刊，第7889页。

② 范仲淹：《范仲淹全集·范文正公集补编》之《奏议·奏减郡邑以平差役》，第626页。

③ 《文献通考》卷12《职役考》1，第341页。

所能接受程度。所以，“任事者以限田不便，未几即废”①。

嘉祐六年（1061），官户免役政策略有微调，“凡入赀为郎至升朝者，户役皆免之。京官不得免衙前，自余免其身而止。若入官后增置田产直五千万以上者，复役如初。佣代者听之”②。再无其他重大政策调整。熙宁二年（1069），王安石入相，逐渐对“职役”政策进行调整。对原完全免役的官户征收一部分役钱：“天下土俗不同，役重轻不一，民贫富不等，从所便为法。凡当役人户，以等第出钱，名免役钱。其坊郭等第户及未成丁、单丁、女户、寺观、品官之家，旧无色役而出钱者，名助役钱。凡敷钱，先视州若县应用雇直多少，随户等均取。”③ 但是官户所出之钱，数量不多。神宗甚至认为，官户所缴纳助役钱太少。王安石特意解释：“官户、坊郭，取役钱诚不多，然度时之宜，止可如此，故纷纷者少。不然，则在官者须作意坏法，造为论议。”④ 这种减免，甚至妨碍到役事公平。熙宁八年（1075），司农寺建议：“州县官户多处减免役钱，则人户出钱偏重，不为之节制，则人户经久不易。今方造簿，欲诏诸县产钱十分，官户占及一分以上，官户止减役钱一分，所免须多，毋过二十千，两州两县以上有产者亦通计”⑤，显然多数官户很难达到。诸多细节上又有新调整，如对于被旌表者和前代帝王、处士等，比照官户役钱标准：“诸旌表门闾有敕书及前代帝王子孙于法有荫者，所出役钱依官户法；赐号处士非因技术授者，准此。”⑥ 阵亡官员后代，有所优免：“诸路命官、使臣，因军期亡殁，其子孙不该荫免者，本户役钱减放五年。”⑦ 进纳出身人“落进纳字者，不以官户例减役钱”⑧。元祐元年（1086），

① 王应麟：《玉海》卷176《至道开公田·三品田·劝农使》，江苏古籍出版社、上海书店出版社1987年版，第3237页；另见《宋史》卷173《食货上》1，第4163页。

② 《续资治通鉴长编》卷193嘉祐四年四月癸酉条，第4665页。

③ 《宋史》卷177《食货志上》5，第4300页。

④ 《续资治通鉴长编》卷223熙宁四年五月庚子条，第5427页。

⑤ 《续资治通鉴长编》卷268熙宁八年九月辛巳条，第6571页。

⑥ 《续资治通鉴长编》卷256熙宁七年九月壬子条，第6255页。

⑦ 《续资治通鉴长编》卷287元丰元年正月甲子条，第7016页。

⑧ 《续资治通鉴长编》卷266熙宁八年七月乙丑条，第6523页。

陈次升拟定了“官户、寺观、单丁、女户等合出役钱则例”①，史料湮灭，已难以确知内容。绍圣以后，政局再次反复，又恢复免役法，官户仍维持出钱免役基本方式。但要注意，变法时的役钱，是民户出钱，由官府雇人。更化时期，役钱虽不再大规模收取，但基本得以保留。而绍述及南渡以后，役钱转变为一种赋税。官户有所减免，但已不再与“职役”有关。②

大观四年（1110），讨论封赠官衔，首先涉及赠官如何免役：“臣僚之家，霑被恩典，泽及祖先，最为荣遇，其追赠官爵，虽是宠以虚名，缘直下子孙，皆得用荫及本户差科输纳之类，便为官户，故所赠三代愈多，即所庇之子孙愈众，不特虚名而已。”③ 在无法全免情况下，政策调整需要落实标准，方可操作。因而政和时再次出台了所谓“限田”政策：“品官之家乡村田产得免差科：一品一百顷，二品九十顷，下至八品二十顷，九品十顷。其格外数悉同编户。”④ 限田不是“限制占有”之意，而是一个等级标准。目的是将品官内部区分出层次，按九等分算。看似不起眼，却是南宋官户免役法基础。宣和年间，免役钱减免很多，影响了社会公平，“役钱一事，神宗首防官户免多，特责半输。今比户称官，州县募役之类既不可减，顾令官户所减之数均入下户，下户于常赋之外，又代官户减半之输，岂不重困?”所以“自今二等以上户，因直降指挥非泛补官者，输赋、差科、免役并不得视官户法减免，已免者改之。进纳人自如本法”⑤。非正途出身官员，在某种程度上被驱逐了“官户”队伍。宣和三年，由于军事需要，“武臣以效用尽心，文臣以上书可采为出身，并理选，依官户法”。但是有官员认为，对进纳人出身官员如不加以甄别，则势必“一旦入粟，遂为官户，终身获免，则是每户得数千缗于须臾，而

① 《续资治通鉴长编》卷386元祐元年八月丙午条，第9395页。

② 可参阅王曾瑜《宋朝的役钱》，《锱铢编》，河北大学出版社2006年版，第406页。

③ 官修、徐松辑：《宋会要辑稿》职官9之6，第2594页。

④ 官修、徐松辑：《宋会要辑稿》食货6之2，第6087页。

⑤ 《宋史》卷177《食货上》6，第4332页。

失数万斛于长久矣”，且“与士大夫流品混矣”①。对于什么可以称为“官”以及“官户”，不仅朝廷看得极重，官员内部对此也严加在意，一方面要维持流品区别，另一方面也是要尽量保持减免总额度不至于急剧增加。

南渡后，官户免役规定越来越烦琐、细密。绍兴元年（1131）十二月，柳约再提限田问题，其实更关心役事：“授田有限，著于令甲。比来有司漫不加省，占仕籍者统名官户。凡有科敷，例各减免，悉与编户不同。由是权幸相高，广占陇亩，无复旧制。愿推明祖宗限田之制，因时救弊，重行裁定。应品官之家各据合得顷亩之数，许与减免数外，悉与编户一同科敷。”② 其中最大关切，仍在免役条款上。特别是柳约在免役内容中，对其他科配均给予免除条款表示坚决反对。绍兴二年（1132），“二月十四日敕：应官户除依格合得顷亩免差役外，其他科配不以限田多少，并同编户一例均数敷，候将来却依旧制行”，决定限田只免差役一项，不免其他科配。③ 绍兴五年（1135），户部再次规定进纳官员免役问题：“博籴授官人，依进纳条令，官至升朝，与免色役，其物力家业等第，系与民争利，虽至升朝，亦不得免科配。”④ 绍兴十七年（1147），对政和令格再加讨论，越来越严密：“军须百出，编户有不能办，州县必劝诱官户，共济其事，上下并力，犹患不给。今若自一品至九品皆得如数占田，则是官户更无科配，所有军须悉归编户，岂不重困民力哉！望诏大臣重加审订，凡是官户，除依条免差役外，所有其他科配并权同编户一例均敷，庶几上下均平，民受实惠。至若限田格令，臣欲候将来兵戈宁静日，别取旨施行。”从中可以看出，政和格令，实际不仅仅是免役格令，还包括了其他科配均与免除的内容。所以对官户只给予免除差役优待，其他科配则要与民户一同承担。又说：“今日官户不可胜计，而又富商大业之家多以金帛窜名军中，侥幸补官，及假名冒户、规免科须者，比

---

① 《宋会要辑稿》职官 55 之 41，第 3619 页。
② 《宋会要辑稿》食货 6 之 1，第 4879 页。
③ 谢深甫：《庆元条法事类》卷 48《科敷·申明·户婚》，第 668 页。
④ 李心传：《建炎以来系年要录》卷 88 绍兴五年四月庚午条，第 1706 页。

比皆是。如臣所请，则此弊可以少革，而科敷均平，民不重困，实济国用。”经户部讨论研究，最终朝廷采纳：“欲依臣僚所乞，权令应官户除依条免差役外，所有其他科配，不以限田多少，并同编户一例均敷科配。”①

绍兴二十九年（1159），赵善养提出新问题：“官户田多，差役并免，其所差役，无非物力低小贫下之民。望诏有司立限田之制，以抑豪势无厌之欲。”户部提出：“近年以来，往往不依条格增置田产，致州县差役不行。应品官之家所置田产，依条格合得顷亩已过数者，免追改，将格外之数衮同编户，募人充役。”这说明绍兴十七年（1147）讨论，只解决了科配问题，但并没有最终拿出官户免役具体操作细则。经过各部门会同讨论，由给事中周麟之拟出条令：

官户用见存官立户者，许依见行品格，用父祖生前曾任官；若赠官立户名者，各减见存官品格之半；父祖官卑、见存同居子孙官品高，如未析户，听从高。及官户于一州诸县各有田产，并令各县纽计，每县并作一户，通一州之数依品格并计，将格外顷亩并令依编户等则，于田亩最多县分衮同比并差役。若逐县各有格外之数合充役者，即随县各差坐募人充役。即役未满而本官加品，并令终役。逐州委通判或职官县丞、尉专一主管，将诸县官户及并计到田产数置籍。如本州遇逐县申到升降，并仰于当日销注；如县内出入田产已过割讫，或官员加品，限一日申州主管司注籍。如人吏违限不注籍，从杖一百科断讫勒罢。如别有情弊，故作稽滞，因事发觉者，徒二年，有赃则计赃论，其主管官仰监司具名申尚书省。自指挥到日，许各家将子户诡名寄产限三月从实首并，作一户拘籍。如出限不首并，许诸色人告，不以多少，一半充赏，一半没官。其见立户名官员或品官子孙，并取旨重作行遣。如告首不实，并依条断罪。及日下州委知、通、职官、县委令佐，取索官户户籍编排。若已编排讫，却有隐匿，盖庇不

① 官修、徐松辑：《宋会要辑稿》食货6之2，第4880页。

实，及奉行灭裂，及于差役时观望不公，并许人户越诉。其当职官取旨重作黜责，人吏断配。仍仰逐路监司常切觉察，如有违戾，按劾以闻。监司失觉察，令御史台弹奏。品官募人充役，如敢倚恃官势，及豪强有力于本保内非理搔扰，并许民户越诉。及不伏州县依法差使，许当职官按劾，有官人并品官子孙并取旨重作行遣。并只许募本县土著有行止人，不许募放停军人及曾系公人充。违者许人告。[①]

随着社会生活复杂化，管理手段和管理文件都越发详明。绍兴三十年（1160），在以上办法基础上，对相关条款细密化："一品官子孙析为十户，每户许置田五十顷之类，品官之家田土内有山林园圃及坟茔地段之类，难以一例理数。今乞并行豁除，不理为限田之数。内芦场顷亩折半计数。其子户诡名寄产，元限三个月首并，窃虑内有守官不在置产州县，未能依限首并。今欲更与展限两个月，如出违所展日限，即依已降指挥施行。"[②] 而"山林园圃及坟茔地段"一概豁免，芦场则折半计算，不在限田范围之内。[③] 绍兴三十一年（1161），针对官员身后分产，要求各地方细化，经中央认可后施行。主要是防备出现"一品官限田百顷，身后半之。使其家有十子，各占五十顷，则为五百顷。若复阡陌连亘数州，所占不知几何"的局面。[④]

从政策连续性来看，南宋官户免役政策是趋向于越来越严格。由于差役、义役并行，执行方式上非差即雇，纠役在所难免。[⑤] "自来轮差保长……须指决论讼，数日方定"[⑥]，"乡司案吏于造簿攒丁、差

① 官修、徐松辑：《宋会要辑稿》食货6之2，第4880页。

② 官修、徐松辑：《宋会要辑稿》食货6之4，第4881页。

③ 山林园圃及坟茔地段不在限田之内的政策，不详何时取消。据《名公书判清明集》卷3中多次提到不应豁免，如"赡茔之田固不应豁出，其他山林之类，皆有比折法"，"赡坟田产……难以此免"，但这已是接近南宋中期。

④ 官修、徐松辑：《宋会要辑稿》食货6之4，第4881页。

⑤ 如"中户以下，旧来不系充役者……此等事力不及之户，向来既苦妄纠"，黄震：《黄氏日抄》卷七九《义役差役榜》，景印文渊阁四库全书，第708册，第815页。

⑥ 官修、徐松辑：《宋会要辑稿》食货66之74，第7924页。

大小保长之际，预行作弊，致争讼不已，使已役之人久不承替，破荡家产”[①]。不作弊，已是纠诉不止，[②] 如再有作弊者，更是争讼不已。[③] 乡村下户无处可逃，服役之后“征求之频，追呼之扰，以身则鞭捶而无全肤，以家则破荡而无余产……尽室逃移，或全户典卖”，造成严重社会问题，“何止可为恸哭而已哉！”[④]

叶适说：“今天下之诉讼，其大而难决者，无甚于差役。”[⑤] 无论是差役、雇役甚至义役，民户之间都有先后，都想推迟应役时间。汪应辰说：“契勘催科户长，最为难事。寻常人户当差役之际，不问当否，例须词诉。比及本州行下属县，往复取会，迂回留滞。”[⑥] 袁说友长期执掌役法事务，他强调纠役对民众生活实为大扰：“纠役者，其弊尤甚于差役。差役之不公，害固及于一家也。纠役之不当，其害岂止一家哉！”[⑦] 楼钥也说：“夫民之畏役如避仇雠，苟可以幸免，则无所不至。”[⑧] 供基层管理者参考的《州县提纲》则提出：“差甲得赂，辄改差乙，差乙得赂，辄改差丙。本差一户，害及数家。”[⑨] 叶、汪、袁、楼乃至不知名者均为基层官员，切身体会就是纠役甚至比职役本身危害更大。但恰由于职役难为，“……故当保正副一次，辄至

① 官修、徐松辑：《宋会要辑稿》食货 14 之 23，第 6277 页。

② 黄繁光已经对此有很好阐述，因为差役根据是“鼠尾流水法”，要差遍白脚，已差户才同意再次执役。由于很多白脚（在簿书上）不具备承役能力，而已承担户又拒绝在未遍差的情况下再次承役之时，就会出现大量矛盾。参见氏论《南宋中晚期的役法实况——以〈名公书判清明集〉为考察中心》，第 170 页。

③ 除了百姓作弊，基层执行人员也别有用心加以利用：“乡司与役案人吏通同作弊，故意越等先差不合差役之人，致令纠论，乘时乞觅，百端搔扰，方始改差实合著役之人。”见《宋会要辑稿》食货 14 之 30，第 6281 页。

④ 林季仲：《竹轩杂著》三《论役法状》，宋集珍本丛刊，第 42 册，第 160 页。

⑤ 叶适：《叶适集·水心别集》卷一三《外稿·役法》，刘公纯等点校，中华书局 2010 年版，第 804 页。

⑥ 汪应辰：《文定集》卷一三《与邵提举书》，丛书集成新编，第 63 册，台北新文丰出版公司 1985 年版，第 630 页。

⑦ 袁说友：《东塘集》卷九《纠役疏》，宋集珍本丛刊，第 64 册，第 327 页。

⑧ 楼钥：《攻媿集》卷二六《论役法》，丛书集成初编，商务印书馆 1937 年版，第 367 页。

⑨ 佚名：《州县提纲》卷二《禁差役之扰》，《宋代官箴书五种》，第 129 页。

破产"①，百姓避之如寇仇，宁可"无所不至"，"害及数家"，也要纠役到底。官户享有免役特权，更成为众矢之的。

本来在孝宗时期，就已经在继续缩小官户免役范围："承荫子孙许置田亩数目，虽比父祖生前品格减半，若析户数众，其所置田亩委是太多。今重别勘当，谓如一品父祖，元格许置田一百顷，死亡之后，子孙用父祖先前曾任官立户，减半计置田五十顷。若子孙分析，不以户数多寡，欲共计不许过元格减年五十顷之数。其余格外所置数目，并同编户。其余品从亦乞依此类施行，庶得下户不致差役频并。"② 乾道六年（1170），试图尽量缩小免役范围："差役之弊，大抵田亩皆归官户，虽申严限田之法，而所立官品有崇卑，所限田亩亦有多寡。品官田多，往往假名寄产，卒逃出限之数，不若勿拘限法。今后官户与民户一概通选物力第二等以上轮差，二年一替。官户许雇人代役，且以十年为限。如经久可行，别议立为永法。"③ 两浙路加以试行，但"通选轮差"之法未能广泛推行。乾道八年（1172），户部还在商量限田防弊过程手续要求："于分书并砧基簿内分明该说父祖官品并本户合置限田数，自今来析作几户，每户各合限田若干。若分析时，田亩不及合得所分格内之数，许将日后增置到田亩凑数，经所属批凿添入，照验免役。若分书并砧基内不曾该说，并不在免役之限。若诸县皆置田产，窃虑重迭免役，仍令诸县勒令各家自行指定，就一县用限田免役。如所指县分田亩不及合得限田之数，许于邻县凑数。其余数目及别县田产并封赠官子孙，并同编户差役。有已差役人，辄于役内无故析户，计会官司差人抵替，致引惹词诉。今欲将来差役前父母亡没，服阙在充役之内，合行析户者，听析户外，其见役人无故析户，即有所规避，须候满，方许陈乞。"④

随着役法越来越复杂，官户免役问题在基层也出现很多争论。特别是纠役之时，民户对于官户究竟是不是真官户十分在意。非正途出

① 官修、徐松辑：《宋会要辑稿》食货 14 之 20，第 6275 页。
② 官修、徐松辑：《宋会要辑稿》食货 6 之 5，第 6089 页。
③ 同上。
④ 官修、徐松辑：《宋会要辑稿》食货 6 之 6，第 6090 页。

身封赠官，就十分惹人注意。绍兴二十九年（1159）：

尚书省批状：文学出身遇赦授右迪功郎，注权入官，初任偶授破格差遣者，谓如节镇、上州诸司参军之类，即不系正任，合入差遣，其身后子孙不合理为官户。①

乾道二年（1166）：

特奏名出身，若未入正官，如偶授破格差遣，即合遵依绍兴贰拾玖年伍月拾柒日已降指挥施行。如已落权合注正官人，方始理为官户。……进纳官特旨与理为官户者，依元得旨。若已身亡，子孙并同编户。因军功、捕盗而转至升朝，非军功、捕盗而转至大夫者，自依本法。

乾道八年（1171）十一月二十六日敕：户部状，今将给、舍同本部长贰看详役法，参照下顷数内一项，品官限田，照应元立条格减半与免差役，其死亡之后，承荫人许用生前曾任官品格与减半置田。如子孙分析，不以户数多寡，通计不许过减半之数，仍于分书并砧基簿内分明该说父祖官品并本户合置限田数目析作几户，日后诸孙分析，准此开亩步坐落去处。若分析时田亩不及合得所分格内之数，许将日后增置到田亩凑数，经所属批凿添入。如遇差役，即赍出照验免役。缘品官之家，有于壹州诸县皆置田产，仍指定就壹县用限田免役。如所指县分田亩不及合得限田之数，许于于邻县关拨凑数申州。其所余数目，及别县田产并封赠官子孙，并同编户差役。其余官品及诸路依此施行。奉圣旨“依看详到事理施行”。

本所看详前项指挥内事理，除合得顷亩减半一节已于格内修立外，其余逐顷事理，今编节作存留申明照用。②

---

① 谢深甫：《庆元条法事类》卷48《科敷·申明·户婚》，第668页。

② 谢深甫：《庆元条法事类》卷48《科敷·申明·户婚》，第669页。

淳熙十年（1183），特意强调："赠官子孙若并免役，则将来下户受害。赠官虚名，免役实利，既予以虚名，又并实利得之，不可。可只依乾道八年（1172）十一月二十三日指挥。"① 但问题并没有完全解决，赠官有多种不同情况，需要加以区别对待。淳熙十三年（1186），还在讨论："封赠官子孙，止谓父祖生前曾任官，得伯叔或兄弟之封赠者，是为封赠官子孙；其元自仕宦累赠至显官者，自合以生前官立户。今乾道八年（1172）指挥大意止欲宽编户之力，而封赠元系有官及素来无官者，却无以区别"，最终讨论结果："父祖生前不曾任官、得伯叔或兄弟封赠之家子孙，遵从乾道八年（1172）十一月二十六日指挥，同编户差役外，其元自仕宦，缘已经赠官之家，不用封赠官限田，止以生前曾任官减见存官之半置田。"② 庆元五年（1199），户部提出："九品至一品除非泛补官外，承荫人许用生前官品减半置田免役，特八品以上子孙，则九品官虽自擢科第、显立军功，子孙不得用限田法。照得今若将九品子孙不得限田，则失之太窄。"所以"今乞将元因非泛及七色补官之人，遵依淳熙十三年（1186）五月七日指挥，若自擢科第或显立军功及不系非泛补授之人子孙，并许用立定减半限田格法免役。若析户，通不得过减半之数。特奏名文学遇赦授迪功郎、注权州县，走弄籍户。今乞将特奏名出身之人如有偶授破格八品差遣，或循至八品上，须落权、注正官差遣，方始理为官户"③。

两宋官户免役政策极为复杂。官户在北宋前期完全免役，诸多避役方式主要围绕着田土寄名而产生。随着官户数量增加，民户越来越难以承役，用官户之名避役的情况也就越来越严重，这导致政府在承认特权前提下逐渐要加以限制。王安石变法以后，收钱免役，官户开始缴纳"助役钱"，迫使官户承担了一部分役事负担。但是官户博弈

① 官修、徐松辑：《宋会要辑稿》食货6之8，第6091页。

② 官修、徐松辑：《宋会要辑稿》食货6之9，第6089页。可参考《庆元条法事类》卷48，第670页。

③ 同上。

能力较强，很多役钱仍被减免。随政局变化，官户免役政策也出现了相当大调整。政和（1111—1118）以后，则按等级出现所谓“限田”，在一定标准下免役，这种方式一直延续到宋末。试图用乡村社会最大宗财产——土地——来保障优待官户，既允许官户按品级享受相关“免役”待遇，又不能超出一定额度。而由于社会生活愈加复杂化，管理条款也逐步细密化，从免除全部差科，调整为只免差役而不免科敷，再调整为按等级免差，但是基本原则，在政和格令中已经初步奠定。所有官户免役政策变化，都是针对乡村职役及“纠役”中所出现的问题发展演变过程而逐步提出。正是由于乡村纠役广泛而普遍，百姓用尽各种办法逃避，官户在其中处于纠纷焦点。[①] 围绕免役问题，编户和官户之间“牒诉纷纷，所在皆尔”[②]，才促成了官户免役政策不断调整。

二　官户免役纠纷中的法律诉讼

宋代社会生活复杂化程度远远超过前朝，管理难度也随之大为增加。职役就是因应这种渐趋复杂化的社会生活状况，在皇权体制下又拿不出新管理方式前提下，一点点扭曲而得以产生，是诸多社会矛盾焦点。官户作为最大既得利益群体，既享受了不同程度利益，又不得不对其他社会阶层反应做出回应。特别是役事艰难，人人厌之。在根本格局无法改变情况下，享有免役特权的官户，成为“纠役”关键所在。早期官户数量较少，国家管控能力相对较强，还没有显示出巨大社会不公问题。但随着社会秩序稳定，制度弊端逐渐显现。一部分百姓逐渐通过将田产登记在官户名下等各种手段，试图逃避重役。普通民众意识不到最根本性原因在于专权体制，或者意识到了也无法（不

① 如“今来编户有当充役者，却执……不理为官户一句，得为纠扰之词。赠官子孙……必欲用限田减半免役格”，导致地方官员难以决断。见《宋会要辑稿》食货6之8，第6090页。

② 官修、徐松辑：《宋会要辑稿》食货6之9，第6091页。此所述事，在淳熙十三年（1186），但所反映的编户和官户纠纷，可想而知不会是短时间内之事。

敢）表达，所以将矛头指向了享受巨大利益的官户。官户如何免役，成为乡村社会中最大利益焦点。处理好官户乡村免役问题，对地方秩序、社会公义都具有相当重要性。而在程序上维持公平，纠役时做到公正，对地方官员行政能力也是一个艰巨挑战。

役事集中于乡村，贯彻执行都离不开乡村组织机构。宋代乡村基层组织，一般由乡、里两级构成，南宋后多由乡、都、保三级组成。在乡一级，一般设置主管一人，北宋中后期以后乡司尤以乡书手最为重要，负责主管各项事务。乡村赋役征派各个环节，都离不开已上升为县役的乡司。① “推排物力、攒造和编制五等版簿、编制两税簿籍、租税钞的编制注销和登记存档、租税的推割，以及乡役的点派、灾情的统计上报、税租的减免等。”② 这些工作都要依靠乡司完成，特别是乡役点派，尤为乡司重要工作。在职役排定时，首先要“造五等簿，将乡书手、耆、户长隔在三处，不得相见。各给印由子，逐户开坐家业，却一处比照”③，说明乡司在造簿工作中参与极深，相当重要。开禧三年（1207）规定：“今后诸县差大、小保，必令本县典押及乡书手于差帐同结罪保明。编排既定，令、丞同共点差。其合执役之人，即时给予差帖，截日承受管干。如有不实不公，却许照条限越诉，许行改正。本县典押并照差役不当本条与乡司并行断勒，永不收叙。”④ 由县级官府给予执役之人以差贴，然后在规定时限内入役。一般情况下，官户执役或免役与其他民户程序一样。首先由基层乡司提出备选人选，如果某地缺某职役，首先要由基层乡司提出人选：

① 关于乡司体制的研究，可参阅王棣《宋代乡司在赋税征收体制中的职权与运作》，《中州学刊》1999 年第 2 期；同氏《论宋代县乡赋税征收体制中的乡司》，《中国经济史研究》1999 年第 2 期；同氏《从乡司地位变化看宋代乡村管理体制的转变》，《中国史研究》2000 年第 1 期。而乡司舞弊，可见刁培俊《南宋乡司在赋役征派中的违法舞弊问题》，《邢台学院学报》2003 年第 1 期。

② 刁培俊：《“税赋弊源皆在乡胥之胸中”——南宋中后期东南路分乡司在赋役征派中违法舞弊的表现及其社会内涵》，《中国社会经济史研究》2011 年第 4 期。

③ 李元弼：《作邑自箴》卷 4，张亦冰点校，《宋代官箴书五种》，第 25 页。

④ 官修、徐松辑：《宋会要辑稿》食货 66 之 30，第 7878 页。

“本县一都见缺保正，乡司、役案保明董世昌。”① 如果发生承役纠纷，乡司也要提出证据，或者帮助说明情况。如前述熊澜纠役一案中，基层官员依赖于乡司提供证据：“即唤乡司陈坦，根刷每户即目税数并歇役年分。”② 在官户纠役中，乡司经常遭到上级官员责罚。如陈坦户纠役，就先后牵连2位乡司，均被指为“受嘱”，也就是受贿。其中一位还被要求“限十日监乡司从实根究，要见陈某目今管佃田亩若干，或用产钱比算，亦合照乡例从实指定，无容乡司巧行卖弄”。既规定时间，又规定内容，还从道德上被指责，可见乡司之难为。而另一位除了指为受贿，还被“决脊二十，配处州”③。如果在役事执行中出错，乡司、役案又首当受罚。范应铃曾在一个执役点差案子中，判“乡司、役案各从杖一百”④。乡司、役案，是乡村差役当中不可或缺的角色，面对官员，他是最底层执行者；面对百姓，他又是官府代表。诸般矛盾，自然集中。在役事分配程序上，一般是根据簿书登记财产，特别是土地为依据分派，然后给予差贴或者出告示。本人接受，则执役开始。本人不接受，则启动纠役。

官户免役纠纷，或为民户纠举官户，或为官户试图以官称免役。从《名公书判清明集》（以下简称《清明集》）所收录涉及官户纠役案来看，陈坦案、黄陞案、黄知府案、乐侍郎案、王钜案、刘儒宗案、刘知府案、李侍郎案、黄监税案、俞嗣古案10案均属此两类。⑤其中陈坦案和黄监税案，是官户与民户纠役的案子。其他8个案子，都是官户试图以官称免役，但被地方官员拒绝。这些案例，清晰展示了地方官员在执行官户免役政策时如何操作，以及如何把握政策，运用法律条款，处理判断案情的真实过程。

地方官员操作，首重法条。细阅判词，几乎每个地方官员判词都

① 佚名：《名公书判清明集》卷3《限田外合同编户差役》，第91页。

② 佚名：《名公书判清明集》卷3《产钱比白脚一倍歇役十年理为白脚》，第82页。

③ 佚名：《名公书判清明集》卷3《限田外合计产应役》，第78页以降。

④ 佚名：《名公书判清明集》卷3《以宗女夫盖役》，第76页。

⑤ 各案例均见《名公书判清明集》卷3赋役门差役、限田两子目，第73—92页。下引是书，不再一一注明。

是以法条为起首，特别是一些重大案件，更是详细说明法条并进行解释。如黄知府案，范应铃几乎用了超过一半篇幅在阐述各种规定，特别是详细重申品官限田减半政策。甚至在政策讲述之后还举例说明："谓如生前曾任一品官，许置田五十顷。死亡之后，子孙义居，合减半置田二十五顷。如子孙分析，不以户数多寡，通计不得过减半二十五顷之数。"李侍郎案，范应铃也是首先分析官品："准法，权六曹侍郎系四品，合占田三十五顷，死后半之，计一十七顷半。"其次，如果试图免役，必须拿出告敕。如王钜案，"亦赍出庆远军承宣使告敕呈验"。刘知府案，也是"虽尝赍出告敕"，但不能"徒执绍兴年间告敕以免役"，俞嗣古案，"累世承荫，皆有告敕可考"。这些都说明官户要试图免役，必须出示基本文书。无告敕，几乎就没有免役可能性。但有告敕也未必一定免役，因为必须要有相关砧基簿作为佐证材料。如黄知府案，范应铃明确要求，"于分数并砧基簿内，分明该说父祖官品并本户合置限田书目，今来析做几户，每户各合限田若干。日后诸孙分析，依前开说，曾、玄孙准此，……若分书并砧基簿内不曾开说，并不在免役之限"。在乐侍郎案上，范应铃再次强调，"并无告敕、砧基簿书，可以稽考"的情况下，不能免役。"倘非砧基簿书开析分晓，难以照□□。准法，应官户子孙，不于砧基簿分明声说，并不理役"①。不知姓名地方官员，在刘儒宗案上，也持范应铃同样观点："准役法，应官户免役，并要于分书前该载某官原占限田之数，今是几代，合得若干，子孙以至曾、玄各要开析。"另一位官员也认为俞嗣古："但据呈验，徒有告敕，而无分书，即不见得今去有荫之祖系是几代，析免役之户系是几位，律之于法，已自难行。"当然官员管理水平不一，能力不同，投入精力各有不同，所获得成效也就有高下之别。特别是选入《清明集》者，多具有较好代表性，反映了选编者基本意图。不过书中所选案例，多是官户试图免役失败案例，如果推而广之认为官员对于官户全是按律执役，一律不得放免，显然大谬。如范应铃所举乐侍郎户，"生于南唐，仕于国初，

① 此句似有不通，应为"不在免役之限"。可参考《名公书判清明集》点校者注。

越今几三百年，犹以侍郎立户，以侍郎免役”，又如俞嗣古案所出告敕，“俱是宣和五年（1123），至今百有余岁”。虽然未得免役，但两户百年无役，即使按照当时规定，也属于远超役法所允许的最高标准（当然，如本人升官早，生存时间长，则能为家族提供更多庇荫）。

身份为封赠官时，其到底能不能视作官户最容易引起纠纷。淳熙十年（1183），处州一个纠役案最有代表性。本来乾道八年（1172）曾有规定“赠官不理为官户”，但是淳熙专法：“该载限田新格，明言品官之家乡村田产免差科。如子孙用父祖生前官或赠官立户者，减见存官之半。”这样前后两个法条形成了互相打架的局面。民户根据就是乾道八年政策，“编户有当充役者，却执乾道八年（1172）臣僚陈请赠官不理为官户一句，得为纠扰之词”。民户自有道理，官户则“守淳熙专条，必欲用限田减半免役格”。也就是双方都只采用对自己有利法条，形成僵持局面。同时，这也给地方官员造成很大困扰：“所谓赠官，有正该，有回授，有杂流，有覃恩，未审前项乾道一时申请系何等封赠官？前后曾未冲改？以此不能无惑，乞明降指挥。”户部认为：“看详封赠官自有两等不同，如士庶年及并国学生、得解士人、选人、小使臣父母遇恩封官，及应赠初品官，其子孙于法未该承荫，似此之类，欲同编户差役。其有父祖因子孙升朝，积累封赠、以至崇品，其子孙既合承荫，若同编户差役，非特不应旧法，亦恐非朝廷恩典。”经户部和敕令所共同看详，准备按此执行。但孝宗加以否决：“赠官子孙若并免役，则将来下户受害。赠官虚名，免役实利，既予以虚名，又并实利得之，不可。可只依乾道八年（1172）十一月二十三日指挥。”①

因赠官既有多种多样，其中有一部分人又有极大活动能量，淳熙十三年（1186），还在继续讨论。有臣僚提出，如果赠官不当为官户，那么就应该在现行田格条文中删除有关赠官字句：

---

① 官修、徐松辑：《宋会要辑稿》食货6之8，第4883页。

> 见行田格该载子孙用父祖生前官或赠官立户者，减见存官之半。乾道八年，户部集议指挥：品官限田，身后承荫人许用生前曾任官减半置田，封赠官子孙并同编户差役。往往州县多谓格中赠官立户者，减见存官之半。乾道八年指挥，却令并同编户，以此承用疑惑。窃详封赠官子孙，止谓父祖生前曾任官，得伯叔或兄弟之封赠者，是为封赠官子孙；其元自仕宦累赠至显官者，自合以生前官立户。今乾道八年（1172）指挥大意止欲宽编户之力，而封赠元系有官及素来无官者，却无以区别，遂致胥吏舞法，并缘为奸，牒诉纷纷，所在皆尔。乞令户部镂版，颁臣此章，仍下敕令所，于田格注文内将或赠官三字除去。

可见由于条文“打架”，基层诉讼纷纭。官户和民户各执一词，都想执行对自己有利的条款。而胥吏在其中上下其手，也致使各地官员难以决断。处理这些条文的详定一司敕令所，最终向皇帝建议并得到采纳的结论是：“父祖生前不曾任官、得伯叔或兄弟封赠之家子孙，遵从乾道八年（1172）十一月二十六日指挥，同编户差役外，其元自仕宦，缘已经赠官之家，不用封赠官限田，止以生前曾任官减见存官之半置田。所有淳熙田格注文内‘或赠官’三字，欲乞更不引用。”① 这样才基本解决赠官和民户纠役问题。

董世昌纠黄监税一案，则显示了刚刚升入官户的民户，如何与民户之间进行纠役的问题。因为“一都见缺保正，乡司、役案保明董世昌。及出引告示，又据本人纠论黄监税”。范应铃处理此案，首先调查黄监税身份情况，黄监税是“文学出身，见任常州税务，今年四月已书三考，合系落权，理为官户”。也就是说，范应铃确认了黄监税官户身份。其为九品官，所享受限田为五顷。但是必须注意的是，这五顷不一定是黄监税真实占有的土地，而只是一个计算工具。按当地折算比率，五顷则当折算为四贯税钱。而黄监税总共有六贯九百文税钱，也就是说，他还有两贯九百文，应该参与到比较差役中。董世昌

---

① 官修、徐松辑：《宋会要辑稿》食货6之9，第4883页。

户有税钱两贯三百文，如果单纯以税钱计算，那么应该是黄监税在前。董世昌是析生白脚，分家后尚未服役。黄监税虽曾负担过大役，但是已有20多年。这样算来，双方应该处于平衡状态。所以范应铃也觉得难以处理，最终把矛盾提交给了上级。没有其他史料互证，不知道提举司如何判断处理。如果公平服役，那么黄监税在服役20年以后，其仍是民户，肯定就应该再次参与到比并当中。现在他作为官户，此原则还应该遵循。黄监税在免除了四贯税钱之后，余下税钱两贯九百文仍高于董世昌的两贯三百文，应由其承担保正之职。

王昌老纠陈坦一案，则是民户与普通官户相争。此案相当具有典型性，以下不厌其烦，先引述史料，再加以分析：

> 陈坦父钤幹官承议郎，即非自擢科第，已承父朝散大夫荫。朝散四子，身后减半，其三子各已于田外计产应役。陈坦祖官高于其父，父官亦是承荫，照条止得从一高者。今纽计本县产钱见在一十四贯有余，若以每亩产钱十文为率，亦计有田一千余亩，本都产钱无有高于此者，合从条制应役。范岩受嘱，辄具单称赡茔产钱不应收并，可见欺罔，王昌老所纠允当。兼陈坦产钱比之，已有四倍，更有何词？案从条告示陈坦应役。

这是当地官员“关宰瑨”的判词。① 从这个判词当中可以看出，地方官员先派役给了王昌老，但王昌老对陈坦发起了纠役。关瑨认为，陈坦无官，其父官职承荫而来，所以只应该以官职较高的祖父官品（朝散大夫，从六品）为基准计算免役，按照身后减半条款执行。而当地比并方式是纽计田产折算产钱，计算为14贯多，再折为“标

---

① “宰”亦可作为主管官员的代称，不清楚此为“关县令瑨”的含义，还是其名为“宰瑨”。考全书，亦有署“巴陵赵宰”“建阳丞”“包宰”“金厅”“赵知县”“叶县宰”等。则“县令关瑨”可能性最大，但别无旁证，姑且存疑。检绍熙元年（1190）有进士关瑨，浙江临海人，或为此人。见官修《浙江通志》卷126《选举》4，中国省志汇编，京华书局1967年版，第2102页。刘馨珺也认为是“关瑨”，参见氏著《明镜高悬：南宋县衙的狱讼》，北京大学出版社2007年版，第217页。

准田”，以每亩产钱10文计算，理论上有田应该超过1000亩。① 本都无其他人超过陈坦产钱，理当服役。陈坦产钱14贯，较王昌老户多出4倍，应由陈坦服役。不过，如果仅以《清明集》所载判词为据，很多细节难以准确还原。特别是陈坦家族出仕履历真实情况，对于了解官员判词是否公正有着决定性作用。经笔者努力爬梳，非常幸运，尚有相当多文献史料可以佐证说明陈坦家世，极为有助于对免役细节加以分析和了解。

朱熹对陈坦祖父相当熟悉，还曾经为其墓志铭写过跋文：“秦丞相用陈公为淮西帅，……淳熙辛丑（1181）中冬乙亥，因观汪公所撰志铭，书此以补其阙。时汪公薨已七年，而敬夫明仲亦已下世，令人悲慨之深。新安朱熹书，公孙坦藏。”② 这里所谓“陈公”即陈坦祖父陈徽猷，徽猷为官名，也就是陈璹，其孙“坦”即被纠役之陈坦。所谓汪公，即汪应辰。朱熹所观其撰《陈徽猷墓志铭》，今尚存：

> 公陈氏，讳璹，字国寿，建之建阳人。……中建炎二年（1128）进士第，……权建之崇安县丞，……监湖州梅溪镇通判，……丁太宜人忧，服除，知饶州，……除广南西路转运判官，寻知静江府兼主管广南西路经略安抚司公事，……召对除直秘阁，知潭州兼主管，荆湖南路安抚司公事，未几，改知广州，……诏以公知湖州，未至，改两浙转运副使，……请主管台州崇道观，进直徽猷阁以宠之。寻起知饶州，……以绍兴二十八年（1158）五月丁卯，终于家，年六十有二。积官至左朝散大夫，……五子，长照，右修职郎，英州真阳县主簿，奔公丧，死于

① 这里的田产亩数，可称为“标准亩”，系折合产钱而计算出，非实际田地亩数。因为田地有美恶，又分散于各处，不同人户进行比较，就需要有一个折算办法。政策上的“限田”又是依据土地数量，所以每户各处各等田产，需要按一定规则折算为产钱，再从产钱折合为标准亩数，方可用来比较差役。如果是相同身份，有时也可以直接以产钱比较，而不需折算。具体折算办法和案例，详见下文。

② 朱熹：《晦庵先生朱文公文集》卷81《跋陈徽猷墓志铭后》，《朱子全书（修订版）》第24册，第3856页。辛丑为淳熙八年，此时陈焞（明仲）已去世。

路。焞，右修职郎，成都府路钤辖司干办公事。次爚，次炘，次熺，孙一人坦。……诸孤以三十年三月甲申，葬公于建阳之招贤里。①

与《清明集》中所录陈家先人履历（详见下引文）对比，则很清楚说明，陈焞即为朱熹所说明仲，是陈璹（即关瑨所说陈坦之祖父朝散大夫）第二子，② 即王昌老所纠役的陈坦之父（陈钤幹、陈承议）。朱熹和陈焞（明仲）围绕学术，多有讨论，可见双方之熟稔。③用一个最简单图示说明陈家关系：④

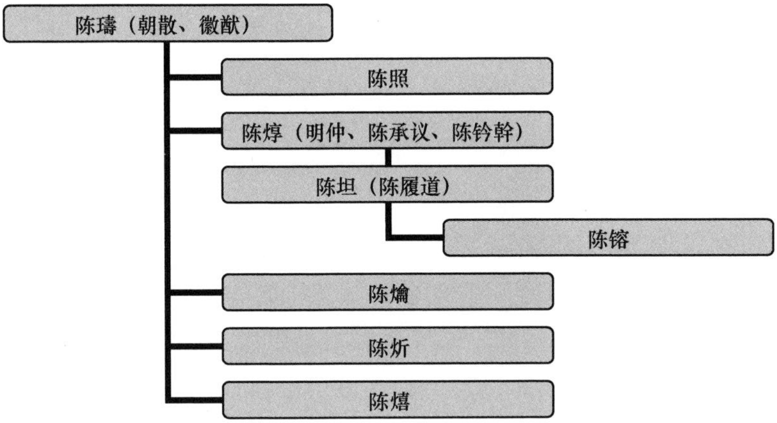

① 汪应辰：《文定集》卷21《左朝散大夫直徽猷阁陈公墓志铭》，第657页。

② 与朱熹同年登第有“第三十三人陈旦，建州建阳县，崇政乡崇化里”。见《绍兴十八年同年小录》，景印文渊阁四库全书，第448册，第354页。陈国代试图说明陈明仲即陈旦、陈焞。氏论：《陈旦与陈焞考辩》，《武夷学院学报》2009年第4期。但《绍兴十八年同年小录》明载陈旦祖谌父雍（第388页），均已故不仕，则较难以确证陈璹子焞即为此陈旦。此承廖寅教授提示，谨此致谢。关瑨亦说过陈焞非“自擢科第”，则陈明仲可能非是与朱熹同年登第的陈旦，李清馥等认为与朱熹同榜之陈旦（字仲明）为陈璹子，但考虑到《绍兴十八年同年小录》为最早出处，则清馥似有误。参阅《闽中理学渊源考》，景印文渊阁四库全书，第460册，第299页。再，从关某语气，似对陈家有所偏见，但不影响陈焞确为朝官的判断。

③ 参阅陈来《朱子书信编年考证（增订本）》，生活·读书·新知三联书店2007年版，第112页。

④ 陈璹子孙命名显是以五行为原则，除“照”之外，子辈均为“火”旁，孙辈为“土”旁，曾孙辈为“金”旁。只有陈照命名方式，与其他兄弟不合，不详何故，无史料可佐证。下文所引述判词中，由陈家所提供之“宗枝图”，亦无陈照在内。

了解了陈氏家族关系及官职，对于我们下文讨论极有帮助。因陈坦不服关瑨判处，继续向上级官员申诉。上级官吏在判断是非之前，先从理论上阐明了所应该行用法条顺序，也就是如何理解和执行政策：

> 限田官品，当从一高，盖使其从其优也。若曾、高官品分众子孙，视其父所得之限为多，则固当从高，若曾、高与祖官品虽高，而子孙已众，以分法计之，所得不多，而其父之官虽卑于祖，所得之限差胜，则却应用父之限。若使必用其祖，而置其父勿论，则祖是七品而有五子，父是九品而只一子，其父所得限田乃皆无用。

这是指出，限田官品一律应该就高不就低，从而给予官员优惠。虽然这种方式在今人看来显失公平，却是当时人所能接受并一致认为合理。所以：

> 今陈某之祖官六品，合得田二十五顷，而有四子，亡殁减半，四子分之，每人合得三顷有零；其父虽是七品，却自合得二十顷，亡殁减半，犹合得十顷。所谓荫补，若原非七色补官，合用官品而实与自擢科第一般，特原始七色非泛而奏补子孙，则不可比科第者尔。本县若必欲陈某以祖官品分析限田为当役，则固未可，但却有所当契勘，陈某之父凡有几子，陈某若有兄弟，合用分法，则限田又自无多。兼本县但均其产，以为十顷有余，而不曾明行勘会田产实有若干，赡茔之田固不应豁出，其他山林之类，皆有比折法。十四贯产钱，决不止于百亩之产，明矣！此项最为的实，而本县未曾着实根究，遂使顽者得以为词。两争人并知在，帖县，限十日监乡司从实根究，要见陈某目今见管佃田亩若干，或用产钱比算，亦合照乡例从实指定，无容乡司巧行卖弄。仍请下乡保，系勘会陈某有无兄弟，逐一具申，以凭施行。

此判注为拟笔，估计是幕僚代笔草拟。既从理论上阐明了官户限田数量，也说明了荫补原则的具体规定。特别要求明确陈坦到底父祖何官，自己到底是何身份，有几个兄弟，要求基层机构逐项求证。这个虽注为拟笔，但是应该下发给基层官员，因为后文有建阳丞回复：

准使贴，追究乡司及勘会耆保，见得陈钤幹只有分晓所管田产，除在外州难以勘当，本县见管产钱簿籍者八贯五百一十六文，又有诸里烝尝六贯一百四十七文，又一项崇正里九百三十三文，通计一十五贯六百三十三文。本府及诸县官民所立烝尝，无如此之盛者，其为诡立可见。今据陈某之子陈镕供称，烝尝见有支书，系作四分，则陈某一分，亦自见管产钱一贯八百文。况彼三分，或居外州，其田并已倍并入陈某之家，见收租管业。缘产钱视田美恶，多寡不等。合遵照使判，尽索陈某幹照，计算顷亩，其陈某复乃称原契等并发上提举司，致无可凭计算，反得以此罔惑官司。今使限已逼，合先具此因依申乞使台监陈某就索原发去契书，送还佥厅，就追所隶乡司江壬，见在本府销注，一并计算，听从明断施行。见索到烝尝砧基簿并支书各一本，又正契一十九道，随状申发，取自指挥。

基层官员再次核查结果，坟产已经分割，并有文书证明，陈坦自身分属产钱一贯八百文。此非为重点，各级官府关注并不是两户本身，焦点在于陈坦父祖职位。按照当时法律逻辑和社会公认原则，陈家官位如何，陈坦继承哪位先人余荫，是这个案子的关键。而上文所述陈家前后官称，足可说明，陈坦父自有官。王昌老只是纠举者，而且不是官户。所以官府注意点，就要看陈坦是否可有免役部分，如有又是多少。假如这部分田产很多，排除了免役部分，仍超过王昌老，则自然是陈坦应役。现在情况是陈坦并未超过限度。由于建阳丞本身对于陈坦无好感，所以很多事实在其回复中被略去。但上级官员（章

都运）则指出：①

本司再拖照，昨据建阳县丞申，索到本县王某纠论陈某争役，案连及陈承议一宗告敕、批书，分析田业幹照，寻送法司检坐条令，及画宗枝图看详。照得陈徽猷生四子，陈履道父承议居其长，有官，乾道六年（1170）任成都府钤幹，自将田业经官，起立钤幹为户。至乾道八年（1172），三弟分擘祖业析居，各以其祖经略立为户籍，幹照分明。淳熙六年（1179），陈履道父转官承议郎，任福州侯官知县。以此考之，则是陈承议生前自用己官立户，至转官承议，已经九年，即与三弟无官，用祖为户，事体不同。当县先来以其三房限田过满，各应差役，独承议一位应得见存官品，于法听免，其理甚当。为承议之子者，席父之荫，承父之产，止应得七品官限田身后减半格法，外有田业，即合充役。今据追到乡司江壬所供，纽计田亩，方及八顷二分，以法揆之，实未出限田之数。本县令其应役，委是不公。所有见争人王昌老，当来已系知佐聚厅选差，合该入役名次，却将限田未满人妄行纠论，究其词说，大抵枝蔓引援，不合人情，显是健讼，理合照条断治。且与押下本县，照原拟差定，监勒日下入役，如再妄生词说，别有施行。江壬受嘱，将陈履道户下产钱以十文纽为

① 嘉定二年（1210）至七年（1216）之间，有福建路转运判官章良肱，或为此人。参考李之亮《宋代路分长官通考》，巴蜀书社 2003 年版，第 924 页。按该书所录，确知嘉定二年有李浃，嘉定七年有费培。又：“李浃…章良肱…费培…（俱嘉定间任）”，见郑开极、陈轼《康熙福建通志》卷 19《职官》2，中国地方志集成·省志辑·福建，凤凰出版社 2011 年版，第 1 册，第 357 页。则章良肱在李浃、费培中间任职。又据李书，绍兴三年（1133）至景定二年（1261），福建路无转运使；开禧元年（1205）至嘉定十年（1217），福建路无转运副使；转运判官为此时福建路转运司最高长官。李之亮认为：“几乎南宋一朝，朝廷已经取消了正使”，见该书前言第 4 页。又：“旧制，有计度转运使、副、判官，两省五品以上任者为都运使。建炎以来，逐路都转运使除授不常，惟使、副、判官常置。”见马光祖《景定建康志》卷 26《官守志三》，南京稀见文献丛刊，吴福林等点校，南京出版社 2009 年版，第 669 页；亦见宋元方志丛刊，第 1757 页。《清明集》所云“章都运”，或仅为尊称。如确为此人，则王昌老纠役陈坦，当在嘉定二年至七年之间，按李之亮所判断章良肱任职时间，或为三年至四年间。

一亩，委是违法，决脊杖二十，配处州。

关瑨一方面夸大陈坦土地数量（千余标准亩），另一方面不承认陈焞官位来自自身，认为陈璹四子（其实五子，一子早死），应该共享12.5顷限田，陈焞有3顷多限田，再半之，则陈坦有1.5顷略多（详细计算方法见下文）。因此，陈坦（履道）在比较差役时，仅可去除1.5顷。王昌老户有三贯多产钱，以每亩10文计算，则约折合为2顷多。陈坦的“千余亩”假设等于10顷，去掉1.5顷，余8.5顷，远超过王昌老的2顷，所以应该由陈坦服役。这种比较方式，是不考虑陈坦父自己官职因素，只比较陈坦、王昌老各自产钱数（以及由产钱折合出的标准亩）即可。不过章都运根据宗枝图，搞清楚了陈家继承关系。陈徽猷（陈璹）最高官职为左朝散大夫（六品），应有限田25顷。其死亡之后，诸子应该减半共享12.5顷，但是这里面没有包括陈坦之父（陈焞）。陈焞虽承荫出身，但是自己做到侯官知县、承议郎，为实职七品官。乾道六年（1166）起立门户，且“自将田业经官”。其他三子，则在陈璹过世后分家，各自“分擘祖业析居……幹照分明”，也有正式手续。按从优原则，故陈焞应有限田20顷，死后减半，诸子应共享10顷。陈焞只有陈坦一子，所以陈坦可享限田10顷。据乡司江壬所核算，陈坦田产只有8.2顷，不及10顷最高限额。这样，在与王昌老比较差役时，陈坦应该去除10顷，则应役顷亩为0；而王昌老户应役顷亩为2顷多（3贯多产钱），因此陈坦当然可以免役。王昌老承役按当时制度，确实理所当然。

当官户和官户比较，按等级直接用田产，或者以田产为基础核算产钱；当官户与民户比较，则为官户扣除一个基数，再来与民户比较，这样就形成了一个对于官户的优待政策。由这些案例，可见官户处于纠役矛盾焦点。而“限田法”非为约束官户“兼并”，只是尽可能把官户其他财产也纳入差役基础当中去。其目的是解决民户役事负担过重问题，在不能撼动既得利益者根本格局情况下，试图对既得利益者进行一定程度约束。

三 “限田免役”原则与“产钱”折算方法

前文已约略涉及，由于汉语汉字词汇的特殊性，所谓“限田”不能光从字面上来理解，必须结合当时当地政治经济政策及具体语境来判断其真实含义。在宋代语境当中，它不具备“限制占有土地”的含义，而是一种针对官员免役（优待措施）的计算标准。当然，在乾兴时期，曾经有过限制官员超额购入土地的考虑，不过为时甚短而且也从未限制过平民购置土地数量，更谈不上分配官府土地给官员，所以不能把“限田”看成一种土地制度，仅是一种财政上的具体政策，是为解决日益严重的百姓职役负担问题而提出一种试探性分担政策。政和以后，分等级所谓“限田”，就专指国家给予官员优待政策的操作性计量标准。这种优待，不是朝廷直接按照品级分配官有土地给官员，所以不是限制占有。官员如无土地，则此项优待就无从落实。官员如想保有土地，仍需自己出钱购置，购买数量亦无限制。只是根据官位等级给予部分免除职役负担的待遇，其实际保有田地数量与“限制占有”无任何关系。“限田”规则与土地本身的关系虽有，但并不密切。与“限田”二字密切联系在一起的，是免役（依官品部分免役）。“限田”数字是朝廷所提出分等部分免役的操作依据，其真实含义为“计量单位”，是一个“政策性”土地数量标准。

在国家政策上所提出的限田之“田”，只是一理想化“标准田”，而非自然性状田地。自然性状田地和国家政策层面“限田”所提出的田亩数量，两者之间无法直接等量使用，必然要有一个转换。为什么必须转换？用什么方式来实现两者之间的转换？这是因为自然性状的田地有良劣之别，所获出产有多寡之分，所以无法一概而言直接用数量进行比较。良田价昂，瘠田价低。占有良田的更为富有，占有瘠田的相对贫穷。良瘠一律看待，只会对富人更为有利。而朝廷在政策层面，更期待平民富人能多承担职役负担。在一般情况下，为公平起见，良田税钱更高，瘠田税钱相对较低。[①] 而税钱（产钱）是依据土地质量并经过多番争执才最终稳定下来，每块非隐匿田产都会有一个经过公认的税钱额度，不存在没有税钱的非隐匿田地。因而税钱（产钱）存在最广泛，最为百姓认可，是多种计量方式当中最具有“一般等价物”性质的比较手段，成为各类人群在差役执行时最基本的比较、折算单位，广泛应用于社会生活当中。[②] 特别是自然性状田地与“限田”需要互相转换之时，“税钱”（或者产钱）就更有突出的重要性。换句话说，就是在自然性状土地和按朝廷规定优待土地数额之间需要换算，才产生了所谓“限田”折算问题。

朝廷既要给予官员优待，又要限制优待数量，特别是惠及子孙部分，更是反复出台政策，不断加以修改。从官方标准来说，代际折半是基本原则。以一品为例大体如下表所示：[③]

代际＼时间	政和（1111—1117 年）	乾道（1165—1173 年）	淳熙七年（未执行，1180 年）
本人	100（顷）	50（顷）	35（顷）
子（诸子共享，下同）（位）	50	25	17.5
孙（位）	25	12.5	8.75
曾孙（位）	12.5	6.25	4.375
玄孙（位）	6.25	3.125	2.1875

① 参阅王曾瑜《宋朝划分乡村五等户的财产标准》《宋朝的产钱》，《涓埃编》，第244、271 页。按王氏分析，产钱有三种含义，或是税钱，或是家业钱，或是两者统称。产钱的基本功能，则以“纽税”为主。这也是因为土地性状不同，难以一概而论。所以就不按亩数，而按其出产水平来衡量。

② 早在五代时期，“……分遣使者按行民田，以肥瘠定其税，民间称其平允。自是江、淮调兵兴役及他赋敛，皆以税钱为率，至今用之”。见《资治通鉴》卷 282 后晋天福六年十一月庚辰条，第 9385 页。

③ 政和（1111—1117）数据见《宋会要》食货六之二，第 6087 页；乾道八年（1172）数据见《宋会要》食货六之六，第 6089 页；淳熙七年（1180）数据见《宋会要》食货六之七，第 6090 页。绍兴末期，曾经短暂允许子辈每人均可按限田额度从高免役，但很快被取消。

当然这是一个理想化“限田标准”，非实际数量，各地须按照当时当地具体情况折算。可以想见，换算办法极为复杂，具体细节又相当琐碎，随着史料湮没，如何换算成为难解之谜。笔者翻检宋人著述，同时在若干大型数据库中检索，几乎没有发现相关文献记载。《清明集》所录案例实况，基本上就是我们了解宋代限田和免役换算关系的唯一线索。免役执行方式各有不同，官员籍贯在甲地或乙地，所能享受到“免役”待遇是不一样的，要依据当时当地具体情况，不能单纯比较田地数量，必须把土地良劣也比较进去。如何比较？当然是用税钱或者产钱比较，一般原则是“合照乡例”，而山林等其他类型田产，“皆有比折法”。这种折算多以本乡本土为基本核算单位，可以用产钱折算，也可以用税钱折算。《清明集》当中所透露出来的部分税钱标准如下：①

产钱每亩 10 文（77 页，出处见前，下同）

本乡则例，中等每顷 545 文，则每亩 5.45 文（85 页）

17.5 顷，六等田纽算，合计税钱 14000 文，每亩 8 文（91 页）

限田 5 顷，算计税钱 4 贯。合计每顷 800 文，每亩 8 文（91 页）

此处所谓产钱、税钱含义基本相同，是两税的夏税折钱额度（仍然可交纳实物），是一种通用并被广泛接受可衡量的标准（官户须照常缴纳税钱，只不过在承担职役时，也采用税钱作为衡量应役与否标准）。落实到有据可查若干民户，可了解掌握其具体换算方式。如建阳陈坦户，建阳丞统计该户有簿籍产钱 8516 文，诸里烝尝 6147 文，崇正里 933 文，合计为 15596 文（原文为 15633 文，后文计算基本以此数字为准，误差虽有但很小），应为当时建阳丞计算有错误，出现

① 下文为方便比较，原判文所使用的顷、亩、贯、文等计量单位，均统一折合，钱以文计，田以亩计。此处比较均为双方对比，故不涉及具体的亩制大小，钱额多少。

了 37 文误差。[①] 后文又云烝尝田中，陈坦的一份是 1800 文，而崇正里和诸里田地都应该是烝尝田。6147 + 933 = 7080 文，则四分之一为 1770 文，大致相合。或者用 15633 文减去簿籍产钱 8516 文，则烝尝田额为 7117 文，四分之一为 1779.25 文，可约等于 1800 文。又因陈坦对全部烝尝田"收租管业"（其他人不住在本州），意思是所有烝尝田都由他管理，属于他纳税份额之内，一共 15633 文产钱，都应该归属于陈坦名下。且后文说陈坦落实下来纽计田亩（即标准亩，非真实田地数额）应为 8.2 顷（820 亩），那么 15633/820 = 19.06 文，或者 15596/820 = 19.01 文，可计算约等于纽记每亩 19 文税钱。与前述其他县乡 5 文、8 文、10 文的税钱相比，高出不少。但务必注意，这只是折算出的基数，可用于双方比较，而不能一律看作真实税额。

按关某计算办法，15633（15596，或 14 贯有余）文均属陈坦的产钱，而陈坦父官为承荫所得，所以只能以"封赠官子孙差役同编户"原则（同时故意忽视了"谓父母生前无曾任官，因伯叔或兄弟封赠者"条款），按陈璹的六品 2500（标准）亩，死后折半来算，陈璹有四子，死后诸子共承 1250 亩，则每子为 312.5 亩，到陈坦应再折半，则有 156.25（标准）亩。按 19 文算，则其大概有 2968.75 文产钱可免役。15633 − 2968.75 = 12664.25 产钱，这 12664.25 文产钱要和他人正常比较差役，包括倍役、歇役等都需按此执行。另从王昌老的角度来看，陈坦是他的四倍，以 14 贯有余的标准，约按 15000 文算，则王昌老有 3750 文（按陈坦 15633 文产钱，则王昌老 3908.25 文）的产钱。根据同一折算办法，3750/19 = 197.36 标准亩（或 3908.25/19 = 205.7 标准亩）。关某将陈坦的 15633 文以每亩 10 文（此为关某估算，压低了标准，但和其他州县产钱比率大体相同）折算，陈坦有田就是 1563.3（标准）亩。则王昌老和关某当然认为折算出的王昌老标准田亩（197.36 或 205.7）比陈坦产钱折算出的标准田亩（1563.3）数为低，理所应当由陈坦应役。

但章都运算法又有不同，他找到了问题关节点在于陈焞本人官

---

① 出处均已见前。

品，政策是按品级允许官员及其后裔享受一定免役额度，官品最为重要。只看陈焞是何官位，品级如何，然后根据确定无疑的陈焞官位再推算“限田”额度。如果陈焞确实是依靠自身努力升级为七品官（承议郎、知县，从七品朝官），则可保有2000亩限田，死后折半，子孙可享有免役额度数量为1000亩。也就是说，陈坦可以享受免役额度按本地纽计标准每亩19文计算，19文×1000亩=19000文。现实情况是陈坦只有820（纽计）亩，产钱为15633文，所以陈坦不必应役。且尚有3367文的免役额度未曾使用，甚至仍可再保有177（标准）亩。从理论上来说，陈坦与王昌老用来比较差役的产钱应为“负的3367文”。即使以0来计算，那么王昌老也高于陈坦3750文（或3908.25文）。所以章都运才说王昌老是“妄行纠论、枝蔓引援，不合人情，显是健讼”。其中核心问题还是官品官位，允许官员及其后裔享受一定量免役额度，这才是折算田亩的关键点。

又如黄陞，其父为朝散大夫，从六品，可享限田2500亩，死后半之，诸子可共享1250亩。黄陞兄弟五人，则每人为250亩。后文有云“本乡则例，中等每顷五百四十五文”，则每亩为5.45文。按此标准，则黄陞本人可以享有的免役额度为250×5.45=1362.5文。而黄家现有产业中所谓“黄侍郎大夫庄”被看作黄陞产业，有据可查税钱为1436文。刨除1362.5文之后，黄陞自认可用于比较差役税钱为73.5文。但是范西堂认为，只有在有分家文书情况下，方可证明现有税钱属于黄陞本人，才能据之免役，如果拿不出“分关声说簿书”以及“本位受分干照”，那就不能据此免役。既然黄家没有分家文书，那官府就要加以干涉，将其家产特别是田产剖析明白，拟出“关书”，以备差役之用。范西堂命令把黄家的三处田产，归并到一起，命名为“知府大夫庄”，根据朝廷“限田”法令，黄知府为六品，可免役额度为25顷，死后半之，诸子可共享12.5顷限田。再根据乡例原则，以中等水平核算，每顷税钱是545文，黄家诸子可享有免役额度是6812.5文（原文计算有误，为7533文。或者7533此数不误，则1250亩有税钱7533文，即每亩税钱6.03文），这个额度高于其家实际所有的税钱4350文。黄家如果再购置土地，尚可保有税钱2462.5

文的土地。

乐侍郎户有税钱1772文，但无告敕及砧基簿书，不详为乐侍郎第几代子孙，所以未予计算免役。王承宣户有税钱2800文，其家拿出武翼郎（武职，从七品）告敕，从条免役；刘从义郎（武职，从八品）户，有产钱5000余文，没有正式分书，只有白关，未被采信；刘知府户有税钱1600文，有告敕无分关簿书，范应铃也认为不在免役之限。李侍郎户，原为四品，“限田”死后半之，为17.5顷。范应铃以本乡六等田为其纽算，朝廷允许享有17.5顷标准田，折合本地税钱计14000文，则每亩8文。侍郎共有4子，每子份可折合为3500文免役额度。其中长子（A）应为已逝，所以长子份继续折半，子辈（李侍郎孙辈，B、C）2人，各自可有1750文免役额度。而按照税簿记载，B、C二人现各有税钱为3189文。所以B、C在各自3189文中，可以去除1750文的免役额度。剩余的1439（原判文中作1430）文税钱，要与民户进行比较，税钱高者应管办差役。按文中语焉不详的记载推测，B、C两位当中有一位自己有官可免役，所以想把2位合计3500文免役额度，用在无官的某一位身上，不过范应铃不同意这样使用免役额度。

再结合陈坦案判词，似乎可以这样说，假设某官员（D）为七品，本人在世时可享有免役额度是2000亩（标准亩，下同），有子5人，则D死后子辈共享数额为1000亩，每人分享数额为200亩。但如果这5人当中有某一位（E）自己获得了较高官职（例如七品），E从其父继承所享有的份额（200亩），则不能平分到其他4人身上，使他们平均达到250亩。其他4人（如按陈璹家标准，分家之前过世之子可不计算在内），每人可享有数额仍然维持200亩数字不变。获取较高官职的E（七品），从父继承的份额（200亩）被虚置。但E本人在世时，按本人官品（七品）享有2000亩免役额度，E若过世，直系子孙可以2000亩为基数按折半比例继续享有免役限田数额，而不必以D为标准判断继承数额。

由以上分析，可见宋代“限田”二字含义不是限制占有，而是官户免役政策的一个计量标准。在传统解释里面，限田是宋代“田制不立”的表现特征。但实际上，“田制不立”，其本来含义就是要表达这种“限制”名存实亡的意思，是说“标准”没有贯彻执行到位，而不是实际去限制官员保有土地，更不是把官府土地无偿分配给官员然后限制数量的含义。“田制不立”政策与官户免役政策高度相关，完全是由官户免役政策派生出来的专有词汇。概因官户在北宋前期完全免役，诸多避役方式主要围绕着田土寄名而产生。因而官府应对策略就是试图限制官户名下田土总额度，称为“限田”，但是土地不是由官府无偿分配给官员，所以不是建立在官有土地基础上的“限制占有”，它从开始就是“免役”额度。同时并不限制平民保有土地数量，所以谈不上是什么土地制度，只是一种强调官户免役份额的管理规则。北宋中期以后，特别是到了南宋以后，“限田”的执行就更加精细化，更突出了它作为“免役”执行标准的一面。官员既要保存好告敕，又要拿出分家文书，更要同时标明本位受分多少，只有同时满足了这些条件，官员才得以享受按等级按额度享有“限制一定数量田地”免役的优待（当然，这是政策上的标准，在执行中又有各种变通，还要依赖于当时当地主事官员的行政能力）。更何况，“田制不立”词汇本身，更是一个史料学上的误解。①

相比控制土地占有数量，宋代更重视是“差役赋敛之未均”。因为差役、赋敛根据户等来定，定户等又主要依据田产，田产多者，户等就高，被派差役机会就多。所以一般非官户的农户就只好想其他办法逃避差役，为了逃避差役，就要降低户等。如何降低？就是将田产出手，卖与何人呢？同样平民百姓不敢买、不能买，所以只能卖给有免役特权的“官员形势衙前将吏户”，普通平民就转变为不能安土重迁的“浮浪、惰游”之人，这对于专制国家稳定具有极其严重的危害性。加上再有所谓“恶悻”之辈，把自己田土作“佃户”名下，虽然还保持着实际控制，但国家已经无法对其进行差役，收取赋敛。朝

① 耿元骊：《宋代田制不立新探》，《求是学刊》2009 年第 4 期；《唐代均田制再研究——实存制度还是研究体系》，《社会科学战线》2011 年第 11 期。

廷才提出“若不禁止，则天下田畴半为形势所占”①。很明显看出，如果承担差役民户少了，国家将无人可派役，也就是说国家得不到“收入”。因为每派役一次，对民户都是一次巨大伤害，可承役民户少，轮到次数就多；轮到次数多，破产者就多，一次次轮下去，最终是无人可派。为了避免这样后果，在无法要求既得利益者放弃利益的前提下，加以约束是最优选择，故而提出了“限田”标准。官员只能在标准之内免役，而不能完全逃避对一般人有破产之虞的职役负担。官员通过什么标准免役？在农业社会里面，当然是以土地这种最大宗财产为标准更适宜。但是土地肥瘠不一，很难一概而论。所以朝廷制定限制标准，到了地方必然要加以修正调整，而无法纯粹以自然性状田地作为标准。如何沟通朝廷标准和地方特点，就需要能被一致认可的计量方式。税钱由土地出产数量而定，是能得到最多人同意的公平尺度，所以也逐渐被用来作为官户免役的计量标准。

在宋人理解当中，“田制”就是“限田”而已，并没有作为“制度”的特殊含义。宋人在言“田制不立”时，就是限田“不行”的意思。最重要思考逻辑是：“减农田之弊，均差遣之劳，免致力役不均，因循失业。”这是一个递进过程。事态发展是：“百姓困苦—差役不均—形势豪强侵扰”，那么解决问题办法就是：“减农田之弊—均差役之劳—免因循失业”。所谓“田制”不立者，主要目的是“均差”“均役”。“田制不立”，就是“限田”不立，而“限田”不能作为一种土地制度来看待。换句话说，当时这个“限田”不立，只是一个具体行政事务性举措，是一个计量标准，不能上升到制度层面作为一种制度。宋代不存在一种作为土地制度的“限田之制”，只有以解决差役问题而出现的“限田”计量方法。“限田”不是为了均役，而是因为有了均役或者纠役，才逐渐产生了“限田”手段。实际上是先有官户免役问题，才有限田问题被提出来，而不是倒过来。是“均役限田”，而非限田均役。所谓限田之制，是役法附属，是官户免役问题的一个具体解决手段。没有役法特别是纠役以及相随产生的官户免役

① 《文献通考》卷12《职役考》1，第341页。

问题，也就无所谓限田问题。

总之，官户免役问题是宋代重要社会矛盾焦点。由于路径依赖、制度设计不得法，乡村差役被乡民广泛抵触，国家又需要大量人力来执行各项社会管理事务。乡民普遍不乐服役，但是又不得不屈从，导致明暗推脱成为常态。随之出现了承役先后顺序矛盾，产生了纠役问题。随着纠役大面积出现，朝廷逐渐调整应对政策，目的是保证有人服役。特别是在官员队伍迅速扩大，役事执行艰难的局面下，不得不逐渐限制官户免役范围，试图缩小官户原可享有的庞大权益。总过程就是官户权益在逐步缩小但又不致引起激烈反抗，由官户完全免役，到部分出钱，继之部分服役。从历史发展过程和逻辑顺序上来看，不是因为限田而免役，而是在役事执行过程中，在官户执役问题上，逐渐找到了“限田”（限一定田亩数额折算税钱）这样具有可操作性的比较标准。

第七章

宋代乡村社会控制与生存秩序

毫无疑问，中国古代社会是一个乡村社会。从秦汉到明清，乡村社会与国家之间的复杂关系，一直都是学术界研讨的重点。国家权力如何渗透到基层社会，地方政治如何运作以及其与基层社会（县以下）的互动关系等主要问题，都得到了较为深入的讨论。[①] 但是对于乡村社会内部，村民之间的微妙关系，尤其是对乡村社会内部权力网

---

① 关于宋代乡村社会秩序与控制的研究，可参阅朱奎泽《20世纪80年代以来国内两宋乡村政权与社会控制研究述评》，《甘肃社会科学》2007年第1期，该文已提及之论著，以下不再列举。吴雅婷亦曾对宋代基层社会加以总结，氏论《回顾1980年以来宋代的基层社会研究——中文论著的讨论》，《中国史学》第12卷，2002年。刁培俊有一系列论文，均涉及乡村社会秩序问题，主要可参阅氏论《唐宋时期乡村控制理念的转变》，《厦门大学学报》2009年第1期；同氏《两宋国家权力与乡村秩序的整合——以乡役制度为中心》，《厦门大学国学研究院集刊（第二辑）》，中华书局2010年版；另可参阅黄宽重主编《中国史新论：基层社会分册》，台北联经出版有限公司2009年版，黄氏亦有其他多篇论文涉及宋代乡村社会问题；康武刚《宋代地方势力与基层社会秩序研究》，合肥工业大学出版社2015年版；傅俊《南宋的村落世界》，博士学位论文，浙江大学，2009年；谭景玉《宋代乡村组织研究》，山东大学出版社2010年版；廖寅《宋代两湖地区民间强势力量与地域秩序》，人民出版社2011年版。关于秦汉明清乡村社会秩序的研究，可参阅马新《里父老与汉代乡村社会秩序略论》，《东岳论丛》2005年第6期；黎明钊《辐辏与秩序：汉帝国地方社会研究》，香港中文大学出版社2012年版；侯旭东《北朝村民的生活世界——朝廷、州县与村里》，商务印书馆2005年版；杨国安《明清两湖地区基层组织与乡村社会研究》，武汉大学出版社2004年版；孙海泉《清代中叶直隶地区乡村管理体制——兼论清代国家与基层社会的关系》，《中国社会科学》2003年第1期；张小也《官、民与法：明清国家与基层社会》，中华书局2007年版。日本学者围绕宋代乡村社会主题，也有极深刻的讨论，由于目力所限，未能一一检索。

络和秩序形成机制的关注则尚嫌不足。作为一个在乡村管控策略上承前启后的重要时期，在宋代，国家一方面继续试图把行政控制强力深入乡村社会内部，另一方面又允许乡村在局部不影响总体秩序的情况下产生部分自发自治秩序。探讨宋代乡村社会内部的权力结构，以及由乡村中所常见之“纠役”纷争而展现出来的权力网络构成，对深入理解乡村社会特质，探讨宋代乡村社会中的生存和秩序问题，厘清宋代乡村社会的自我运转、人际关系、社会网络等均有相当重要的作用。同时，这也对深入了解地方性权力运作过程，进一步探讨基层社会与国家之间关系有着多重启发性的意义。

一　乡村的权力：控制网络

规划设置县以下乡村权力机构建制并及将其形成网络，是中央政府、地方政府控制基层和提供管理服务的前提及手段。但囿于政治、经济、文化等多方面的条件限制，自秦汉以来的乡官制，隋唐时期逐步走向了瓦解。中央政府虽然逐步放弃了对县以下的行政建制直接管辖及建立正式行政机关，但是丝毫也没有放松对县以下区域的行政控制，甚至在某些方面全面强化了统治网络以加强其管制能力。宋代的乡村权力网络，亦先在国家层面提出建设框架，然后交由地方（州县）根据本地情况去具体实施。所谓正规的“机构建制”虽然变化层出，但其基本演变脉络，经由学术界的多年研讨，已初步清晰。① 要而言之，无论这些基层组织是不是正式机关，它的工作就是要把所有乡村百姓都纳入一个统一的网络当中，方便掌控，而主要目的则是

① 关于宋代县以下基层管理体系的变迁，争论极多。主要是围绕着乡、里、都、管等机构是不是行政政权等问题展开，郑世刚、马新认为乡是基层政权；王棣认为乡是财政区划，里是行政区划；梁建国认为乡不具有完备的行政功能；夏维中认为宋代乡村基层组织是乡都制，但未涉及其行政地位问题；谭景玉认为乡是基层行政组织。参阅郑世刚《宋代的乡和管》，邓广铭、漆侠主编《中日宋史研讨会中方论文选编》，河北大学出版社 1991 年版，第 246 页；马新《试论宋代的乡村建制》，《文史哲》2012 年第 5 期；王棣《宋代乡里两级制度质疑》，《历史研究》1999 年第 4 期；梁建国《北宋前期的乡村区划》，《史学集刊》2006 年第 3 期；谭景玉《宋代乡村组织研究》，第 114 页。

最大限度地催驱赋役。

宋初若干年，基本承续了唐末五代的乡里制度，利用里正等原有体系作为主要管理方式。开宝七年（974），曾经提出“废乡分为管，置户长主纳赋，耆长主盗贼、词讼”[①]，但是没有在全国推行开来。这与唐初“每乡置长一人，佐二人”[②] 的举措相类似，是一个试图把正规机构贯穿到县以下基层的尝试。两者均没有得到全面推行，则似乎意味着，以唐宋时期的政治、经济条件，国家政权直接管理县以下地域，还是一件非常困难的事情。所以试探之后，不得不收回。仍以“乡”作为县以下的管理层级，只不过这种管理层级并不是确定下来的一级权力机构。同时，里正作为基层头目，经过数十年的运行，从之初“主催税及预县差役之事，号为脂膏”的地位直线下降，“科禁渐密，凡差户役，皆令佐亲阅簿书，里正代纳逃户税租及应无名科率，亦有未曾催纳，已勾集上州主管纲运”，很难继续持续下去，到至和二年（1055），最终“罢诸路里正衙前”[③]。里正作为一种职役名目，所承担的职役负担虽然没有了，但作为一个职务，仍然是“乡”的头领。“乡”的地位仍然存在，是县以下区域进行空间分隔的主体，主要为划分“役”而编排。在“乡”继续存在同时，并有“耆”的设置，神宗时期，张方平在奏文中说：“旧制：防禁盗贼之法，乡村即有耆长、壮丁、弓手”[④]，乾道八年（1172）时，“在法：乡村盗贼、斗殴、烟火、桥道公事并耆长干当”[⑤]。说明“耆”一直都是作为一种社区单位，其职能主要以处理乡村治安和一般纠纷为主。

王安石变法以后，将原来已有部分运行的保甲法正式向全国推广。熙宁六年（1073），司农寺正式确立了保甲制度：“开封府界保甲，以五家相近者为一保，五保为一大保，十大保为一都保。”[⑥] 虽

---

① 官修、徐松辑：《宋会要辑稿》职官 48 之 25，第 4321 页。

② 《通典》卷 33《职官十五》，第 924 页。

③ 《续资治通鉴长编》卷 179 至和二年四月辛亥条，第 4330 页。

④ 张方平：《张方平集》卷 27《请详定盗贼条法事》，第 424 页。

⑤ 官修、徐松辑：《宋会要辑稿》食货 14 之 47，第 6291 页。

⑥ 《续资治通鉴长编》卷 248 熙宁六年十一月戊午条，第 6045 页。

然这个时期的保甲更偏于军事性质，换作现代用语可算是一种公共安全管理措施。不过既然形成有组织的成系统半（准）军事编制，就成为官员管控的有利工具，将其作用改造为催驱赋役："大保长皆选差物力高强、人丁众多者，其催科，则人丁既壮，可以遍走四远；物力既强，虽有逃亡死绝户，易于偿补，……保长多有惯熟官司人，乡村亦颇畏之。"①大约与此同时，废去户长、坊正，设置了甲头，"州县坊郭税赋、苗役钱，以邻近主户三二十家排成甲次，轮置甲头催纳"②。都保和甲头很快合流，迅速成为基层政府权力下沉的管道。大体而言，宋代在县以下管理体制里面，多设置三层或者两层体系。这种二层或者三层的体系，并没有全盘依据人为划定的都、保规格，而是按照基层的具体情况排定的，甚至有的地方很久都没有贯彻都保制而维持原来的乡里制。

元丰（1978—1085）以后，司马光执政时期，废除了为战争而准备的保甲体系，特别是沿边地区，基本都加以裁撤。但是都保设置则维持了下来，和约定俗成的"乡"一起，成为官府管控下的乡村行政管理组织。南渡以后，对保甲又加以调整，乾道九年（1173）规定："诸村疃，五家相比为一小保，选保内有心力者一人为保长；五保为一大保，通选保内物力高者一人为大保长；十大保为一都保，通选都保内有行止材勇、物力最高者二人为都、副保正。余及三保者，亦置大保长一人，及五大保者，置都保正一人。若不及，即小保附大保，大保附都保。"③大体上仍然是二级体制，进一步强化了都保作为基层管制组织的功能，一直沿用到宋代灭国。

总体而言，无论是乡里、保甲还是都保，都是乡村社会权力网络的最主要架构。不管基层管理组织体系如何变迁，其不变的基础一是民户，二是村落（自然聚落）。④乡村社会权力网络，关键在于

① 官修、徐松辑：《宋会要辑稿》食货66之73，第7923页。

② 《续资治通鉴长编》卷257熙宁七年十月辛巳条，第6277页。

③ 官修、徐松辑：《宋会要辑稿》食货65之101，第7857页。

④ 傅俊、马新均注意到了此问题，特别关注于村落，认为村落是乡村当中最基本的组织单位，所见甚是。

线与线之间的节点建置。通过这些节点，民户和村落即可采用某种方式组织起来，形成控制层级。在宋代来说，乡书手（乡司）和不同称呼的县以下二级或三级机构，是一类关键性的节点。通过乡书手和县以下机构，县得以接触、掌控乡村民户。而村落则构成了权力网络最基础的自然单位，国家权力的行使和落实就是针对这些村落。

在县以下管理机制变迁过程中，乡司的地位变化最为特殊。① 宋初，书手地位在里正之下，“国初，里正、户长掌课输，乡书手隶焉。……天圣后以第四等户差。熙宁行募法，以第三等以下户充，免户下役钱。无人就，即给雇钱。其后不限有无产业，招募吏有阙，与贴司依名次补充。元丰七年（1084）听投名，不支雇钱”②。可见书手一直都是作为职役行事。熙宁三年（1070）时，韩琦谈及青苗钱操作时指出，如果借给乡民的青苗钱无法归还，则“必难催纳，将来必有行刑督索，及勒干系书手、典押、耆户长、同保人等均赔之患”③，书手已位列负责者之首，似有地位提高之感。同时，由于书手所负责事务极为繁杂，具有相当的专业能力，特别是既要能计算账目也要能书写账目，在乡村中很难被取代，故而逐步纳入了胥吏行列。④ 据王棣的分析，大概在王安石变法期间，乡书手成为胥吏，有了独立的办公机构“乡司”。南宋以后，对乡书手的惩罚性规定越发多了起来，其违纪作弊的可能性越大，可见其所掌握的权力也就越大。绍兴二年（1132），有官员指出，乡书手在乡村报灾时可以通同作弊：“人户田苗实有灾伤，自合检视分数蠲放。若本县界或邻近县分小有水旱，人户实无灾伤，未敢披诉，多是被本县书手、贴司先将

① 王棣：《从乡司地位变化看宋代乡村管理体制的转变》，《中国史研究》2000 年第 1 期。

② 陈耆卿：《嘉定赤城志》卷 17《乡书手》，宋元方志丛刊，第 7418 页。

③ 官修、徐松辑：《宋会要辑稿》食货 4 之 20，第 6045 页。

④ 如“州县往往以此县户眼弊幸，皆在周森胸中，若行配去，恐后欲整顿版籍，更无知首末乡胥”。此周森即为胥吏。见《名公书判清明集》卷 11《恣乡胥之奸》，第 424 页。

税簿出外，雇人将逐户顷亩一面写灾伤状，依限随众赴县陈。其检灾官又不曾亲行检视，一例将省税蠲减，却于人户处敛掠钱物不赀。其乡书手等代人户陈诉灾伤，乞行立法。”① 绍兴十六年（1146），户部规定：“诸典卖田宅，应推收税租，乡书手于人户契书户帖及税租簿内，并亲书推收税租数目并乡书手姓名，税租簿以朱书，令佐书押。又诸典卖田宅，应推收税租，乡书手不于人户契书户帖及税租簿内亲书推收税租数目、姓名、书押令佐者，杖一百，许人告。又，诸色人告获典卖田宅，应推收税租，乡书手不于人户契书户帖及税租簿内亲书推收税租数目、姓名、书押令佐者，赏钱一十贯。”② 这些规定，无不说明乡书手在乡村社会当中地位的重要。和乡书手发生关系最多的，大概就是这些普通的“人户”。又据王棣统计，《庆元条法事类》当中关于乡司运作的法条就有数十条，主要是针对乡司走弄两税的问题。这无不表明，乡司（乡书手）处于征税的核心位置。是乡村权力网络当中能把民户贯穿起来非常有代表性的关节点。权力网络之所以形成，其最大的目的是从乡村中汲取赋税。乡书手成为官府和乡村民户之间的沟通渠道，也就是官府管控乡村民户的重要权力网络节点。无论是乡里、还是耆、管、都保，乡书手等都是基层管控的体系，里正等作为职役，取消和恢复，都是局限在县以下区域内，为了建立县和县以下的直接沟通管道，乡书手由于直接掌控数目，逐渐提升了地位，最后成为胥吏。

而无论是乡里、保甲还是都保，其所建立基础一般很难针对分散的民户，而是建立在村落（自然聚落）的基础上。无论县以下采用什么样的管理方式，设置多少层级，它的基础都是自然村落。乡里，保甲、都保的最重要功能，就是把自然村落归并起来，使之形成网络。早自先秦以来，村落（聚落）就因各种因素而形成。③ 宋代的村落（聚落）分布，当然已无法详细考证。但是大体上北方较少，南方较

① 官修、徐松辑：《宋会要辑稿》食货1之7，第5940页。

② 官修、徐松辑：《宋会要辑稿》食货11之19，第6230页。

③ 参阅刘沛林《古村落：和谐的人聚空间》，上海三联书店1997年版，第56页。

多；西部较少，东部较多，应为事实。四明地区的奉化县所辖乡，多记载其管、里、村名。如奉化乡，有记载其有一管一里四村，并详列村名：明化村、长汀村、茗山村、龙潭村。[①] 其他记载虽无村名，但多载村数。另外，宋代的县以下权力建制，经常没有全部贯彻基层，有的地方就依然以村落（聚落）为基础，如荆湖等路察访蒲宗孟言曾奏曰："湖北路保甲，无一县稍遵条诏，应排保甲村疃，并以大保、都保，止于逐村编排，更不通入别村，全不依元降指挥，其监司违法官乞施行。"因而要求"编排职官并提举官并上簿"[②]。

傅俊曾搜罗材料，列举了南宋 12 个村的情况，从其所列举数据来看看，最多的有"七百户"，最少的有"数家"。[③] 数据虽然是南宋的，但是大体可以说宋代基本如此。乡村百姓以地缘或者血缘聚居在一起，按照距离分别为不同村落（聚落），其具体面貌又各不相同。王岩叟在上奏中说过，管城县孙张村，"本村旧七十余户，今所存者二十八家而已。皆自保甲起教后来消减至此，当时人人急于逃避，其家薄产，或委而不顾，听任官收；或贱以与人，自甘佣作。今虽荷至恩，得免冬教，而业已破荡，无由可归"[④]。村落也有繁盛平静的，如范成大所描绘的村落景象："昼出耘田夜绩麻，村中儿女各当家。童孙未解供耕织，也傍桑阴学种瓜。"[⑤] 或者如韩琦所描写的村落世界："山脚林成簇舍窠，门前流水养嘉禾，森森松栢围先陇，濈濈牛羊满近坡，官赋已供余岁备，村歌无节得天和，安全尽责廉平吏，三岁齐民更孰过。"[⑥] 或如王庭珪所住的东村："避地东村深几许，青山窟里起炊烟。敢嫌茅屋绝低小，净扫土床堪醉眠。"[⑦] 且不论其衰败

① 罗濬：《宝庆四明志》卷 15《叙赋》，宋元方志丛刊，第 5188 页。

② 《续资治通鉴长编》卷 274 熙宁九年四月戊戌条，第 6707 页。

③ 傅俊：《南宋的村落世界》，第 77 页。

④ 《续资治通鉴长编》卷 369 元祐元年闰二月壬寅条，第 8994 页。

⑤ 范成大：《范石湖集》卷 27《四时田园杂兴》，富寿荪点校，上海古籍出版社 1981 年版，第 374 页。

⑥ 韩琦：《安阳集》卷 8《褫亭道中农居》，宋集珍本丛刊，第 6 册，第 442 页。

⑦ 王庭珪：《卢溪文集》卷 11《和居东村作》，景印文渊阁四库全书，第 1134 册，第 147 页。

还是繁盛，这些自然聚集起来的村落，就是乡里、保甲或者都保所整合的对象。

从宋代的乡村权力机构建制来看，有着诸如乡、里、耆、都、保、团、甲等名目，其间层级关系也十分复杂。均不是正式的乡村管理权力机构，可确实有着乡村管理权限，也承担一定程度的行政职能，在某种程度上也存在专门人员，但无论如何，的确不是正式的权力设置。不过这不妨碍县及州府、朝廷既把管控体系深入县以下的地域，又不必维持庞大的官员队伍，可算一举多得。当然，朝廷不是没有掌控县以下全部地域的意图，只不过难以做到而已。总体来看，县以下一般设置两级管理组织，是宋代的常态。而这两级机构之间关系又是虚虚实实，介于虚实之间。说它虚，它肯定没有实际的得到认可的权力建制；说它实，他确确实实是朝廷掌控的工具。县以下的权力，如果不经过这些机构，是无法运行的，这些机构就是乡村的权力网络主干。当然，乡村亦有隐蔽的权力网络，这些所谓隐蔽的“权力”或基于血缘，或基于文化，或基于地缘，但总体还是依附于由国家主导的“正式”网络当中。有时候隐蔽的权力也会和这种正规网络发生矛盾，但更多时候双方可做到各取所需。官方在技术、经济、文化等条件不许可的前提下，满足于依赖权力网络取得赋税，催税足则其他大可放手。也正因如此，在基层管控网络当中，官府最重视的不是里正等“主管”人物，反而是“乡书手”一类的账目知情者。通过乡书手，把民户（人户）联成了网络，通过各级组织，把自然的聚落连成了网络。当然，这两者相辅相成，自然聚落先联成网络，然后乡书手在其中又把民户联系起来。最终的指向目标，就是在农村中汲取赋税。其最明显的外在表现，就是役事的纷争。

二　百姓的纷争：生存本能

宋代乡村差役基本情况及负担之沉重，早有学者详细讨论。但多留意职役制度及乡民整体负担状况，主要关注官、民之间的对立，而未对执役百姓群体利益分化和矛盾加以深入研究。特别是由于史料存佚多寡因素，学者对南宋役事纷争印象深刻，对北宋百姓“纠役”则较少关注。实际上，无论南宋还是北宋，不管所行是差役还是雇役（免役）或是义役，“纠役”都相伴相生，长期存在。乡村中采用类似孀母改嫁、亲族分居、弃田与人、非命求死等手段避役者虽层出不穷，[①] 但仍属少数。多数百姓无法躲避，只能被迫执役。不过乡民不是全然被动，执役只是一户，但是备选实有多户。孰先孰后，对于百姓来说可谓意义重大，不得不全力争之。举例而言，某乡有 10 户物力高强者，应分 10 次轮流应役，而每次或三年或二年。[②] 即使算为一年一替，如果排在 10 户之尾，也要 10 年之后再执役，可谓一争得十年乃至数十年休息！面对有破家荡产之虞的役事，[③] 从农户角度，无论投入多少精力和时间来参与“纠役”，都可谓值得。

役法初行，州县均有定额，各有其“职”。“宋因前代之制，以衙前主官物，以里正、户长、乡书手课督赋税，以耆长、弓手、壮丁逐捕盗贼，以承符、人力、手力、散从官给使令。县曹司至押、录，州曹司至孔目官，下至杂职、虞候、拣、掏等人，各以乡户等第定差。”[④] 诸般职役，其地位各有升降，乡书手等职逐渐上升，而里正、衙前地位逐步下降。到了王安石变法前，衙前负担沉重无可复加，难

---

① 《宋史》卷 177《食货上》5，第 4297 页。同卷亦有韩绛、吴充等官员所述，具体情形虽不同，但大体不出这四种避役方式，见第 4296、4298、4299 页。

② 如“衙前入役，……建隆以来，并召投名。（衙前阙，即抽年满押录三年，里正二年替，限内各管重难一次）……衙前……其主持重难及优轻并三年为界，……泉州例，二年一替”。见梁克家《淳熙三山志》卷 13《版籍类四 · 州县役人》，宋元方志丛刊，第 7888 页；又如“各差一役，皆三二年一替”，见吕陶《净德集》卷 5《上殿札子》，丛书集成新编，第 61 册，第 690 页。又如：“弓手……广南……三年一替，……七年一替……须令四五十年……”见蔡襄《端明集》卷 26《乞诸州弓手依旧七年一替札子》，景印文渊阁四库全书，第 1090 册，第 545 页。

③ 役事种类繁多，有优轻者，但大多繁重，“役之重者，自里正、乡户为衙前，主典府库或辇运官物，往往破产”。见《宋史》卷 177《食货志上》5，第 4296 页。“民之畏役，甚于畏死。盖百年治生，坏于一年之充役。”见胡太初《画帘绪论 · 差役篇》，闫建飞点校，《宋代官箴书五种》，第 187 页。

④ 《宋史》卷 177《食货志上》5，第 4295 页。

以维持，成为役法变革重要起因之一。[①] 变法改出“人”为出“钱”，朝廷关于役事争论，集中在“出钱”还是“出人”何者为好。除了一般政策取向不同，在很大程度上又掺杂政治斗争因素。在民间，则百姓争诉户等高下。[②] 元祐更化，折回差役，民间争执又变为服役先后之争。哲宗“绍述”，又改为免役。百姓之争，又随之而为争户等高下。徽宗尊新党，在役法上微调而无根本性改变，以“免役”为主。这时所出现重要变化，就是向官户收取“免役钱”，成为纠纷起源重要因素。南宋役法上则差役、义役并行，但免役钱仍强行收取，成为一种赋税。既收钱又轮差执役，实为重复汲取民力。由于收取面对强大阻力，则不得不自“绍兴以来，讲究推割、推排之制：凡百姓典卖产业，税赋与物力一并推割。至于推排，则因其赀产”[③]。在差役、免役、义役的政策反复当中，围绕乡村职役产生了一系列纠纷，贯穿于役法推行全过程。

建隆初，在国家政策层面，就鼓励和允许百姓“纠役”。“诏县令佐检察差役，务底均平。或有不当者，许民自相纠举”[④]，以之作为制约基层官吏手段。所谓“自相纠举”并非纠举官员，而是“如县司差充之人所定夺不当，并许人户自相纠举”，如果官府处理不当，“亦许诣阙伸诉，按验不虚，其合充役人及元差管理并节级科罪”[⑤]。天圣时期，随着乡村差役负担越来越重，纠役也越来越普遍。范仲淹曾举河西县为例：“河中府倚郭二县，……河西县主户一千九百，内

① “有衙前越千里输金七钱，库吏邀乞，踰年不得还者。帝重伤之，乃诏制置条例司讲立役法。”见《宋史》卷177《食货志上》5，第4299页。又如“役之重者，自里正、乡户为衙前，主典府库或辇运官物，往往破产”。见《文献通考》卷12《职役考》1，第343页。

② “东明县民数百诣开封府诉超升等第，不受，遂突入王安石私第。”见《宋史》卷177《食货上》5，第4301页。按，此事甚为复杂，既有政策意见的不同，同时也深深牵连党争。可见李焘《续资治通鉴长编》卷223熙宁四年五月戊戌条，第5425页以降。不过从百姓层面来说，与“纠役”仍是同一心理，试图最少支出而已。

③ 《宋史》卷178《食货上》6，第4333页。

④ 《续资治通鉴长编》卷3建隆三年五月乙酉条，第68页。

⑤ 佚名：《宋大诏令集》卷198《禁不得影庇色役人诏》，第729页。可参阅梁太济、包伟民《宋史食货志补正》，中华书局2008年版，第278页。

八百余户属乡村，本县尚差公吏三百四十人，内一百九十五人于乡村差到。缘乡村中等户只有一百三十户，更于以下抽差，是使堪役之家，无所休息。”[①] 800 乡村户，共要负担 195 名役人名额。由于无法考察诡名等等诸般避役手段，因此 130 户中等户是不是真中等户，不可辨识。只以总数计算，则每 5 户就要出 1 人。如果 5 户之间轮差，那就是 5 年一次，当然要一争先后。至和元年（1054），福建路转运使蔡襄讨论过乡户衙前排序问题：“差使衙前不均，请行重定。以产多少均重难分数，产钱五百者定如十九分重难，以上递加至三十三分止。其乡户衙前，岁以六十六人为额，以十二县产钱课排，共存留九百九十户。仍请罢里正，以宽衙前歇役年限。”[②] 990 户分担了 66 人额度，大致每 15 户出 1 人，每户轮差概率就是 15 年一次。但是谁也不愿意带头，就会出现“纠役”问题。陈襄曾经详细介绍民户之间纠役矛盾：

> 臣寻下法司，检造到差乡户长名衙前及纠决差役敕条，州司看详。胡真虽是物力高强，检估到家业计钱一千八百六十五贯有零。缘曾于治平四年（1067）内充乡户衙前，只应过名下重难分数，熙宁二年（1069）十月内得替，空闲方得二年零五个月，及称见作十户分居。其丁怀检估到家业计钱一千二百四十五贯有零，缘是白脚人户，先已曾有状，承认下次乡户衙前色役，即未曾差使。及据胡渊状内指说，本县约有三十家第一等，未曾历过衙前重难。其丁怀却不指决，显是本人户于本县未经差充衙前重难，白脚户内最为高强。今来若更差胡真充衙前，深未允当。检会前敕条，衙前军将，许人投名。如不足，许于乡村差第一等两丁以上，物力高强者充，即无明文许令连并差役。缘只是州县据法司引用嘉祐编敕：诸般色役，许被差人别纠一户见今空闲物力高强之人。以此承例，将新近充衙前得替之人，更无年限，便作

① 范仲淹：《范仲淹全集·范文正公集补编》之《奏议·奏减郡邑以平差役》，第 626 页。

② 梁克家：《淳熙三山志》卷 13《版籍类四·州县役人》，第 7889 页。

见今空闲人户，许行纠差。况长名衙前，除投名人即有优重酬奖。若依条于税户抽差，终是乡民怕见充役。即与乡户衙前事体一同，不比寻常诸般差役。若其间不幸历过重难，未经数月之间，被人指决依纠户条，便作见今空闲户定差。即是物力最高之人，常被纠差重役，更无闲日。其次白脚奸户，得以作幸，规避无由差到，深属不均。其胡真丁怀，州司已送本县，责付逐家知在，听候奏取朝廷指挥。其丁怀现今家活估钱一千二百余贯，虽低小如胡真六百一十九贯有零，亦是本县次第有物力白脚人户，又已会承认下次衙前差役。欲乞朝廷详酌定差丁怀充长名衙前，只应乞今后自未降雇役新法以前，如外州军亦有似此差长名衙前，及纠决别户且依差乡户衙前敕条，有替罢衙前及五年以上，见系物力最高，如第一等人户数少，即许依空闲人户例定差。所贵上等色役之人，苦乐均济。谨具状奏闻。伏候敕旨。①

此奏无时间地点，按文中胡真述，曾于治平四年（1067）充乡户衙前，到熙宁二年（1069）十月得替，执役大概2年，在休息了两年五个月之后，也就是熙宁五年（1072）的三四月间，再次面临着执役纠纷。此奏就是为了解决这个问题，故当作于此时。考陈襄行状，熙宁四年（1071）出知陈州，未满一年又移杭州。在杭共二年，然后又知陈州，熙宁八年（1075）召还知通政银台司。② 又据《长编》，首知陈州在熙宁四年（1071）九月十五日，③ 但移杭州两年后再移陈州的时间，史料缺失，已难详考。不过从行状中云“未期移杭州”来看，此奏为其首知陈州时所上。其中“白脚”一词，通常都认为是南

① 陈襄：《古灵集》卷6《乞均差衙前等第状》，宋集珍本丛刊，第8册，第780页。土田健次郎对《古灵集》版本有详细的介绍，见氏著《道学之形成》，朱刚译，上海古籍出版社2010年版，第71页。

② 陈襄：《古灵集》附录《行状》，宋集珍本丛刊，第9册，第70页。

③ “丙申，知制诰、直学士院陈襄知陈州。”见《续资治通鉴长编》卷226熙宁四年九月丙申条，第5513页。

宋才有，但实际上，“白脚”是一种簿书管理方式，非为役法所特有。[①]胡真、丁怀纠役事，无其他史料可以覆按，以下只能据陈襄奏文。

胡真户家业有1865贯，丁怀户家业有1245贯。虽然丁怀较低，不过胡真已经过一任重难，刚刚歇役两年五个月。根据嘉祐编敕，允许被差人户纠举一户物力高强者，而未规定已承役问题。丁怀依此，纠举胡真应役。陈襄认为丁怀专寻法条疏漏，属于“白脚奸户”。这对于经历过衙前重难的胡真户，实为不公。况且丁怀本人也曾经签字画押，同意按序承担衙前役。本县有第一等户30多人，丁怀却未纠其中某户应役。可见在白脚户里面，丁怀一定属于物力最高。其反复纠举胡真户，内中一定有所由来。如果胡真再次应役，则似嫌不公，所以拟指派丁怀户承役。考虑其他州军可能有类似情况，陈襄建议，歇役5年以上物力最高人户，方可按照“空闲人户”来比较差役。

由于法令允许被差之人纠举其他民户，也就自然形成了相互攻讦，矛盾也越来越激烈。不仅是乡村民户有此纠役之举，在城市也同样存在，“今世郡县官府营缮创缔，募匠庀役，凡木工率计在市之朴斫规矩者，虽启楔之技无能逃。平日皆籍其姓名，鳞差以俟命，谓之当行。间有幸而脱，则其侪相与讼，挽之不置，盖不出不止也，谓之纠差”[②]。程颐为程颢所书行状里面也指出过：“先时民惮差役，役及则互相纠诉，乡邻遂为仇雠。先生尽知民产厚薄，第其先后，按籍而命之，无有辞者。”[③]这是程颢任泽州晋城令时，约在治平元年（1064）到治平四年（1067）间。[④]与陈襄在陈州时间相近，可见纠

① 如绍圣四年（1097），在讨论茶法之时，户部云：“本部置簿，……今点检簿内白脚未勾销者一千七百四十三件；……则无以勾考违限。”可见各种部门都可以设立簿书，然后在下方勾挑（多以红色），未经勾挑者，就是“白脚”。见《续资治通鉴长编》卷489绍圣四年六月己丑条，第11600页。

② 岳珂：《愧郯录》卷13《京师木工》，景印文渊阁四库全书，第865册，第180页。

③ 程颢、程颐：《二程集·河南程氏遗书》附录《明道先生行状》，王孝鱼点校，中华书局2004年版，第328页。韩维所做墓志铭，全袭之。见韩维《南阳集》卷29《程伯纯墓志铭》，景印文渊阁四库全书，第1101册，第755页。

④ 卢连章：《二程学谱》，中州古籍出版社1988年版，第9页。

役矛盾遍及全国。王安石变法之后，改为征收役钱而免役，百姓矛盾焦点则转移至户等高下。免役法初行，京畿为样板："乡户计产业若家赀之贫富，上户分甲乙五等，中户上中下三等，下户二等，坊郭十等，岁分夏秋随等输钱。乡户自四等，坊郭自六等以下，勿输。"① 各地基本仿此而行，运行中又各有调整："昨者朝廷免役率钱之法，初且用丁产户籍，故诸路患其未均，相继奏陈，各请重造，多已改造矣。其均钱之法，田顷可用者视田顷，税数可用者视税数，已约家业贯伯者，视家业贯伯。或随所下种石，或附所收租课，法虽不同，大约已定。"② 在这种体系下，则多有匿产之举。民户矛盾，转变为互相攀比户等高下。③ 在北宋后期翻烧饼状政局演变当中，役法也随之翻来覆去。

南宋时纠役依然如此，表现形式不同，但所争仍同。南渡后朝廷上下反思，一致认为王安石变法导致政局崩溃。因而一切此中形成政策，尽要淘汰。④ 但职役事务并未减少，执行方式上非差即雇，很难有其他选项，纠役则在所难免。⑤ 乡户作弊问题，仍与此前相同。绍兴三年（1044），郭揖指出："差役之法，比年以来，吏缘为奸，并不依法。五家相比者为一小保，却以五上户为一小保。于法数内选一名充小保长，其余四上户尽挟在保丁内。若大保长阙，合于小保长内选差；保正副阙，合于大保长内选差。其上户挟在保丁内者，皆不著差役，却致差及下户。故当保正副一次，辄至破产。"⑥ 有作弊者，就有纠之者。绍兴四年（1045），"比年以来，乡司案吏于造簿攒丁、差大小保长之际，预行作弊，致争讼不已，使已役之人久不承替，破

---

① 《续资治通鉴长编》卷227熙宁四年十月壬子条，第5522页。

② 《续资治通鉴长编》卷269熙宁八年十月辛亥条，第6605页。

③ 如东明县、酸枣县民诉户等升降不实，实为典型代表。见《续资治通鉴长编》卷223熙宁四年五月庚子条，第5426页。

④ 如李回就特意辩解，对高宗说："常平法本于汉耿寿昌，岂可以王安石而废之？"见《宋史》卷178《食货上》6，第4333页。

⑤ 如："中户以下，旧来不系充役者……此等事力不及之户，向来既苦妄纠……"见黄震《黄氏日抄》卷79《义役差役榜》，景印文渊阁四库全书，第708册，第815页。

⑥ 官修、徐松辑：《宋会要辑稿》食货14之20，第6275页。

荡家产，深可矜恤”①。此可为郭揖所说作证。不作弊，已是纠诉不止,② 如再有作弊者，更是争讼不已。③ “富而与贫为伍，预知差役之必至也，乃赂乡佐，求与富者为伍焉。于是富与富为伍，物力虽钜万而幸免；贫与贫为伍，物力虽数千而必差。盖由猾胥造弊于排甲之初，致使下户受弊。”这导致乡村下户无由可避，只得服役，而服役后“征求之频，追呼之扰，以身则鞭捶而无全肤，以家则破荡而无余产。思所以脱此者，而不可得时，则有老母在堂，抑令出嫁者；兄弟服阙，不敢同居者；指己生之子为他人之子者；寄本户之产为他户之产者；或尽室逃移，或全户典卖，或强逼子弟出为僧道，或毁伤肢体规为废疾”。这造成了严重的社会问题，按林季仲说法，就是“何止可为恸哭而已哉！”④

叶适曾指出：“其计较物力推排先后，流水鼠尾，白脚歇替之差，乡胥高下其手，而民不惮出死力以争之。今天下之诉讼，其大而难决者，无甚于差役。”⑤ 无论是差役还是雇役甚至义役，民户之间都有一个先后承役问题。没有人愿意首先应役，都想推迟应役。这是贯穿于役法始终的常态，是百姓间最大矛盾。汪应辰曾说：“契勘催科户长，最为难事。寻常人户当差役之际，不问当否，例须词诉。比及本州行下属县，往复取会，迂回留滞，州县人吏，得以夤缘卖弄，尤为百姓之害。”⑥ 袁说友曾长期执掌役法事务，他强调纠役对民众生活实为大扰，“诉枉伸屈，外若可念而中实为奸者，莫如纠役是也”。他

① 官修、徐松辑：《宋会要辑稿》食货 14 之 23，第 6277 页。

② 黄繁光已经对此有很好的阐述，因为差役根据的是“鼠尾流水法”，要差遍白脚，已差户才同意再次执役。由于很多白脚（在簿书上）不具备承役能力，而已承担户又拒绝在未遍差的情况下再次承役之时，就会出现大量矛盾。参见氏论《南宋中晚期的役法实况——以〈名公书判清明集〉为考察中心》，第 170 页。

③ 除了百姓作弊外，基层官员也别有用心加以利用：“乡司与役案人吏通同作弊，故意越等先差不合差役之人，致令纠论，乘时乞觅，百端搔扰，方始改差实合著役之人。”见《宋会要辑稿》食货 14 之 30，第 5053 页。

④ 林季仲：《竹轩杂著》卷 3《论役法状》，宋集珍本丛刊，第 42 册，第 160 页。

⑤ 叶适：《叶适集·水心别集》卷 13《外稿·役法》，中华书局 2010 年版，第 804 页。

⑥ 汪应辰：《文定集》卷 13《与邵提举书》，丛书集成新编，第 63 册，第 630 页。

认为："今当官者，往往知有差役之弊，而不知纠役者，其弊尤甚于差役。差役之不公，害固及于一家也。纠役之不当，其害岂止一家哉！盖甲役已满而当替，则乙合充役，而妄奸被纠者不一人。官司与之追呼，与之审证，犹未肯已也，又诉之诸司省部焉。凡妄纠一人，有经涉一二年而不能决者。故甲之当替，则不容其去。于是破家荡产，益重其祸。逃亡避免，都分无见役之人；乙之当役，则久而不充。于是被纠者或一二家或三四家，其扰卒未已也。然则纠役之弊，其曰甚于差役，信矣！"① 与袁说友看法相同，楼钥也认为："夫民之畏役如避仇雠，苟可以幸免，则无所不至，甲当为之，必曰乙富于我，乙当为之，必曰丙之增产倍我，民之奸伪百出，吏之上下百端，州以为甲可，甲不已而诉之运司，则以乙为之，乙又诉于常平司，则复及于丙矣，取其案而观之，则据法援例，皆不可破，三者交诉，不胜不已，卒之豪强得志，而害及下户，小人以气相高，往往未被供役之害，而生涯荡于吏手矣。"② 给基层管理者提供借鉴的《州县提纲》则提出："县令不明，则吏因差役并缘为奸。如差甲得赂辄改差乙，差乙得赂辄改差丙。本差一户，害及数家。争竞扰扰，久而莫定。故差役之先，必严责所差吏罪状。如被差人有词，则令供合充之家，当厅索差帐，与籍参究定差，无至再误。如始差不当，必罪元差吏。"③ 叶适、袁说友、楼钥等人生年前后相差不大，共同看法就是纠役甚至比差役危害更大。虽然也提出各自解决办法，但很显然没有落实的条件和可能。④

《名公书判清明集》是官员判词汇编，涉及南宋社会生活方方面

① 袁说友：《东塘集》卷9《纠役疏》，宋集珍本丛刊，第64册，第327页。

② 楼钥：《攻媿集》卷26《论役法》，丛书集成初编，第367页。

③ 佚名：《州县提纲》卷2《禁差役之扰》，《宋代官箴书五种》，第129页。

④ 袁说友的办法有两条，其一是提前定好接任之人，其二是接任之人即使纠役也不得脱役。如果有所纠纷，也要先执役后再给予补偿。楼钥的办法是计算数额，如果100缗执役1个月，那么1000缗就执役10个月。这两种办法，都没有真正推行过，只是一种设想。汪应辰的办法，是预先调查清楚民户的"物力丁口役次"并写成登记册，出现纠纷则加以对照，如有错误则当场改正写入。但是这需要官员精明强干，不怕麻烦，很难完全落实。出处同前。

面，为最切实际第一手资料。黄繁光依据是书，对南宋中晚期役法执行总体情况做了一个精到分析："无论是乡村上户或者下户都畏惧职役，避之唯恐不及。同时由于官户限田过于宽松、冒用官称现象泛滥，形势大户往往自差役中脱逸出来，中、下户人家受差执的频率为之大增，愈至南宋晚期，情况愈趋严重。这是乡都职役点差不均的一个死结。"① 乡民脱役是不是由于官户限田过于宽容，或可商量。但是黄氏所云避役不及情况，确为不易之论。而由于逃役，造成乡民之间分歧扩大，导致纠役更加盛行，这也是官府最为棘手的困难。《名公书判清明集》中，共收录了关于差役的17个案例，② 其中10案与官户有关，也就是"限田"问题。这里只讨论平民之间纠役案例，分别以纠役主要发起人为代称，则有张世昌、张茂、刘益、赵八郡主、赵姓、石才、熊澜等7案。

这些案件牵连极广，不少乡户被迫参与其中，造成很多无谓纠纷。但是，从挑起者来说，纠一下总比不纠强，万一胜诉，则可多拖延若干时日。即使纠役不成，也要给周遭多造成些麻烦，以备下次差役理论。张世昌纠役案，直接牵连8户，持续一年多。③ 列举四条理由认为自己不当执役：曾卖出田产与鲍通、阿蔡，未过割但已有合同；明现已经买到了蔡海、郑汝贤产业；当过保长，收取过十三年的夏税；产业中的湖面根据"芦场顷亩折半计数"原则，④ 应当折半计算。但拟判者范应铃认为，首要原则是白脚为先。所以张世昌（36贯）、明现（24贯）、谢通（17贯）同为白脚，应比较后承役。其他人已负担过差役，物力又未达到1倍以上，所以不可再次牵连。范应铃逐项批驳了张世昌各种理由，同时又要求乡司、役案当场举出应该负担差役一人，两者都认为应该是张世昌。最终决定张世昌杖一百，押赴执役。张世昌纠役不成，且受杖责，但拖延一年多，显然部分胜

---

① 黄繁光：《南宋中晚期的役法实况——以〈名公书判清明集〉为考察中心》，第149页。

② 佚名：《名公书判清明集》卷3。

③ 佚名：《名公书判清明集》卷3《比并白脚之高产者差役》，第73页。

④ 官修、徐松辑：《宋会要辑稿》食货6之4，第4881页。

利。如果遇到其他不精明强干的地方官员，甚至有可能纠役成功。[①]

石才纠役王珍，为双方均是义役人问题。[②] 他认为自己属于义役，而根据义役关约，产钱超过一贯才服役。而他已经卖出部分土地，产钱已经达不到一贯。不过官员（人境）从交易内容、交易数额、交易时间等方面都看出破绽。被纠役王珍，又举报出土地交易双方及代书、牙人都是亲戚。且契约签订在嘉定九年五月，当年秋天应该除割产钱，但是一直拖到嘉定十年（1217），面临应役时才提出要推割。被指出问题后，石才又认为自己是朱脚，王珍是白脚，所以当由王珍先执役。"人境"认为，石才、王珍双方都是义役，只凭关约。根据原先所定名次，而不应凭据产钱高下、朱脚白脚。而且，就算石才卖地合情合理，那么他较一贯产钱标准，也就仅低十文多，还是应该由他执役。

熊澜纠役师承之等，是歇役时间问题。[③] 熊澜是税钱三贯二百四文的白脚，先后纠役 6 人。其中两人年龄不到，直接放免。另外一户，户税虽高，但是已经在近期承担过一次本都保正大役，其家还有少丁寡妇，并未分家，不应服役。最后结论是，师承之户，税钱七贯六百文，比熊澜超过一倍。而上次承役在绍熙年间，歇役已 20 年。用物力一倍，歇役十年原则，判师承之户承役。

从这三个较大且记载相对详细案例，其被选入《清明集》，可见选编者意图所在。说明南宋时白脚先后、歇役时间、义役人等问题极为突出，是乡户易生争执的主要环节。"职役的点差派遣，往往转变成是非难辨的役法诉讼之争。"[④] 综合起来观察两宋，正是由于役事难为，才导致"纠役"纷争大量出现。在民户之间，纠役矛盾已是不死不休。官户一直处于矛盾旋涡焦点，随着全免特权逐步转为部分，

① 据本传，有人评价范应铃："应铃经术似儿宽，决狱似隽不疑，治民似龚遂，风采似范滂，理财似刘晏，而正大过之"，见《宋史》卷 410《范应铃传》，第 12347 页。

② 佚名：《名公书判清明集》卷 3《走弄产钱之弊》，第 80 页。

③ 佚名：《名公书判清明集》卷 3《产钱比白脚一倍歇役十年理为白脚》，第 82 页。

④ 黄繁光：《南宋中晚期的役法实况——以〈名公书判清明集〉为考察中心》，第 162 页。

乡民也多由冒用官户之名避役，转为对官户发起“纠役”。由此可见，宋代百姓围绕生存所展开的纷争极为激烈。

三　生存和秩序：权力序列

从“纠役”所展现出来的乡村社会权力运作过程来看，县官对于县以下乡村社会的关注点，不外乎稳定和赋役两个主要内容。完成额定的赋役并保证县衙的经费，同时不引起乡民的直接反抗，就是最大成功。而从乡民的角度来看，每减少一分赋役的数量，都是关乎生存的重大事项，在不进行武装反抗的前提下，少缴赋役，是最大的生存选择。也就是说，在县以下的乡村社会当中，以县官为代表的国家和乡民之间，是一个生存和秩序的问题。以县官为代表的国家权力从乡村汲取了越多赋役，乡民也就要损失掉同样多的财富（无论是粮食、现金或者人力）。因此，处于矛盾的双方总要进行公开或者隐性的博弈。长期以来，学术界一般高度关注于朝廷对乡村社会的掠夺，这无疑是非常有必要加以深入探讨的。但是在面对掠夺的时候，乡村社会中个体抵抗策略是不一致的。或者说，乡民之间也是有矛盾存在。乡民基本无意或者不能拒绝赋役，但是尽量把赋役转嫁到其他人身上是最佳的选择。而县官要尽量保证乡村社会的稳定同时要最大限度完成赋役任务，需要建立一个管制的秩序，但管制有成本也需要规则。对于县官来说，只要有人承担成本即可，但由何人承担管制成本并不重要。对于乡民来说，由其他人承担建立秩序所需的成本并在规则允许情况下最大限度利用规则是最优的选择。围绕着所付出的“成本”和规则，在由县官所代表的国家权力主导下，在乡村社会中村民中形成了不同类型的多种权力序列。以官府的主导序列为主，其他序列缠绕其中，形成了一个复杂而且相互影响的序列体系，这是以权力为中心的生存和秩序结构状态。生存要依靠权力，秩序也要依靠权力。所有的所谓自发秩序，都要面对强大的国家权力。当然自发秩序在强大的国家面前，在帝制体系下，没有监督的可能性，所以最终或倒向国家或由于失信而自然消亡。不过乡村社会内部权力序列还是在逐渐滋生，国家也因应情势，允许一部分自治力量作为辅助，特别是在江南地区。但是这种自治力量，仍不会形成自发的管理秩序。

乡村社会的主要权力，是围绕着官府权力打转的，或者说是严重依附于国家权力之下。熙宁时期，杨绘在奏章中举出了一个酸枣县的例子：

> 乡村第一等，元申一百三十户，今司农寺抛降，却要二百四户，即是升起七十四户；第二等元申二百六十户，今司农寺却抛降三百六户，乃是升起四十六户；第三等元申三百三十九户，今司农寺却抛降四百五十九户，乃是升起一百二十户。臣窃谓凡等第升降，盖视人户家活高下，须凭本县，本县须凭户长、里正，户长、里正须凭邻里，自下而上，乃得其实。今来却自司农寺预先画下数目，令本县依数定簿。①

正如其中所说，一般的常理应该是邻里、里正、本县、朝廷这样的一个顺序来逐级申报核实。但是现在直接由司农寺划定乡村的农户等级数量和比例，这说明了国家权力直接影响到了乡村。当然作为朝廷负责部门，虽然直接把目标划定到了乡村社会，它只需提出额度即可。但是具体到乡民中间，则人人利害攸关。本县原来的第四等以下户，原来不需要承担更多的赋役数量。但是司农寺直接规定了前三等户的定额，意味着每个等级都有大量的户要被提升户等。原来在乡村中的第四等户为数甚多，到底具体何户成为第三等户，就是一个重大的博弈过程。再如司农寺所要求升到第一等的有 74 户，而原第二等的有 260 户，那么意味着原二等户当中 28% 的户要升为一等。同时杨绘所说是静态增加，如果考虑到动态过程，增加的数额还要更多。原一等户有 130 户，提升到 204 户的额度，只能从二等户当中提升，那么二等户减去 74 户是 186 户，从二等升级后仍有 186 户的基础上，又要达到二等新标准的 306 户，则原有三等户（339 户）中要有 120

① 赵汝愚：《宋代名臣奏议》卷 116《上神宗论助役》，第 1262 页。

户升为二等。如此则三等户当中只剩219户，要达到新定额的459户，则原四等户有240户要升级为三等户。可以想见，没有人乐意升级户等，这个过程中，就是乡民之间的纠纷过程。而胥吏、里正作为熟悉乡里情况的基层执行者，他们的意见很明显对于外来的县官是具有决定性意义，对乡村社会、对乡民矛盾真正的决定权转移到了胥吏和里正手中。

又如，绍兴时期，因为战争所需马草的征发，王之道曾经很简明地概括了从朝廷到乡村社会的权力路径：

> 最为扰民者马草一事，宣抚司行下安抚司，安抚司行下诸州，州行下县，县行下保正长。文移联函，继踵催督起发，而不言其受纳去处。州县既已责办保正长，更不肯为申明。保正长迫于程限，且畏军法。正当获稻艺麦之际，尽起保内丁壮，人负草四束，自朝至暮，彷徨道涂。东西南北，莫知所向，如是者几一月。后来寇退，既就庐州置场受纳。而其受纳官吏，务在请赇，竞为阻节。斯民既苦一月，无处缴纳，幸有其缴纳处，不复计较所费。由是每草一束，会计水运亦不下四百金。其负担者，往往至七倍，深可怜悯。乞欲朝廷明降指挥，自今民间所科马草，除情愿般赴军前缴纳人户外，余听束纳钱二百文省。①

由朝廷下发的要求，到了保正长处就要开始执行。而乡村社会是毫无反抗能力，甚至对不合理的要求都无法做出任何一点抵抗。保正长和保内丁壮，收获之时，抛家舍业，在外月余，就是因为莫名其妙的指令。乡村社会对于来自朝廷和县官的压迫，几乎毫无反抗的能力。在收取征草的过程中，胥吏从中谋私是十分常见的，官府权力在胥吏的执行中几乎变成没有任何约束的权力。它有行使的权力，而乡村百姓无法反抗只有服从的义务。

---

① 王之道：《相山集》卷21《预置大军马草劄子》，宋集珍本丛刊，第40册，第479页。

胡宏也表示过："自都甸至于州，自州至于县，自县至于都保，自都保至于主户，自主户至于客户，递相听从，以供王事，不可一日废也。"① 可见与前述是同一逻辑，从朝廷到最基层的主客户，都在同一链条当中。在同一个"权力序列"当中发挥作用。而且这最主要的权力序列，也必须通过形成一个完善的链条，才能形成一个序列并发挥作用。黄榦说："监司行下州郡，州郡行下县道，县道行下保正，保正敷之大小保长，大小保长抑勒百姓。既责以出草出木，又责以出钱湫结，又责以水脚般运。一丁之夫，一叶之舟，不得免也。为淮之民，何其重不幸也。"② 朝廷到县的管理路径，姑且不论。县以下，直接指挥到保正，然后到大小保长。但保正的系统，更多是偏于一种治安系统。在操作中，更多是因为这种治安系统成条理，有可供支配的基层壮丁。朝廷的正式命令或者正式公文的运转，到县就基本结束了。县以下的运作，官府虽然操控不断，但是在正式制度上，可以把保正等看作非政府系统的组成。这种方式的好处，是胥吏不用承担正式官府所应该有的行政道德也就没有束缚。胥吏成为乡村权力行使的关键，州县官员对于胥吏的防范，说明它是乡村社会的重要力量。越发严密地要监控胥吏，意味着它已经在乡村社会里面成为重要的力量，而且不可替代。从《清明集》中所展现的地方官员的选择来看看，他们宁可自己形成一套数据，按此数据征税。而不是派遣胥吏下乡。

在主导性的权力序列之下，还有隐蔽的权力序列。权力不仅仅是统治性的权力，也包括微妙的人际关系权力、身份性的威慑软权力。乡村社会的两个关键，一个是生存，另一个是秩序。不仅官府要保证基层的秩序，民间自发也要建立秩序，这种秩序未必是有规则的，但是确实是乡村社会当中所遵循的。在官府管制不到或者不屑于管制的地方，留给了乡民，也就留给了宗教、宗族、礼俗，等等。如《清明

① 胡宏：《五峰集》卷2《与刘信叔书五首》，景印文渊阁四库全书，第1137册，第128页。

② 黄榦：《勉斋集》卷25《安庆府拟奏便民五事》，景印文渊阁四库全书，第1168册，第269页。

集》中记载：

> 赵桂等抵负国税，今追到官，本合便行勘断，惩一戒百。当职又念尔等既为上户，平日在家，为奴仆之所敬畏，乡曲之所仰望，若一旦遭挞，市曹械系，则自今已后，奴仆皆得侮慢之，乡曲皆得欺虐之，终身抬头不起矣。当职于百姓身上，每事务从宽厚，不欲因此事遽生忿嫉之心，各人且免勘断。但保正、户长前后为催税尔等税钱不到，不知是受了几多荆杖，陪了几多钱财，若尔等今日只恁清脱而去，略不伤及毫毛，则非惟奸民得计，国赋益亏，而保正、户长亦不得吐气矣。案具各乡欠户姓名，锢身赵桂等以次人，承引下乡，逐户催追，立为三限，每限十日。其各人正身并寄收厢房，候催足日方与收纳本户税。如违不到，照户长例讯决。一则可以少纾户长之劳，一则可以薄为顽户之戒。①

此案中可见，户长、保正在一些地方，很难掌控乡间上户。他们可以做到“数年不纳”，而前任地方官员又无可奈何，胡石壁显然也做不到“械系”，而这明显是他的权限。最大的惩罚，就是把这些欠税者本人软禁起来，由其派人下乡逐户催税。这些地方官员难以惩罚的村民，应该就是所谓“豪横”。赵桂此类人物，如果没有强有力又不乐于与其勾结的地方官员，则已然在当地建立了自己的秩序和规则。与豪横同时，在乡村社会当中，村民为了争取利益，采用了各种手段加以规避。如淳熙时，据基层官员观察：

> 夫差役以都而不以乡，此前人成法也。何法行既久，人伪滋起，于是有徙都之弊。谓如一乡有三都，其第一、第二都富者多而贫者少，则所差之役当及富者，而贫者得以安乐。若第三都，贫者多富者少，则富者虑役及已，巧生计较，预图迁徙于邻都以避，谓富者颇多，迭相循环，而充役之时少也。是以富少贫多之

① 佚名：《名公书判清明集》卷3《顽户抵负税赋》，第67页。

都，每遇点差，殊乏其人，才及数千之产，亦使之充役。①

由于乡村社会中的役次排定，是在一都之内轮流，且只在富户当中轮流。如果某都富户较多，则轮流到的频率降低不少。如果贫户居多，那么富户当然不乐居此，更乐于迁居到富者较多的都。而役额早已固定，贫户之都亦必须出人，所以贫户也不得不填补富户迁走之后的空白。官员的对策，就是尽量不允许迁移，而且将差役平衡的区域扩大到乡级。如果迁移，也应该在原来都保执役。由此可见，乡村社会的百姓并不是全然被动地等待，而是采取各种办法规避政策。而能规避政策的，肯定不是贫民下户，而是在乡村当中既有财富又具有一定身份地位的村民，这是另一种隐性的权力序列。又如义役，本身就是形成乡村社会内部稳定秩序的努力。但是在乡民博弈当中，最终又依旧回到了官府管控。义役的最终裁判者，都是官府，这也就决定了最终都要败坏掉的命运。如处州：

臣巡历到处州，窃见本州，昨奉圣旨，依布衣杨权所请，结立义役。此见陛下爱民之切，虽草茅之言，苟有便于民者，无不采纳施行，天下幸甚。然本州目今奉行，却有未尽善者。如令上户官户寺观出田，以充义田。此诚善矣，而本州却令下户只有田一二亩者，亦皆出田，或令出钱买田入官。而上户田多之人，却计会减缩，所出殊少。其下户，今既或被科出田，将来却无充役，无缘复收此田之租，乃是困贫民，以资上户，此一未尽善也。如逐都各立役首，管收田租，排定役次，此其出纳先后之间，亦未免却有不公之弊。将来难施刑罚，转添词诉，此二未尽善也。又如逐都所排役次，今日已是多有不公，而况三五年后，贫者或富，富者或贫，临事不免，却致争讼，此三未尽善也。所排役次，以上户轮充都副保正，中下户轮充夏秋户长。上户安

① 朱熹：《晦庵先生朱文公文集》卷21《论差役利害状》，《朱子全书（修订版）》第21册，第951页。

逸，而下户赔费，此四未尽善也。凡此四事，是其大概目下词诉纷然，何况其间更有隐微曲折，未可猝见。若不兼采众论，熟加考究，窃恐将来弊病百出，词诉愈多。改之则枉费前功，不改则反贻后患。将使义役之名，重为异议者所笑，无复可行之日，诚有未便。臣昨见绍兴府山阴县，见行义役，只是本县劝谕人户，各出义田，均给保正户长。各有亩数，具载砧基。其保正户长，依旧只从本县定差，更不别置役首，亦不先排役次。而其当役之户，既有义田可收，自然乐于充应，不至甚相纠讦。但其割田未广，去处未免尚仍旧弊。若更葺理增置，便无此患。窃谓其法，虽似阔疏，然却简直易明，无他弊病。又且不须冲改见行条法，委实利便。故尝取其印本砧基行下州县。然以未经奏请，尽降指挥，州县往往未肯奉行。臣愚欲望圣慈详酌，行下处州，止令合当应役人户，及官户寺观均出义田。罢去役首，免排役次，止用山阴县法，官差保正副长，轮收义田。仍令上户兼充户长，俟处州行之有绪，却令诸州体仿施行，庶几一变义风，永息争竞。①

其中所提到的办法，未必高明。但是所展现的村民关系，十分确实。在乡村社会当中，役首依靠着官府权力，在乡村社会中占据了较高的权力地位。而且按其所云，每一个弊端都会带来大量的“争讼”，那也就意味着乡村社会的村民并不是一味服从者。在所有的环节上，都会给乡村管理者乃至官府带来极大的麻烦。“而顽民得以援引条法，把持论诉，监司难以移文行下，冲改成法，大率归于豪猾得志，贫弱受弊。”② 所以在乡村社会的权力序列里面，官府一方面占据了最大的优势地位，另一方面也不得不面对民众的各类反抗。同时，民众内部也不是同一面貌，在面对共同的“朝廷”时，呈现了不同的面貌。每个个体都试图寻找利益的最大化，同时又不能突破冒犯和非公开反

① 朱熹：《晦庵先生朱文公文集》卷18《奏义役利害状》，《朱子全书（修订版）》第20册，第824页。

② 朱熹：《晦庵先生朱文公文集》卷21《论差役利害状》，《朱子全书（修订版）》第21册，第953页。

抗的底线。当然，在役事过程中所展现的权力序列是乡村权力结构当中最重要的一方面，与此同时，在乡村社会的其他方面（宗族、宗教、民间信仰等）也展示出了权力序列的运作过程，此不赘述。

总之，宋代乡村社会最重大的社会矛盾来自役事的纠纷，这种纠纷几乎贯穿了两宋始终。既显示为村民与朝廷，村民与胥吏，更显示为村民与村民之间的矛盾过程。这是为了生存而展开的博弈，在博弈当中展现了各种“权力”的运作过程。其中有正规的显性的权力序列运作，也有非正规非显性的权力序列运作。这既呈现了宋代乡村社会生活的多面相，更为思考宋代乡村社会内部关系提供了新的讨论基础。

余　论

土地制度变迁与时代分期

本书通过乡村权力结构、法律诉讼、契约关系、财税汲取、生存秩序等多个问题的展开，分析唐宋乡村社会与国家的经济互动关系，试图建立一个综合分析唐宋时期社会变迁的判断框架。国家与乡村社会，是治理与被治理的关系。但是并不是前者仅有主动性，后者仅有被动性。双方是治理与反治理，互相“治理”的复合式结合体。在以朝廷为象征的“国家”与以乡村百姓为代表的“社会”之间，虽然不能截然分开，但既抽象又实存的国家如何运行，既实存又抽象的乡村社会如何自转又围绕国家而“公转”，它们如何解决各自所面临的问题，是本书试图扩展而进一步思考的主题。前文具体史实铺陈讨论，目标即是分析国家治理与社会“反治理”的方式方法，换句话说就是试图讨论中国历史上“国家与社会”各自运作与彼此交互的制度逻辑。而讨论制度的建构逻辑，也不能脱离具体的制度而凭空构造。以下，以具有最根本性制度含义的土地制度为样本，以隋唐土地制度为基本思考对象，对唐宋时代变迁再略陈己见。

在全部的制度变迁当中，经济制度当中土地制度变迁相对最为重要。因为土地制度由国家制定，反映社会关系变化，影响社会结构变动，是反作用于时代变迁的重要力量。土地是生产力发展中最重要的一种基础性财产，而“在资产阶级统治下和在其他一切时代一样，财产是和一定的条件，首先是同以生产力和交往的发展程度为转移的经济条件有联系的，而这种经济条件必然会在政治上和法律上表现出来”①。在由“人的依赖关系”所主导前资本主义社会中，国家（以皇帝和官府为代表）力量更为重要。处于大工业生产之前的农业社会，人的生存更加严重依赖于土地，土地权利分配、管理原则也就是土地制度的相对重要性就更多凸显出来。以唯物史观“三大形态”为基本分析体系，通过讨论土地（耕地）权属性质、占有与经营情况，可以观察社会结构变化，了解以生产力发展为重要标志的时代变迁情况。唐宋时代处于中国历史发展的一个“十字路口”环节，观察土地制度变迁过程，② 对于把握唐宋时期社会基本面貌和基本社会关系具有重要学术价值，亦为判断“前资本主义社会”阶段内部各种具体时段变化过程提供了一个新的思考角度。

一　土地“所有权”的新发展

从总体上看，从秦汉到明清，土地制度都是以“百姓所有”为基本特征。当然，这与罗马法意义“所有”并不完全一致，更不是资本主义产生以后的“所有制”。③ 如果用一个词概括土地权属关系，“民有”庶几更近于古代中国对“物”的权利规定基本特点。当然，受限于“语词”，一般仍使用“所有”表达私人占有（所有）的特点。土地权属民有（私人所有）状态，是隋唐时期土地制度鲜明特征之一。隋唐时期是中国古代百姓土地所有权保护越来越严密，权利分层越来越细致的一个重要中间期。通过这段时期过渡发展，得以最终确

---

① 《马克思恩格斯全集》第1版，第3卷，《德意志意识形态》，人民出版社2016年版，第412页。《德意志意识形态》版本变化较大，可参考聂锦芳《文本的命运——〈德意志意识形态〉手稿保存、刊布与版本源流考》，《河北学刊》2007年第4、5期。可参阅［日］广松涉编注《文献学语境中的〈德意志意识形态〉》，彭曦译，南京大学出版社2005年版；林进平主编《〈德意志意识形态〉研究》，中央编译出版社2014年版。

② 土地制度研究是20世纪中国史研究的核心议题之一，隋唐土地制度史研究硕果累累，学术成就极大。可参阅胡戟等主编《二十世纪唐研究》，中国社会科学出版社2002年版；耿元骊《十年来唐宋土地制度史研究综述》，《中国史研究动态》2008年第1期。

③ 耿元骊：《唐宋土地制度与政策演变研究》，第248页。

立了保护“私有产权”路向。

在隋唐时期立法原则上，对土地所有权（财产权）严格加以保护，并不区分官府或私人所有。甚至可以说，当法律保护百姓财产所有权利，官府权利的保护就已经顺理成章得以实现。《唐律疏议》规定，盗耕“公私田”者，“一亩以下笞三十，五亩加一等”，最高可以判处一年半徒刑。如果妄认或者盗卖“公私田”者，“一亩以下笞三十，五亩加一等”，最高可以判处两年徒刑。官员以官威官势侵夺百姓私田，则“一亩以下杖六十，三亩加一等”，最高可以判处两年半徒刑。①即使是荒地，为了保证土地能有出产，“诸公私田荒废三年以上，有能借佃者，经官司申牒借之，……私田三年还主，公田九年还官”。虽允许“借佃”耕作，但是仍然要最大限度地保证原主人权利。耕作期满之后，满足一定条件，官田可以转为私田，但是“私田不合”，②也就是即使借佃，亦不允许转为现耕作者所有。开元十八年（730），宣州刺史裴耀卿曾试图建立一种给田制度，其中特意说“丁别量给五十亩以上为私田，任其自营种”③，这与唐律规定的原则相一致。

隋代，土地遗产可以自由继承。韦世康官高位显，家族子弟多“位并隆贵”，只有韦世约“宦途不达”，所以把“父时田宅”，尽以与之。④这所谓父时田宅，就是继承遗产，本来应均分诸子，但是因为其他人都已经有较多财产，所以土地财产就交给了韦世约。唐初，大臣于志宁曾可以得皇帝赐地，但其表示：“臣居关右，代袭箕裘，周魏以来，基址不坠”⑤，说明自家土地一直可以顺利保持继承。安乐公主“恃宠骄恣，求无不得”，想要强买韦嗣立骊山下别墅，但是

① 官修：《唐律疏议笺解》卷13《户婚律》，第970页。

② 天一阁博物馆、中国社会科学院历史所天圣令整理课题组：《天一阁藏明钞本天圣令校证（附唐令复原研究）》，第258页。

③ 王溥：《唐会要》卷85《逃户》，第1563页。

④ 《隋书》卷47《韦世康传》，第1429页。

⑤ 《旧唐书》卷331《于志宁传》，第2699页。

中宗未允，“大臣所置，宜传子孙，不可夺也”①。即使以“买”的名义来抢夺，也未被同意，足以可见个人所购置田产，在皇帝看来也是应该传给子孙。无论是在法律上，还是在一般人观念中，土地都是有明确可继承权的私有财产。828年前后，沙州一份分家契中也很详明记载了土地分割情况，其中详细列举了土地所在不同位置，逐一标明了不同形态土地状况，特意说明“对诸亲立此文书”②，后面还有双方以及见证人的共同签名。908年，敦煌吴安君以家长身份，对自家土地财产进行分割，共有8人在遗书上签押。③ 这可以说明，隋唐五代时期的土地所有权继承更加严密得到了保护和执行。

《田令》中规定：“凡卖买皆须经所部官司申牒，年终彼此除附。若无文牒辄卖买者，财没不追，地还本主。”④ 买卖本身合法，但不得超额买卖，且必须经过官府认可，并在籍帐上加以记录。在当时平民百姓心中，土地买卖是一件很平常之事。王梵志戏谑文字里也有提及，打油诗云：“多置庄田广修宅，四邻买尽犹嫌窄。”⑤ 咸亨年间（670—674），员半千到京城，卖掉了家中三十亩田，还在给皇帝上书中说明此事。⑥ 大体来说，隋唐土地买卖交易是一个平常行为，是秦汉以来土地流转的正常状态，得到了法律严格保护。一般多强调，在所谓“均田制”下土地买卖受到限制。但是古往今来，何时有过不受官府限制的交易？国家授田与土地私有可交易，其实并不矛盾。即使持有传统“均田制”观点的学者，也认为土地私有是千年传统。⑦ 隋唐时期土地交易，得到了更多法律保护，运行也更加具有规范性。

---

① 官修：《全唐文》卷613《王处士凿山引瀑记》，第6186页。

② 唐耕耦等编：《敦煌社会经济文献真迹释录》第2辑，第142页。

③ 陈丽萍：《杏雨书屋藏敦煌契约文书汇录》，第178页；参阅马德《敦煌本天复八年吴安君分家遗书有关问题》，第349页。

④ 天一阁博物馆、中国社会科学院历史所天圣令整理课题组：《天一阁藏明钞本天圣令校证（附唐令复原研究）》，第387页。

⑤ 王梵志：《王梵志诗校注》（增订本），第641页。

⑥ 《新唐书》卷112《员半千传》，第4161页。

⑦ 薛政超：《再论唐代均田制下的土地买卖》，《云南社会科学》2016年第1期。

要之，隋唐时期土地“所有权（民有权、财产权）”在法律保护、遗产继承、买卖交易等方面均有了新发展，是古代中国土地私有（民有）发展大趋势下一个重要而关键的环节。

二　“民有”土地的占有与经营

唯物史观认为，前资本主义时代主要社会网络是由“人的依赖关系”构成，凸显了人与人之间社会关系的重要性。土地占有和经营，是人与人社会关系集中展现。而最有代表性展现人与人社会关系的环节，是百姓私田（民有）的占有与经营。在土地占有方式上，大体可以区分为官府土地占有、集体土地占有（寺观等）和私人土地占有（官员和百姓），而其中特别是百姓土地占有情况决定了对隋唐土地占有全局的基本判断。在土地经营方式上，隋唐时期官府、百姓基本采用租佃方式。无论是租佃还是雇工或者自耕，更多出于一种经济理性的选择。

隋唐时期虽然流行“土地，王者之所有”一类观念，[①] 但是现实中官府土地占有和百姓土地占有区别还是很明显。官府土地占有集中于职田、屯田、官庄、牧田、驿田等可耕作之田，是所谓“有主”之财产。而那些“无主”荒地，无论是官府还是百姓都有自行耕垦的权利（受到一定限制）。职田等各类官府占有土地，从属于某项职务，在其位者可享受收益，但不可自行随意扩充。天授二年（691），西州有个主簿高元桢侵吞逃户田作为自己职田，亦被立案调查。[②] 其他各类官田，类似于职田性质，均从属于某个职务或者某项工作。并且从长期来看，这部分官有土地，也一直在向百姓土地转化。

隋唐时期，一般百姓占有的土地或来自继承，或来自垦荒。开皇

① 陆贽：《陆贽集》卷22《均节赋税恤百姓六条》，王素点校，中华书局2004年版，第715页。

② 陈国灿：《对唐西州都督府勘检天山县主簿高元桢职田案卷的考察》，唐长孺主编：《敦煌吐鲁番文书初探》，武汉大学出版社1983年版，第455页。

十二年（592）就因京辅三河地少人多，试图鼓励百姓迁移到“宽乡”。[①] 唐《田令》中规定，土地较多地方是“宽乡”，可以足额给授土地，土地较少地方“狭乡”，要减半授田。狭乡受不足者，可以到宽乡遥授，也就是鼓励开垦更多土地。同时给予官员土地，不得在狭乡授，可以去宽乡自行寻找无主荒地。本来规定永业口分出卖条件很多，但是愿意“乐迁宽乡者”，则可以随意出卖永业口分。[②] 同时，官府高度重视垦荒，尽力开发更多土地，还积极支持移民，“诸州客户有情愿属缘边州者，至彼给良沃田安置，仍给永年优复”[③]。会昌元年（841）继续要求开垦荒地，“百姓或力能垦辟耕种，州县不得辄问”[④]。随着垦荒扩展，百姓土地占有份额随之扩大，私有土地数量不断扩大，这也促成了自耕农、佃农总体数量不断增长。

从敦煌契约文书当中，也可以了解百姓土地小规模占有情况。如安环清卖地于武国子，“共柒畦拾亩”，交付给对方后，还要负责处理可能出现的其他人干预情况，且“官有政法，人从私契”，买卖双方、见证人，甚至卖主母亲都要画押为记。大中六年（852）僧张月光和吕智通两人因为官府允许按就近原则更换土地，两人交换，张月光 25 亩，换了吕智通 11 亩，“壹博已后，各自收地，入官措案为定，永为主己”，除了当事人外，还有 13 个人作为保人或者见人书姓名在契约当中。当地百姓非常认同土地一旦被交易，是可以“永为主”的。张义全卖宅地与令狐信通，以“伍拾硕”粮食作价，房、地“立契当日交相分付讫”，如果有其他人对此有异议并自称“主己者”，则由张义全负责解释赔偿。双方仍然是“对面平章”，然后“各各亲自押署，用后凭验”。安力子卖给令狐进通五亩，“自卖以后，其地永任进通男子孙息侄，世世为主记”[⑤]。百姓

① 《隋书》卷 24《食货志》，第 757 页。

② 天一阁博物馆、中国社会科学院历史所天圣令整理课题组：《天一阁藏明钞本天圣令校证（附唐令复原研究）》，第 387 页。

③ 官修：《册府元龟》卷 486《邦计部・迁徙》，第 5820 页。

④ 官修：《册府元龟》卷 106《帝王部・惠民二》，第 1269 页。

⑤ 唐耕耦等：《敦煌社会经济文献真迹释录》第 2 辑，第 1—8 页。

对土地契约的高度重视，来源于对“土地权利”高度重视。百姓占有土地，其权属则归之于百姓。至于官府管理是理所当然之事，不可作为非“私有”的证明。

百姓所有（民有）小块土地，大体采用租佃方式（自耕、雇佣等模式也均有较大比例的存在），这是唐代合法土地经营模式。唐律中指出：“官田宅，私家借得，令人佃食；或私田宅，有人借得，亦令人佃作。”①而各种职田、公廨田也采用租佃方式交与农民耕作，“其田亦借民佃植，至秋冬受数而已”②。公私土地均可采用租佃方式，且纳入法律规定当中，则此种方式很可能是隋唐乡村社会通行的土地经营方式。贞观十七年（643），赵怀满向两名田主租佃了3块土地，立契为据。③877年，敦煌洪润乡百姓令狐安定雇工耕作，时限为一年，要求非常详细，规定“不得抛工”，对所使用农具、牲畜也有说明。龙勒乡百姓张纳鸡、赤心乡百姓安富通、洪池乡百姓唐丑丑等也分别雇用乡民从事耕作，④文书内容基本类同，行为方式基本一致，形成了一个新兴的“平民群体”。⑤

要之，百姓“民有”土地占有和经营方式，是“人的依赖关系”集中体现，基本反映了社会结构状况和基层社会经济的运行方式。

三　生产力、土地制度与时代分期

自19世纪晚期以来，线性历史观成为一种重要甚至唯一的历史演进思考模式。⑥在对中国历史长期发展方向的判断中，得到了广泛而不假思索的应用。线性历史观要求寻找到不同“阶段”重大关键区

---

① 官修：《唐律疏义笺解》卷27《得宿藏物隐而不送》，第1938页。

② 《通典》卷35《职官十七》，第965页。

③ 国家文物局古文献研究室等：《吐鲁番出土文书》第3册，第81页。

④ 沙知辑校：《敦煌契约文书辑校》，第248页以降。

⑤ 赵晓芳：《从移民到乡里——公元7—8世纪唐代西州基层社会研究》，甘肃文化出版社2018年版，第29页。

⑥ 王汎森：《近代中国的线性历史观——以社会进化论为中心的讨论》，《近代中国的史家与史学》，复旦大学出版社2010年版，第30页。

别之处，这深刻影响了时代段落划分的思考历程。几乎所有参与土地制度和社会性质讨论的学者，无论秉持什么样史观，为确定历史进程，论证时代分期，所找到的关键性因素都是土地制度。一部分学者认为“土地制度”出现了重大性质变化，故而对唐宋之间做出了“变革”的重大判断。不过，当以唯物史观关于“人的依赖关系”为思考出发点，就可以观察到决定历史阶段判定的关键性因素是“生产力”，而不是生产关系。只有生产力，才是决定时代变革的最重要力量。在前资本主义阶段，“人的生产能力只是在狭窄的范围内和孤立的地点上发展着”。秦汉以来直到近代，才出现生产力新的重大而具有全局性意义的变化，导致出现了时代的重大区分。而在前资本主义阶段内部，划分具体时代段落关键在于人与人关系。土地关系从属于人的依赖关系，从作为一种财产的土地所有权出发，更有助于我们深入思考土地制度与时代分期问题之间诸多关联。

时代区分（分期）论战，最早由早期“唯物史观”关于社会发展阶段的讨论而引起。受当时政治斗争因素影响，以及对马克思主义理解还不够深入，早期唯物史观更注重于生产关系，认为生产关系限制了生产力发展，决定了社会发展的不同阶段。而在生产关系当中，土地被视为最重要的生产资料，具有关键决定性作用。“二战”之后，日本学者从战前被压制的唯物史观中得到启发，加入了论战。其主要学术目标，是要克服西方学者所提出的“亚洲停滞论”。围绕这个主题，产生了大量争论。[①] 同时，又与内藤湖南提出并经宫崎市定等人完善的“宋近世论”产生激烈争辩，开启了既相融合又相论战的漫长过程。[②] 在日本学者东京派（历研派）与京都派的争论中，不管他们使用什么概念去指代自己所服膺的时代设定，唐末五代都成为一个关键性时段。也就是在中国历史上，隋唐到底处于一个什么样的地位？进一步说，唐和宋之间又是什么关系？不管京都派或者东京派（历研

① 高明士：《战后日本的中国史研究》，中西书局 2019 年版，第 34 页以降。

② 张广达：《内藤湖南的唐宋变革说及其影响》，《唐研究》第 11 卷，北京大学出版社 2005 年；柳立言：《何谓“唐宋变革”?》，《中华文史论丛》2006 年第 1 期。参阅李华瑞主编《“唐宋变革论”的由来与发展》，天津古籍出版社 2010 年版。

派）的基础史观有何不同，在他们判断中，都认为以“六朝贵族论”为前期论述基础，[1] 唐宋间贵族（豪族）身份向平民出现了重大改变，土地制度则由“公有向私有”出现了重大改变。故而唐宋之间不属于同一个时代，由唐到宋发生了根本性变革。

但是，从土地制度“私有”权属性质，可以看出，秦汉以来土地都是“私有”，或者说是“民有”，其总体趋势一致，倾向于越来越多对“私有权”加以保障。从隋唐时代土地占有和经营情况来看，反映出社会结构状况相对较为一致，基层社会经济运行模式也较为一致。如果土地制度和百姓身份两个关键性依据都没有发生变化，建立在土地制度和百姓身份基础上的时代分期论就不再成立。时代根本性质没有发生重大变化，从秦汉以来到明清大体上具有同一个宏观时代的性质（当然不同时期或朝代具有不同特点）。或者概而言之，只要人的依赖关系没有出现变化，土地作为财产就从属于人的关系，基于财产关系的社会关系、社会结构就没有可能产生剧烈变动。

生产力是唯物史观的核心观念，只有以生产力为理论坐标，唯物史观才得以最终确立，生产力最终决定了共同体的形式。[2] 只有生产力，才是时代变迁最大的动力。只有生产力发生重大变迁，才能作为时代变迁的标志。隋唐时代，生产力没有出现剧烈的重大变化。以生产力发展作为核心标杆，无论是手工业，还是农业技术，或者动力来源都没有发生显著且带有断裂升级性质的重大变化。“一定的生产方式或一定的工业阶段始终是与一定的共同活动的方式或一定的社会阶段联系着的，而这种共同活动方式本身就是‘生产力’；由此可见，人们所达到的生产力的总和决定着社会状况。”[3] 唯物史观认为，（大工业）它首次开创了世界历史，因为它使每个文明国家以及这些国家

---

① 林晓光：《比较视域下的回顾与批判——日本六朝贵族制研究平议》，《文史哲》2017 年第 5 期。

② 姜海波：《〈德意志意识形态〉中的生产力与唯物史观的构成》，《学术月刊》2007 年第 7 期。

③ 《马克思恩格斯全集》第 1 版，第 3 卷《德意志意识形态》，第 33 页。

中的每一个人的需要的满足都依赖于整个世界。[1] 只有在生产力发展的前提下，把“人类的历史”与“工业和交换的历史”两者结合起来，我们才能以唯物史观的方式判断时代区分（分期）的关键命题。

① 《马克思恩格斯全集》第1版，第3卷《德意志意识形态》，第68页。

征引文献

说明：

1. 征引文献分为史料类和论著类，史料类按书名拼音排序，论著类按作者姓名排序。

2. 作者的个人论文集，则只出论文集名。非作者个人论文集，出文章名及论文集名。

3. 非华人作者，用汉字译名或本人署名汉名，后注英文。

4. 部分著述未见，但正文叙及，一并列入。

史料类：

A

包世臣：《安吴四种》，近代中国史料丛刊，文海出版社 1968 年版。

韩琦：《安阳集》，宋集珍本丛刊，线装书局 2004 年版。

B

白居易：《白居易集》，顾学颉点校，中华书局 1999 年版。

包拯：《包拯集校注》，杨国宜整理，黄山书社 1999 年版。

罗濬：《宝庆四明志》，宋元方志丛刊，中华书局 1990 年版。

郑刚中：《北山集》，景印文渊阁四库全书，台湾商务印书馆 1986 年版。

程俱：《北山小集》，宋集珍本丛刊，线装书局 2004 年版。

邝璠：《便民图纂》，石声汉等校注，农业出版社 1959 年版。

C

官修：《册府元龟》，中华书局2003年版。

梁克家：《淳熙三山志》，宋元方志丛刊，中华书局1990年版。

陈公亮等：《淳熙严州图经》，宋元方志丛刊，中华书局1990年版。

D

袁说友：《东塘集》，宋集珍本丛刊，线装书局2004年版。

蔡襄：《端明集》，景印文渊阁四库全书，台湾商务印书馆1986年版。

沙知：《敦煌契约文书辑校》，江苏古籍出版社1998年版。

唐耕耦、陆宏基编：《敦煌社会经济文献真迹释录》第1辑，书目文献出版社1986年版。

唐耕耦、陆宏基编：《敦煌社会经济文献真迹释录》第2—5辑，全国图书馆文献缩微复制中心1990年版。

E

程颢、程颐：《二程集》，王孝鱼点校，中华书局2004年版。

F

范成大：《范石湖集》，富寿荪点校，上海古籍出版社1981年版。

范仲淹：《范仲淹全集》，李勇先等点校，中华书局2020年版。

G

楼钥：《攻媿集》，丛书集成初编，上海商务印书馆1937年版。

王鏊：《姑苏志》，中国史学丛书初编，学生书局1986年版。

陈襄：《古灵集》，宋集珍本丛刊，线装书局2004年版。

H

韩愈：《韩昌黎诗系年集释》，钱仲联集释，上海古籍出版社1984年版。

胡太初：《画帘绪论》，闫建飞点校，《宋代官箴书五种》，中华书局2019年版。

张鎡：《皇朝仕学规范》，北京图书馆古籍珍本丛刊，北京图书馆出版社2002年版。

黄震：《黄氏日抄》，景印文渊阁四库全书，台湾商务印书馆1986年版。

J

陈耆卿：《嘉定赤城志》，宋元方志丛刊，中华书局1990年版。

李心传：《建炎以来系年要录》，胡坤点校，中华书局2013年版。

马光祖：《景定建康志》，吴福林等点校，南京稀见文献丛刊，南京出版社2009年版。

吕陶：《净德集》，丛书集成新编，台北新文丰出版公司1985年版。

《旧唐书》，中华书局1975年版。

K

郑开极、陈轼：《康熙福建通志》，中国地方志集成·省志辑·福建，凤凰出版社2011年版。

岳珂：《愧郯录》，景印文渊阁四库全书，台湾商务印书馆1986年版。

L

《老子道德经注校释》，楼宇烈校释，中华书局2016年版。

李觏：《李觏集》，王国轩校点，中华书局1981年版。

李渔：《李渔全集》，本社编，浙江古籍出版社1991年版。

杨一凡、徐立志主编：《历代判例判牍》，中国社会科学出版社2005年版。

梁启超：《梁启超文集》，汤志钧、汤仁泽编，中国人民大学出版社2018年版。

刘克庄：《刘克庄集笺校》，辛更儒校注，中华书局2011年版。

柳宗元：《柳宗元集校注》，尹占华、韩文奇校注，中华书局2013年版。

王庭圭：《卢溪文集》，景印文渊阁四库全书，台湾商务印书馆1986年版。

陆贽：《陆贽集》，王素点校，中华书局2004年版。

苏辙：《栾城集》，曾枣庄、马德富点校，上海古籍出版社2009

年版。

M

吴自牧：《梦粱录》，符均等校注，三秦出版社 2004 年版。

沈括：《梦溪笔谈》，金良年校注，中华书局 2015 年版。

王辟之：《渑水燕谈录》，吕友仁点校，中华书局 1981 年版。

黄榦：《勉斋集》，景印文渊阁四库全书，台湾商务印书馆 1986 年版。

李清馥：《闽中理学渊源考》，景印文渊阁四库全书，台湾商务印书馆 1986 年版。

佚名：《名公书判清明集》，中国社会科学院历史研究所宋辽金元史研究室点校，中华书局 2002 年版。

N

韩维：《南阳集》，景印文渊阁四库全书，台湾商务印书馆 1986 年版。

徐光启：《农政全书校注》，石声汉校注、石定枎订补，中华书局 2020 年版。

O

欧阳修：《欧阳修全集》，李逸安点校，中华书局 2001 年版。

Q

官修：《清实录》，中华书局 1985 年版。

谢深甫：《庆元条法事类》，戴建国点校，杨一凡等主编：《中国珍稀法律典籍续编》，黑龙江人民出版社 2002 年版。

《全唐诗》，中华书局编辑部点校，中华书局 1999 年版。

官修：《全唐文》卷 360，中华书局 2016 年版。

R

圆仁：《入唐求法巡礼行记校注》，白化文等校注，中华书局 2019 年版。

S

章如愚：《山堂考索》，景印文渊阁四库全书，台湾商务印书馆 1986 年版。

佚名：《绍兴十八年同年小录》，景印文渊阁四库全书，台湾商务印书馆1986年版。

《十三经注疏》，李学勤主编，北京大学出版社2000年版。

王炎：《双溪类稿》，景印文渊阁四库全书，台湾商务印书馆1986年版。

司马光：《司马光集》，李文泽、霞绍辉校点整理，四川大学出版社2010年版。

赵汝愚：《宋朝诸臣奏议》，北京大学中国中古史研究中心校点整理，上海古籍出版社1999年版。

佚名：《宋大诏令集》，中华书局2009年版。

徐松辑：《宋会要辑稿》，刘琳等校点，上海古籍出版社2014年版。

佚名：《宋史全文》，中华书局2016年版。

梁太济、包伟民：《宋史食货志补正》，中华书局2008年版。

官修：《宋刑统校证》，岳纯之校证，北京大学出版社2015年版。

官修：《隋书》，中华书局2019年版。

T

宋敏求：《唐大诏令集》，中华书局2008年版。

王溥：《唐会要》，中华书局1998年版。

仁井田陞：《唐令拾遗》，长春出版社1989年版。

李林甫：《唐六典》，陈仲夫点校，中华书局2014年版。

《唐律疏义笺解》，刘俊文笺解，中华书局1996年版。

天一阁博物馆、中国社会科学院历史研究所天圣令整理课题组：《天一阁藏明抄本天圣令校正》，中华书局2006年版。

杜佑：《通典》，王文锦等点校，中华书局2017年版。

国家文物局古文献研究室等编：《吐鲁番出土文书》，新疆文化出版社2017年版。

唐长孺主编：《吐鲁番出土文书〔1—4〕》（图文本），文物出版社1996年版。

王启涛：《吐鲁番出土文献合集·契约卷》，巴蜀书社2019年版。

W

王梵志：《王梵志诗校注（增订本）》，项楚校注，上海古籍出版社2010年版。

王曾：《王文正公笔录》宋代笔记小说，中华书局2017年版。

汪应辰：《文定集》，丛书集成新编，台北新文丰出版公司1985年版。

马端临：《文献通考》，上海师范大学古籍研究所、华东师范大学古籍研究所点校，中华书局2011年版。

官修：《文苑英华》，中华书局1966年版。

朱长文：《吴郡图经续记》，李勇先等校点整理，宋元珍稀地方志丛刊乙篇，四川大学出版社2009年版。

胡宏：《五峰集》，景印文渊阁四库全书，台湾商务印书馆1986年版。

X

王之道：《相山集》，宋集珍本丛刊，线装书局2004年版。

罗愿：《新安志》，《〈新安志〉整理与研究》，萧建新、杨国宜校著，黄山书社2008年版。

《新唐书》，中华书局1997年版。

陈丽萍：《杏雨书屋藏敦煌契约文书汇录》，《隋唐辽宋金元史论丛》第4辑，上海古籍出版社2014年版。

方回：《续古今考》，景印文渊阁四库全书，台湾商务印书馆1986年版。

李焘：《续资治通鉴长编》，上海师大古籍所、华东师大古籍所点校，中华书局2004年版。

Y

王栐：《燕翼诒谋录》，中华书局1981年版。

叶适：《叶适集》，刘公纯等点校，中华书局2010年版。

马蓉等点校：《永乐大典方志辑佚》，中华书局2004年版。

段成式：《酉阳杂俎》，方南生点校，中华书局1981年版。

王应麟：《玉海》，江苏古籍出版社、上海书店出版社1987年版。

元稹：《元稹集（典藏本）》，冀勤点校，中华书局1982年版。

李弥逊撰：《筠谿集》，景印文渊阁四库全书，台湾商务印书馆1986年版。

Z

张方平：《张方平集》，郑涵点校，中州古籍出版社2000年版。

《浙江通志》，中国省志汇编，台北京华书局1967年版。

唐耕耦主编：《中国珍稀法律典籍集成》甲编第3册《敦煌法制文书》，刘海年、杨一凡总主编，科学出版社1994年版。

吴震主编：《中国珍稀法律典籍集成》甲编第4册《吐鲁番出土法律文献》，刘海年、杨一凡总主编，科学出版社1994年版。

朱熹：《朱子全书（修订版）》，朱杰人等主编，上海古籍出版社、安徽教育出版社2010年。

林季仲：《竹轩杂著》宋集珍本丛刊，线装书局2004年版。

司马光：《资治通鉴》，中华书局2012年版。

论著类：

B

白凯（Kathryn Bernhardt）：《长江下游地区的地租、赋税与农民的反抗斗争1840—1950》，林枫译，上海书店出版社2005年版。

包伟民、傅俊：《宋代“乡原体例”与地方官府运作》，《浙江大学学报》（人文社会科学版）2008年第3期。

包伟民：《中国近古时期“里”制的演变》，《中国社会科学》2015年第1期。

包伟民：《陆游的乡村世界》，社会科学文献出版社2020年版。

包伟民：《宋代地方财政史研究》，中国人民大学出版社2011年版。

包伟民：《宋代乡村“管”制再释》，《中国史研究》2016年第3期。

鲍晓娜：《从唐代盐法的沿革论禁榷制度的发展规律》，《中国社会经济史研究》1982年第2期。

卜宪群：《春秋战国乡里社会的变化与国家基层权力的建立》，《清华大学学报》2007 年第 2 期。

卜宪群：《秦汉之际乡里吏员杂考——以里耶秦简为中心的讨论》，《南都学坛》2006 年第 1 期。

卜宪群：《古代国家秩序与社会秩序的一般关系——以中国历史为中心的探讨》，《史学理论研究》2005 年第 4 期。

C

曹端波：《小农经济的发展与乡村社会变迁：以唐代为中心来考察》，贵州大学出版社 2007 年版。

草野靖：《宋代的顽佃抗租和佃户的法律身份》，徐世虹译，《日本学者研究中国史论著选译》，中华书局 1992 年版。

常怀颖：《近二十年来中国学术界国家起源研究述评》，《四川文物》2016 年第 1 期。

常建华：《宋以后宗族的形成及地域比较》，人民出版社 2013 年版。

陈春声：《乡村的故事与国家的历史——以樟林为例兼论传统乡村社会研究的方法问题》，《中国乡村研究》第 2 辑，商务印书馆 2003 年版。

陈顾远：《中国婚姻史》，商务印书馆 2017 年版。

陈国灿：《唐五代敦煌县乡里制的演变》，《敦煌研究》1989 年第 3 期。

陈国灿：《对唐西州都督府勘检天山县主簿高元桢职田案卷的考察》，唐长孺主编：《敦煌吐鲁番文书初探》，武汉大学出版社 1983 年版。

陈国代：《陈旦与陈焞考辩》，《武夷学院学报》2009 年第 4 期。

陈景良：《释“干照”——从“唐宋变革”视野下的宋代田宅诉讼说起》，《河南财经政法大学学报》2012 年第 6 期。

陈来：《朱子书信编年考证（增订本）》，生活·读书·新知三联书店 2007 年版。

陈立军：《论北宋阿云案的流变及影响》，《历史教学》2017 年第

18 期。

陈明光：《寸薪集：陈明光中国古代史论集》，厦门大学出版社 2017 年版。

陈明光：《唐代财政史新编》，中国财政经济出版社 1991 年版。

陈鹏：《中国婚姻史稿》，中华书局 2005 年版。

陈衍德：《民生·文化·区域·制度：多角度透视中国社会经济史》，厦门大学出版社 2013 年版。

陈勇：《唐代长江下游经济发展研究》，上海人民出版社 2006 年版。

陈志坚：《唐代州郡制度研究》，上海古籍出版社 2005 年版。

陈智超、汪圣铎：《中国封建社会经济史》，田昌五、漆侠总主编，齐鲁书社、文津出版社 1996 年版。

程民生：《宋代地域经济》，河南大学出版社 1992 年版。

D

大泽正昭：《胡石壁的“人情”——〈名公书判清明集〉定性分析的尝试》，戴建国主编：《唐宋法律史论集》，上海辞书出版社 2007 年版。

戴宝园：《宋代支移制研究》，硕士学位论文，辽宁大学，2014 年。

戴建国：《唐宋变革时期的法律与社会》，上海古籍出版社 2010 年版。

戴建国：《“主仆名分”与宋代奴婢的法律地位——唐宋变革时期阶级结构研究之一》，《历史研究》2004 年第 4 期。

邓广铭：《邓广铭全集》，河北教育出版社 2005 年版。

邓京力：《“国家与社会”分析框架在中国史领域的应用》，《史学月刊》2004 年第 12 期。

邓正来：《国家与社会—中国市民社会研究》，四川人民出版社 1997 年版。

刁培俊：《宋朝的乡役与乡村“行政区划”》，《南开学报》（哲学社会科学版）2008 年第 1 期。

刁培俊：《宋代乡村精英与社会控制》，《社会科学辑刊》2004 年第 2 期。

刁培俊：《20 世纪宋朝职役制度研究的回顾与展望》，《宋史研究通讯》2004 年第 1 期。

刁培俊：《由“职”到“役”：两宋乡役负担的演变》，《云南社会科学》2004 年第 5 期。

刁培俊：《在官治与民治之间：宋朝乡役性质辨析》，《云南社会科学》2006 年第 4 期。

刁培俊：《从“稽古行道”到“随时立法”——两宋乡役“迁延不定”的历时性考察》，《中国社会经济史研究》2008 年第 3 期。

刁培俊：《南宋乡司在赋役征派中的违法舞弊问题》，《邢台学院学报》2003 年第 1 期。

刁培俊：《“税赋弊源皆在乡胥之胸中”——南宋中后期东南路分乡司在赋役征派中违法舞弊的表现及其社会内涵》，《中国社会经济史研究》2011 年第 4 期。

刁培俊：《唐宋时期乡村控制理念的转变》，《厦门大学学报》2009 年第 1 期。

刁培俊：《两宋国家权力与乡村秩序的整合——以乡役制度为中心》《厦门大学国学研究院集刊（第二辑）》，中华书局 2010 年版。

刁培俊：《在官治与民治之间：宋朝乡役性质辨析》，《云南社会科学》2006 年第 4 期。

董家遵：《中国古代婚姻史研究》，广东人民出版社 1995 年版。

冻国栋：《中国人口史》第 2 卷《隋唐五代时期》，复旦大学出版社 2002 年版。

冻国栋：《中国中古经济与社会史论稿》，湖北教育出版社 2005 年版。

杜牧：《樊川文集》，陈允吉点校，上海古籍出版社 1978 年版。

杜文玉：《唐宋经济实力比较研究》，《中国经济史研究》1998 年第 4 期。

杜赞奇（Prasenjit Duara）：《文化、权力与国家：1900—1942 年

的华北农村》，王福明译，江苏人民出版社 2010 年版。

F

方健：《南宋农业史》，人民出版社 2010 年版。

方健：《两宋苏州经济考略》，《中国历史地理论丛》1998 年第 4 期。

方维规：《什么是概念史》，生活·读书·新知三联书店 2020 年版。

费孝通：《乡土中国》，北京大学出版社 2016 年版。

冯尔康：南开大学历史学院编：《冯尔康文集》，天津人民出版社 2019 年版。

冯天瑜：《新语探源：中西日文化互动与近代汉字术语生成》，中华书局 2004 年版。

傅俊：《南宋的村落世界》，博士学位论文，浙江大学，2009 年。

傅宗文：《宋代草市镇研究》，福建人民出版社 1989 年版。

富谷至：《文书行政的汉帝国》，刘恒武等译，江苏人民出版社 2013 年版。

G

高明士：《战后日本的中国史研究》，中西书局 2019 年版。

高楠：《宋代民间财产纠纷与诉讼问题研究》，云南大学出版社 2009 年版。

高橋芳郎：《宋代浙西デルタ地帯における水利慣行》，《北海道大學文學部紀要》1981 年第 1 期。

高桥芳郎：《宋至清代身分法研究》，李冰逆译，上海古籍出版社 2015 年版。

高晓波主编：《少儿卫生》，中国医药科技出版社 1991 年版。

葛剑雄主编：《中国人口史》，复旦大学出版社 2000 年版。

葛金芳：:《唐宋之际农民阶级内部构成的变动》，《中国传统社会探研》，人民出版社 2005 年版。

葛金芳：《中国近世农村经济制度史论》，商务印书馆 2013 年版。

葛金芳：《唐宋变革期研究》，湖北人民出版社 2004 年版。

葛金芳：《南宋手工业史》，上海古籍出版社 2008 年版。

葛金芳：《两宋社会经济研究》，天津古籍出版社 2010 年版。

葛兆光：《历史中国的内与外》，香港中文大学出版社 2020 年版。

耿元骊：《唐宋土地制度与政策演变研究》，商务印书馆 2013 年版。

耿元骊：《宋代田制不立新探》，《求是学刊》2009 年第 4 期。

耿元骊：《唐代均田制再研究——实存制度还是研究体系》，《社会科学战线》2011 年第 11 期。

耿元骊：《十年来唐宋土地制度史研究综述》，《中国史研究动态》2008 年第 1 期。

宫崎市定：《关于中国聚落形体的变迁》，黄金山译，刘俊文主编：《日本学者研究中国史论著选译》第 3 卷《上古秦汉》，中华书局 1993 年版。

宫泽知之：《宋代地主与农民的诸问题》，高明士等译，刘俊文主编：《日本学者研究中国史论著选译》第 2 卷《专论》，中华书局 1993 年版。

谷川道雄：《中国的中世》，邱添生译，刘俊文主编《日本学者研究中国史论著选译》第 2 卷《专论》，中华书局 1993 年版。

谷更有：《唐宋乡村控制若干问题研究》，武汉大学出版社 2005 年版。

谷更有等著：《唐宋时期的乡村控制与基层社会》，天津古籍出版社 2013 年版。

广松涉编注：《文献学语境中的〈德意志意识形态〉》，彭曦译，南京大学出版社 2005 年版。

郭东旭、左霞：《宋代诉讼证据辨析》，《河北师范大学学报》2008 年第 6 期。

郭东旭：《论阿云狱之争》，《河北学刊》1989 年第 6 期。

郭东旭等著：《宋代民间法律生活研究》，人民出版社 2012 年版。

郭声波：《四川历史农业地理》，四川人民出版社 1993 年版。

郭正忠：《宋代盐业经济史》，人民出版社 1990 年版。

H

韩国磐：《隋唐五代史论集》，生活·读书·新知三联书店 1979 年版。

韩明士（Robert Hymes）：《道与庶道：宋代以来的道教、民间信仰和神灵模式》，皮庆生译，江苏人民出版社 2007 年版。

韩森（Valerie Hansen）：《变迁之神：南宋时期的民间信仰》，包伟民译，中西书局 2016 年版。

韩扬：《“明代国家与社会”学术研讨会综述》，《中国史研究动态》2012 年第 6 期。

何汝泉：《唐史论集》，科学出版社 2018 年版。

何忠礼：《宋代户部人口统计问题的再探讨》，《宋史论文集》，中州书画社 1983 年版。

贺昌群：《贺昌群文集》，商务印书馆 2003 年版。

侯瑞雪：《“国家—社会”框架与中国法学研究》，法律出版社 2009 年版。

侯文昌：《近六十年吐鲁番汉文契约文书研究综述》，《西域研究》2012 年第 1 期。

侯文昌：《近六十年来敦煌契约文书的刊布与研究》，《中国史研究动态》2012 年第 6 期。

侯文昌：《敦煌吐蕃文契约文书研究》，法律出版社 2015 年版。

侯旭东：《什么是日常统治史》，生活·读书·新知三联书店 2020 年版。

侯旭东：《北朝村民的生活世界——朝廷、州县与村里》，商务印书馆 2005 年版。

侯振兵：《唐代牧监基层劳动者身份刍议——兼论唐代的贱民问题》，《中国农史》2015 年第 4 期。

胡戟等主编：《二十世纪唐研究》，中国社会科学出版社 2002 年版。

胡如雷：《隋唐五代社会经济史论稿》，中国社会科学出版社 1996 年版。

胡如雷：《唐末农民战争》，中华书局 1979 年版。

黄纯艳：《宋代财政史》，云南大学出版社 2013 年版。

黄纯艳：《宋代茶法研究》，云南大学出版社 2002 年版。

黄纯艳：《中国财政通史 · 宋辽西夏金元财政史》，叶振鹏主编，湖南人民出版社 2015 年版。

黄繁光：《南宋中晚期的役法实况——以〈名公书判清明集〉为考察中心》，梁庚尧、刘淑芬主编：《台湾学者中国史研究论丛：城市与乡村》（邢义田等总主编），中国大百科全书出版社 2005 年版。

黄繁光：《〈名公书判清明集〉所见的南宋均役问题》，宋代官箴研读会编：《宋代社会与法律——〈名公书判清明集〉讨论》，台北东大图书股份有限公司 2001 年版。

黄繁光：《宋代民户的职役负担》，博士学位论文，中国文化大学史学研究所，1980 年。

黄惠贤：《魏晋南北朝隋唐史研究与资料》，湖北人民出版社 2010 年版。

黄宽重：《唐宋基层武力与基层社会的转变——以弓手为中心的观察》，《历史研究》2004 年第 1 期。

黄宽重：《宋代的家族与社会》，国家图书馆出版社 2009 年版。

黄宽重：《政策 · 决策：宋代政治史探索》，台北联经出版事业有限公司 2017 年版。

黄宽重主编：《中国史新论：基层社会分册》，台北联经出版事业有限公司 2009 年版。

黄蓉：《宋代物证之研究》，硕士学位论文，安徽师范大学，2007 年。

黄文照编：《中外计量换算手册》，中国对外经济贸易出版社 1986 年版。

黄宗智：《华北的小农经济与社会变迁》，叶汉明等译，中华书局 2000 年版。

黄宗智：《长江三角洲小农家庭与乡村发展》，程洪等译，中华书局 2000 年版。

霍布斯（Thomas Hobbes）：《利维坦》，黎思复、黎廷弼译，商务印书馆2019年版。

J

贾大泉：《贾大泉自选文集》，四川人民出版社2013年版。

江平、米健：《罗马法基础（修订本第三版）》，中国政法大学出版社2004年版。

姜海波：《〈德意志意识形态〉中的生产力与唯物史观的构成》，《学术月刊》2007年第7期。

蒋楠楠：《法律史视野下的宋代"乡原体例"述略》，《江苏警官学院学报》2013年第1期。

金宝祥：《陇上学人文存·金宝祥卷》，甘肃人民出版社2012年版。

K

康武刚：《宋代地方势力与基层社会秩序研究》，合肥工业大学出版社2015年版。

孔泾源：《关于宋代的田赋税率和农民负担问题》，《中南民族学院学报》（哲学社会科学版）1984年第3期。

孔祥星：《唐代的里正——吐鲁番敦煌出土文书研究》，《中国历史博物馆馆刊》1979年第1期。

堀敏一：《中国古代の身分制：良と賎》，東京汲古書院1987年版。

L

黎明钊：《辐辏与秩序：汉帝国地方社会研究》，香港中文大学出版社2012年版。

李斌城等：《隋唐五代社会生活史》，中国社会科学出版社1998年版。

李伯重：《唐代江南农业的发展》，北京大学出版社2009年版。

李伯重：《多视角看江南经济史（1250—1850）》，生活·读书·新知三联书店2003年版。

李冬：《从国家权力到公民权利的转换及其理论意义——从〈利

维坦〉到〈政府论〉》，《学习论坛》2012 年第 2 期。

李浩：《论里正在唐代乡村行政中的地位》，《山东大学学报》（哲学社会科学版）2003 年第 2 期。

李浩：《唐代的村落与村级行政》，《中国社会历史评论》（第 6 卷），天津古籍出版社 2005 年版。

李宏略主稿：《中国农民负担史》，中国财政经济出版社 1991 年版。

李华：《宋代证据制度研究》，硕士学位论文，河北大学，2003 年。

李华瑞：《宋代救荒史稿》，天津古籍出版社 2014 年版。

李华瑞：《宋代酒的生产和征榷》，河北大学出版社 2001 年版。

李华瑞主编：《“唐宋变革论”的由来与发展》，天津古籍出版社 2010 年版。

李季平：《古史探微》，齐鲁书社 2003 年版。

李季平：《唐代奴婢制度》，上海人民出版社 1986 年版。

李剑农：《中国古代经济史稿（宋元明部分）》，武汉大学出版社 2011 年版。

李锦绣：《唐代财政史稿》，社会科学文献出版社 2007 年版。

李锦绣：《敦煌吐鲁番文书与唐史研究》，福建人民出版社 2006 年版。

李培林、覃方明主编：《社会学：理论与经验（第二辑）》，社会科学文献出版社 2005 年版。

李天石：《中国中古良贱身份制度研究》，南京师范大学出版社 2004 年版。

李天石：《敦煌所出卖身、典身契约年代考》，《敦煌学辑刊》1998 年第 1 期。

李晓：《宋代茶业经济研究》，中国政法大学出版社 2008 年版。

李之亮：《宋代路分长官通考》，巴蜀书社 2003 年版。

梁庚尧：《南宋的农村经济》，新星出版社 2006 年版。

梁庚尧：《南宋盐榷：食盐产销与政府控制》，东方出版中心

2017 年版。

梁庚尧：《宋代科举社会》，台湾大学出版中心 2015 年版。

梁建国：《北宋前期的乡村区划》，《史学集刊》2006 年第 3 期。

梁建国：《唐宋之际里正的变迁》，《南都学坛》2008 年第 2 期。

梁治平：《习惯法、社会与国家》，《读书》1996 年第 9 期。

梁治平：《清代习惯法》，广西师范大学出版社 2015 年版。

廖寅：《宋代两湖地区民间强势力量与地域秩序》，人民出版社 2011 年版。

林甘泉：《中国古代政治文化论稿》，安徽教育出版社 2004 年版。

林进平主编：《〈德意志意识形态〉研究》，中央编译出版社 2014 年版。

林文勋、黄纯艳等：《中国古代专卖制度与商品经济》，云南大学出版社 2003 年版。

林文勋、张锦鹏主编：《中国古代农商富民社会研究》，人民出版社 2016 年版。

林文勋主编：《传统中国的社会力量与地方治理》，科学出版社 2019 年版。

林晓光：《比较视域下的回顾与批判——日本六朝贵族制研究平议》，《文史哲》2017 年第 5 期。

林正秋：《宋代生活风俗研究》，中国商业出版社 1997 年版。

铃木俊：《唐代的均田制度与敦煌户籍》，《唐代均田制研究选译》，姜镇庆等译，甘肃教育出版社 1992 年版。

刘笃才：《宋代法意之殇》，《政法论丛》2012 年第 5 期。

刘俊文：《敦煌吐鲁番唐代法制文书考释》，中华书局 1989 年版。

刘力舸：《〈宋会要辑稿·食货〉赋税词语研究》，硕士学位论文，暨南大学，2017 年。

刘沛林：《古村落：和谐的人聚空间》，上海生活·读书·新知三联书店 1997 年版。

刘馨珺：《明镜高悬：南宋县衙的狱讼》，北京大学出版社 2007 年版。

刘永华：《唐中后期敦煌的家庭变迁和社邑》，《敦煌研究》1991年第3期。

刘再聪：《唐朝“村”制度研究》，博士学位论文，厦门大学，2003年。

刘再聪：《“在田野者为村”——以〈入唐求法巡礼行记〉为中心的考察》，《中国农史》2010年第1期。

刘志伟：《在历史中寻找中国：关于区域史研究认识论的对话》，东方出版中心2016年版。

柳立言：《宋代的家庭和法律》，上海古籍出版社2008年版。

柳立言：《〈名公书判清明集〉的无名书判——研究方法的探讨》，《中国古代法律文献研究》第5辑，社会科学文献出版社2011年版。

柳立言：《何谓“唐宋变革”?》，《中华文史论丛》2006年第1期。

柳田节子：《宋代乡村的户等制》，索介然译，刘俊文主编：《日本学者研究中国史论著选译》第5卷《五代宋元》，中华书局1993年版。

柳田节子：《宋代郷原体例考》，宋代史研究會編：《宋代の規範と習俗宋代史研究会研究報告》第5集，東京汲古書院1995年版。

龙登高：《略论宋代社会各阶层的演变趋势》，《中州学刊》1998年第3期。

龙登高：《宋代东南市场研究》，云南大学出版社1994年版。

卢连章：《二程学谱》，中州古籍出版社1988年版。

路易·阿尔都塞（LouisAlthusser）：《政治与历史：从马基雅维利到马克思（1955—1972高等师范学校讲义）》，吴子枫译，西北大学出版社2020年版。

栾时春：《宋代证据制度研究》，博士学位论文，华东政法大学，2013年。

M

马伯良（Brian E Mcknight）：《宋代的法律与秩序》，杨昂、胡雯姬译，中国政法大学出版社 2010 年版。

马伯良（Brian E Mcknight）：*Village and Bureaucracy in Southern Sung China*，Chicago：The University of Chicago Press，1971。

马德：《敦煌本天复八年吴安君分家遗书有关问题》，《中国古代法律文献研究》第 12 辑，社会科学文献出版社 2018 年版。

马克思、恩格斯：《德意志意识形态》，《马克思恩格斯全集》第 1 版，第 3 卷，人民出版社 2016 年版。

马克斯·韦伯（Max Weber）：《学术与政治》，冯克利译，商务印书馆 2018 年版。

马新、齐涛：《汉唐村落形态略论》，《中国史研究》2006 年第 2 期。

马新：《两汉乡村社会史》，齐鲁书社 1997 年版。

马新：《里父老与汉代乡村社会秩序略论》，《东岳论丛》2005 年第 6 期。

马新：《试论宋代的乡村建制》，《文史哲》2012 年第 5 期。

妹尾达彦：《唐代河东池盐的生产与流通》，《史林》1982 年第 6 期。

蒙文通：《蒙文通全集》，巴蜀书社 2015 年版。

孟宪实等主编：《秩序与生活：中古时期的吐鲁番社会》，中国人民大学出版社 2011 年版。

莫家齐：《南宋民事诉讼制度管见——兼论中国古代不采法定证据制度》，《现代法学》1985 年第 2 期。

莫里斯·弗里德曼（Maurice Freedman）：《中国东南的宗族组织》，刘晓春译，上海人民出版社 2000 年版。

穆朝庆：《论宋代客户封建隶属关系研究中的若干问题》，《郑州大学学报》（哲学社会科学版）1990 年第 1 期。

N

乜小红：《从粟特文券契看高昌王国奴婢买卖之官文券》，《西域研究》2009 年第 4 期。

聂崇岐：《宋史丛考》，中华书局 1980 年版。

聂锦芳:《文本的命运——〈德意志意识形态〉手稿保存、刊布与版本源流考》,《河北学刊》2007 年第4、5 期。

P

裴安平、熊建华:《长江流域的稻作文化》,湖北教育出版社 2004 年版。

皮庆生:《宋代民众祠神信仰研究》,上海古籍出版社 2020 年版。

Q

漆侠:《宋代经济史》,中华书局 2009 年版。

齐涛:《魏晋隋唐乡村社会研究》,山东人民出版社 1995 年版。

秦晖:《传统十论:本土社会的制度、文化及其变革(增订版)》,山西人民出版社 2019 年版。

秦晖:《田园诗与狂想曲——关中模式与前近代社会的再认识》,语文出版社 2010 年版。

丘光明等:《中国科学技术史:度量衡卷》,科学出版社 2001 年版。

瞿同祖:《中国法律与中国社会》,商务印书馆 2017 年版。

全汉陞:《南宋初年物价的大变动》,《中央研究院历史语言研究所集刊》第 11 本,1943 年。

R

仁井田陞:《中国の農村家族》,東京大學出版會 1952 年版。

日野开三郎:《论唐代赋役令中的岭南户税米》,辛德勇译,《唐史论丛》第 3 辑,陕西人民出版社 1987 年版。

S

山田信夫:《ウイグル文契約文書集成》,大阪大學出版會 1993 年版。

施坚雅(G. William Skinner):《中国农村的市场和社会结构》,史建云、徐秀丽译,中国社会科学出版社 1998 年版。

石德生、李云:《“国家与社会”理论模式的历史演进》,《求索》2009 年第 10 期。

史继刚:《宋代禁巫述论》,《中国史研究》1993 年第 1 期。

世界银行：《中国：社会主义经济的发展附件2：人口、卫生和营养》，中国财政经济出版社1982年版。

斯波義信：《宋代の消費・生産水準試探》，《中國史學》（東京）第1卷第1號，1991年。

斯波义信：《宋代江南经济史研究》，方健、何忠礼译，江苏人民出版社2001年版。

宋代官箴研读会编：《宋代社会与法律——〈名公书判清明集〉讨论》，台北东大图书股份有限公司2001年版。

宋晞：《宋代的赋之研究》，《宋史研究论丛》第2辑，台北中国文化学院出版部1981年版。

苏基朗：《唐宋法制史研究》，香港中文大学出版社1996年版。

苏力：《元代地方精英与基层社会》，天津古籍出版社2009年版。

孙海泉：《清代中叶直隶地区乡村管理体制——兼论清代国家与基层社会的关系》，《中国社会科学》2003年第1期。

孙洪升：《唐宋茶业经济》，社会科学文献出版社2001年版。

孙锦泉：《论布鲁尼的人文主义史学》，《四川大学学报》（哲学社会科学版）2007年第5期。

T

谭蝉雪：《敦煌婚姻文化》，甘肃人民出版社1993年版。

谭景玉：《宋代乡村组织研究》，山东大学出版社2010年版。

唐启宇：《中国农史稿》，农业出版社1985年版。

唐长孺：《唐长孺文集》，中华书局2011年版。

陶晋生：《北宋士族：家族・婚姻・生活》，台北“中央”研究院历史语言研究所2001年版。

田晓忠：《宋代田赋制度研究》，中国社会科学出版社2016年版。

田晓忠：《论宋代乡村组织演变与国家乡村社会控制的关系》，《思想战线》2012年第3期。

土田健次郎：《道学之形成》，朱刚译，上海古籍出版社2010年版。

W

万明：《关于明代国家与社会理论研究的思考》，《天津社会科学》2012 年第 6 期。

汪篯:《隋唐耕地面积问题研究》《北京大学百年国学文粹·史学卷》,北京大学出版社 1998 年版。

汪圣铎:《宋朝礼与佛教》,《学术月刊》1990 年第 5 期。

汪圣铎:《两宋财政史》,中华书局 1995 年版。

王曾瑜:《宋朝阶级结构(增订版)》,中国人民大学出版社 2010 年版。

王曾瑜:《锱铢编》,河北大学出版社 2006 年版。

王曾瑜:《宋朝阶级结构》(增订版),中国人民大学出版社 2010 年版。

王曾瑜:《涓埃编》,河北大学出版社 2008 年版。

王曾瑜:《宋衙前杂论》,《北京师范学院学报》1986 年第 3 期、1987 年第 1 期。

王曾瑜:《宋朝的差役和形势户》,《历史学》1979 年第 1 期。

王棣:《宋代乡里两级制度质疑》,《历史研究》1999 年第 4 期。

王棣:《宋代经济史稿》,长春出版社 2001 年版。

王棣:《北宋役法改革中的南北差异》,《华南师范大学学报》1991 年第 1 期。

王棣:《宋代乡司在赋税征收体制中的职权与运作》,《中州学刊》1999 年第 2 期。

王棣:《从乡司地位变化看宋代乡村管理体制的转变》,《中国史研究》2000 年第 1 期。

王棣:《宋代乡里两级制度质疑》,《历史研究》1999 年第 4 期。

王棣:《论宋代县乡赋税征收体制中的乡司》,《中国经济史研究》1999 年第 2 期。

王汎森:《中国近代思想与学术的系谱》,吉林出版集团有限责任公司 2011 年版。

王汎森:《近代中国的史家与史学》,复旦大学出版社 2010 年版。

王宏宇:《免税进行时》,《南都周刊》2013 年第 29 期。

王美华:《礼制下移与唐宋社会变迁》,中国社会科学出版社

2015 年版。

王善军：《宋代宗族和宗族制度研究》，人民出版社 2018 年版。

王硕：《宋代证据种类与运用研究》，硕士学位论文，中央民族大学，2010 年。

王旭：《宋代乡的建置与分布研究》，西安地图出版社 2015 年版。

王旭：《论宋代基层区划：乡的边界及其划界原则》，《历史地理研究》2020 年第 2 期。

王延中：《宋代奴婢实态研究》，《史学集刊》1989 年第 4 期。

王彦辉：《从秦汉"单"的性质看国家与社会权力结构的失衡》，《中国史研究》2015 年第 1 期。

王永兴：《"开皇之治"与"贞观之治"：王永兴说隋唐》，生活·读书·新知三联书店 2019 年版。

王永兴：《吐鲁番出土唐西州某县事目文书研究》，《国学研究》第 1 卷，北京大学出版社 1993 年版。

王云海：《宋代司法制度》，河南大学出版社 1992 年版。

王震中：《中国古代国家的起源与王权的形成》，中国社会科学出版社 2013 年版。

王震中：《改革开放四十余年中国文明和国家起源研究》，《史学月刊》2020 年第 9 期。

魏承思：《唐代宗族制度考述》，《史林》1987 年第 3 期。

魏明孔：《中国手工业经济通史·魏晋南北朝隋唐五代卷》，福建人民出版社 2004 年版。

翁俊雄：《唐代人口与区域经济》，台北新文丰出版有限公司 1995 年版。

吴承洛：《中国度量衡史》，商务印书馆 1937 年版。

吴慧：《中国历代粮食亩产研究》，农业出版社 1985 年版。

吴木銮：《税务利维坦》，《南风窗》2011 年第 10 期。

吴松弟：《中国移民史·隋唐五代时期》，福建人民出版社 1997 年版。

吴松弟：《中国人口史（第三卷）：辽宋金元时期》，葛剑雄主编，复旦大学出版社 2000 年版。

吴雅婷：《回顾 1980 年以来宋代的基层社会研究——中文论著的讨论》，《中国史学》，第 12 卷，2002 年。

X

夏维中：《宋代乡村基层组织衍变的基本趋势——与〈宋代乡里两级制度质疑〉一文商榷》，《历史研究》2003 年第 4 期。

夏炎：《唐代州级官府与地域社会》，天津古籍出版社 2010 年版。

肖立军：《明代省镇营兵制与地方秩序》，天津古籍出版社 2010 年版。

萧公权：《萧公权文集》，中国人民大学出版社 2014 年版。

萧公权：《中国乡村》，张皓、张升译，台北联经出版事业有限公司 2014 年版。

邢铁：《家产继承史论》，云南大学出版社 2012 年版。

徐吉军：《论宋代火葬的盛行及其原因》，《中国史研究》1992 年第 3 期。

徐扬杰：《宋明家族制度史论》，中华书局 1995 年版。

许宏：《何以中国——公元前 2000 的中原图景》，生活·读书·新知三联书店 2014 年版。

薛政超：《唐朝前期保证税源与均平赋役措施略论》，《唐史论丛》第 24 辑，三秦出版社 2017 年版。

薛政超：《再论唐代均田制下的土地买卖》，《云南社会科学》2016 年第 1 期。

Y

严耕望：《中国地方行政制度史甲部·秦汉地方行政制度》，北京联合出版公司 2020 年版。

杨帆：《宋代县级财政研究》，博士学位论文，河北大学，2014 年。

杨国安：《明清两湖地区基层组织与乡村社会研究》，武汉大学出版社 2004 年版。

杨果：《宋辽金史论稿》，商务印书馆 2010 年版。

杨卉青：《宋代契约法律制度研究》，博士学位论文，河北大学，2008年。

杨际平：《杨际平中国社会经济史论集》，厦门大学出版社2016年版。

杨际平等：《五—十世纪敦煌的家庭与家族关系》，岳麓书社1997年版。

杨印民：《帝国尚饮：元代酒业与社会》，天津古籍出版社2009年版。

姚啸宇：《王权、教会与现代国家的构建——理查德·胡克论英国国教政制的正当性》，《政治思想史》2018年第4期。

姚啸宇：《洛克如何打造“自然权利”——论〈政府论下篇〉中洛克对胡克的引用》，《甘肃社会科学》2017年第3期。

易建平：《中国古代社会演进三历程理论析论》，《中国社会科学》2020年第11期。

殷崇浩：《修静斋文集》，武汉水利电力大学出版社1999年版。

游彪：《关于宋代的免役法——立足于“特殊户籍”的考察》，《中国史研究》2004年第2期。

游修龄：《中国稻作史》，中国农业出版社1995年版。

余欣：《神道人心：唐宋之际敦煌民生宗教社会史研究》，中华书局2006年版。

Z

臧知非：《秦汉里制与基层社会结构》，《东岳论丛》2005年第6期。

张安福：《唐代农民家庭经济研究（第2版）》，中国社会科学出版社2017年版。

张邦炜：《宋代婚姻家族史论》，人民出版社2003年版。

张本顺：《宋代家产争讼及解纷》，商务印书馆2013年版。

张广达：《西域史地丛稿初编》，上海古籍出版社1995年版。

张广达：《内藤湖南的唐宋变革说及其影响》，《唐研究》第11卷，北京大学出版社2005年版。

张国刚：《唐代乡村基层组织及其演变》，《北京大学学报》（哲学社会科学版）2009 年第 5 期。

张国旺：《元代榷盐与社会》，天津古籍出版社 2009 年版。

张剑光：《唐代经济与社会研究》，上海交通大学出版社 2013 年版。

张景贤：《关于宋代的“限田”政策》，《西北大学学报》1981 年第 3 期。

张静：《政治社会学及其主要研究方向》，《社会学研究》1998 年第 3 期。

张静主编：《国家与社会》，浙江人民出版社 1998 年版。

张沛之：《元代色目人家族及其文化倾向研究》，天津古籍出版社 2009 年版。

张思：《侯家营：一个华北村庄的现代历程》，天津古籍出版社 2010 年版。

张小也：《官、民与法：明清国家与基层社会》，中华书局 2007 年版。

张雨：《吐鲁番文书所见唐代里正的上直》，孟宪实主编：《秩序与生活：中古时期的吐鲁番社会》，中国人民大学出版社 2011 年版。

张玉兴：《唐代县官与地方社会研究》，天津古籍出版社 2009 年版。

张泽咸：《汉晋唐时期农业》，中国社会科学出版社 2003 年版。

张泽咸：《晋唐史论集》，中华书局 2008 年版。

张泽咸：《唐代阶级结构研究》，中州古籍出版社 1996 年版。

张宗娟：《宋代民事证据研究》，硕士学位论文，南京师范大学，2011 年。

赵晶：《中国传统司法文化定性的宋代维度——反思日本的〈名公书判清明集〉研究》，《学术月刊》2018 年第 9 期。

赵吕甫：《从敦煌、吐鲁番文书看唐代“乡”的职权地位》，《中国史研究》1989 年第 2 期。

赵世瑜：《小历史与大历史：区域社会史的理念、方法与实践》，北京大学出版社 2017 年版。

赵晓芳：《从移民到乡里——公元 7—8 世纪唐代西州基层社会研究》，甘肃文化出版社 2018 年版。

赵雅书：《宋代的田赋制度与田赋收入状况》，台湾大学文学院 1969 年版。

赵轶峰：《论国家与社会的一般关系——兼析明代国家与社会之历史关系》，《天津社会科学》2012 年第 6 期。

赵云旗：《论隋唐奴婢阶层在中国历史上的变化及其原因》，《晋阳学刊》1987 年第 2 期。

郑世刚：《宋代的乡和管》，邓广铭、漆侠主编《中日宋史研讨会中方论文选编》，河北大学出版社 1991 年版。

郑卫东：《“国家与社会”框架下的中国乡村研究综述》，《中国农村观察》2005 年第 2 期。

郑学檬：《中国古代经济重心南移和唐宋江南经济研究》，岳麓书社 1996 年版。

郑学檬：《点涛斋史论集——以唐五代经济史为中心》，厦门大学出版社 2016 年版。

植村邦彦：《何谓“市民社会”——基本概念的变迁史》，赵平等译，南京大学出版社 2014 年版。

钟金雁：《宋代东南乡村经济的变迁与乡村治理研究》，云南大学出版社 2017 年版。

周方高：《宋代农业管理若干问题研究》，湘潭大学出版社 2012 年版。

周国林：《战国迄唐田租制度研究》，华中师范大学出版社 1993 年版。

周曲洋：《概念、过程与文书：宋代两税研究的回顾与展望》，《唐宋历史评论》第 4 辑，社会科学文献出版社 2018 年版。

周藤吉之：《宋代乡村制的变迁过程》，程郁译，常建华主编：《中国乡村社会史名篇精读》，上海教育出版社 2020 年版。

周鑫：《乡国之士与天下之士：宋末元初江西抚州儒士研究》，天津古籍出版社 2014 年版。

朱奎泽：《20 世纪 80 年代以来国内两宋乡村政权与社会控制研究述评》，《甘肃社会科学》2007 年第 1 期。

朱瑞熙：《朱瑞熙文集》，上海古籍出版社 2020 年版。

朱仕金：《宋代“乡原体例”之法律属性考察》，《牡丹江大学学报》2014 年第 8 期。

佐立治人：《〈清明集〉的“法意”与“人情”——由诉讼当事人进行法律解释的痕迹》，姚荣涛译，杨一凡总主编，川村康主编：《中国法制史考证丙编第三卷·日本学者考证中国法制史重要成果选译：宋辽西夏元卷》，中国社会科学出版社 2003 年版。

后　　记

终于到了写后记的时候。

说来惭愧，这本小书，自从 2010 年年底有初步构思以来，延宕多年，一直难产，除了确实事务繁多（其实大多数事务也没有什么重要性，就是被强迫呈现服从态而已），人事纠葛，不停忙于应景而临时产生又不得不完成的工作之外，也和自己的懒散和学术倦怠期有关。幸好，终于在各种因素的反复刺激下，落定决心，结束了一个阶段，开始了一个新的阶段。得友朋之力，加之疫情带来的大段整块时间，小书终于有了一些进展，并最终得以完成。

全书各章，完成最早的其实是第五章，是在博士期间完成，初次发表于 2007 年。由博士论文修改而成的拙著《唐宋土地制度与政策演变研究》，聚焦在“制度变迁”上，主要反思了“均田制”和“田制不立”两个问题。所以，关于乡村与农民生活的内容，就被放弃了。但是关注于唐宋农村生活，特别是关注于乡村社会与国家经济关系的主题，大概就是在撰写这篇论文当中形成的思路。其他各章，则是在 2013 年以后陆续成文，曾发表于各类刊物之中，有些文章，刊发后亦得到学界的注意和讨论。同时还要感谢《中国社会科学》《中国史研究》《光明日报》《中国经济史研究》《中国社会经济史研究》《中国史研究动态》《社会科学战线》《山西大学学报》《中原文化研究》《新华文摘》《中国社会科学文摘》《高等学校文科学术文摘》以及人大报刊复印资料等学术园地的大力支持，感谢张云华、张彤、魏明孔、户华为、尚永琪、贾发义、李孟舜、李放、张敏、柴英、刘江、邹国慰、尹选波、张欣等老师的细致指点。

本书亦为国家社会科学基金重大项目“古代中国乡村治理与社会秩序研究”（18ZDA171）、国家社会科学基金重点项目“唐宋乡村社会控制与生存秩序研究”（18AZS007）的阶段性成果，感谢国家社会科学基金的连续支持，虽然国家政策在试图连续松绑，但是到了基层报销仍然是一件苦不堪言的麻烦差事，不过总算让买书可以变成一个“痛并有点甜”的负担，也算诸多报销不愉快当中的一点点“开心”之事（当然这一点点的开心，貌似在各路新规之下亦逐渐被剥夺了）。同时，本书也是省“特聘教授”和“高等学校创新团队”的支持成果，感谢相关领导机构的关照。

感谢哈佛大学包弼德教授接受我的访学申请，有幸在波士顿剑桥度过了愉快的一年，有新知有旧友，IQSS 里的 CBDB 小房间，留下了多少访问学者美好的回忆。除了完成访学任务，在那里也修订了本书部分篇章，感谢王宏甦、徐力恒兄的关照。感谢宋燕鹏编审的支持，这位帅气的榴莲群主，不仅学问精湛，在魏晋唐宋研究之余，还开拓了马来西亚华人研究的新篇章。由燕鹏编审亲自编辑本书，深感荣幸。部分章节，在还是论文的时候，也曾提交不同的学术会议上呈请指教，因人数太多，未能一一提及，谨此致谢！感谢各微信群中的友朋，有些虽未曾谋面，却惠赐诸多资料、论著，为本书的完成提供了条件。

感谢在研究过程中给予指导的专家学者，感谢包伟民教授、陈峰教授、程民生教授、杜文玉教授、李振宏教授、王先明教授、王子今教授、侯旭东教授、黄正建研究员、李华瑞教授、彭勇教授在“古代中国乡村治理”学术论坛给上予的学术启迪，感谢张宝明教授、杨中华教授、苗书梅教授、展龙教授、张礼刚教授、祁琛云教授、胡胜教授、田广林教授在不同时期给予的指点。感谢谷更有教授、吴树国教授、孙英刚教授、刁培俊教授、穆崟臣教授的倾力支持。需要致谢的学界友朋还有许多，文字有限，请恕未能一一提及。不过，来自于学术界和生活圈的那些持久和耐心、无私的帮助，虽未能遍列大名，但无论何时，都必然常驻心中，谨此团拜鞠躬！

小书即将面世，请读者诸君批评指正。如有赐教，请寄 geng99999@126.com。

耿元骊

2021 年 5 月 30 日